高中数学教师学科教学知识研究

——对新手教师与经验教师的深度分析

柳　笛　著

科 学 出 版 社

北 京

内 容 简 介

学科教学知识是教师从事教学实践工作以及促进教师专业发展的重要知识基础. 本书以高中数学内容为载体, 研究高中数学新手教师与经验教师学科教学知识的特征与差异, 学生对教师学科教学知识的看法, 以及促进新手教师向经验教师发展的有效路径. 本书通过质的案例研究和量的问卷调查两个阶段, 对新手教师与经验教师的数学内容知识、课程知识、学生理解的知识、效果反馈知识、教学策略知识等进行深入地比较分析, 探索新手教师与经验教师在学科教学知识上的主要差异, 以及如何以学科教学知识为抓手促进新手教师向经验教师发展. 本书的研究方法在某种意义上具有范式的价值, 它为研究教师教育课程与教师专业化水平的关系提供了新的研究思路, 这对职前教师培养和在职教师培训的研究也有重要的参考价值.

本书可作为高等院校的师范生、相关专业的研究生, 在职教师和教师教育研究者的参考书.

图书在版编目（CIP）数据

高中数学教师学科教学知识研究：对新手教师与经验教师的深度分析/柳笛著. —北京：科学出版社，2018.9

ISBN 978-7-03-058850-0

Ⅰ．①高…　Ⅱ．①柳…　Ⅲ．①中学数学课–教学研究–高中　Ⅳ．①G633.602

中国版本图书馆 CIP 数据核字（2018）第 211442 号

责任编辑：胡海霞　李　萍 / 责任校对：彭珍珍
责任印制：吴兆东 / 封面设计：迷底书装

科 学 出 版 社 出版
北京东黄城根北街 16 号
邮政编码：100717
http://www.sciencep.com
北京虎彩文化传播有限公司 印刷
科学出版社发行　各地新华书店经销

*

2018 年 9 月第　一　版　开本：720×1000　1/16
2019 年 2 月第二次印刷　印张：15
字数：304 000

定价：69.00 元
（如有印装质量问题，我社负责调换）

序

随着时代的快速发展，信息社会和知识经济时代的知识与人才的重要性愈发突出，教师在教育改革中的地位和作用就愈发凸显. 教师知识和教师专业发展水平无疑是重要因素，它是教师教育改革发展的一个重要实践性课题，也是教育科学研究中的一个重要理论性问题.

1986 年，李·舒尔曼(Lee S. Shulman)在一份研究报告中首次提出 "pedagogical content knowledge"(学界译为 "学科教学知识"，国内外均以英文缩写 PCK 来表示它)概念. 1987 年，在《哈佛教育评论》上舒尔曼又发表题为《知识与教学：新改革的基础》[①]的论文，详细阐述了学科教学知识的内涵与组成要素. 谷歌学术搜索显示，该论文截止到 2018 年 6 月已被引用 1.8 万次以上. 学科教学知识是一个极富创见的概念，它不仅仅指教师学科内容知识的储备，还包含教师对课程的理解、对教学过程的掌握和对学生学习过程的体会，横跨学科、课程、教学、学习四大领域，是这些领域相关内容和知识的深度融合. 自 20 世纪 80 年代以来大量学者关注学科教学知识的研究，他们分别来自科学、数学、化学、英语、体育、音乐、特殊教育等不同学科. 到目前为止，有关学科教学知识的研究热情丝毫未减.

2012 年，我国颁布的《中小学教师专业发展标准及指导　数学》中，将学科教学知识纳入教师专业基础维度，从学科知识、学生的知识、课程知识、教学知识、科学与人文素养等方面对不同发展阶段的教师提出了详细的要求. 那么，我国高中数学课堂上，新手教师与经验教师的学科教学知识分别有何特征？新手教师与经验教师的学科教学知识有何差异？学生对数学教师学科教学知识的观点如何？学科教学知识能否成为促进新手教师向经验教师发展的有效路径？由柳笛博士撰写的《高中数学教师学科教学知识研究》一书，以高中函数内容为载体，对高中数学教师进行了调查，尝试对上述问题做出回答.

这部著作梳理与整合了国内外教师学科教学知识的相关文献，界定与论述了学科教学知识的概念和相关理论，并进行了相关的定性和定量分析. 这部关于教师知识质化与量化 "双化研究" 的学术力作，首先在质化研究方面，将新手教师与

---

① Shulman L S. 1987. Knowledge and teaching: foundations of the new reform. Harvard Educational Review, 57(1): 1-22.

经验教师, 从学科内容知识、课程知识、学生理解的知识、效果反馈知识、教学策略知识五个方面进行了比较分析; 其次在量化方面, 采用学生调查问卷, 从学生视角了解教师学科教学知识的状况, 并对调查结果进行分析.

该书从数学学科视角出发, 覆盖了高中函数领域的核心问题, 挖掘在内容领域下高中数学教师学科教学知识的深刻内涵, 丰富了 PCK 的内涵, 提升了 PCK 的学术性; 同时, 探索以学科教学知识为抓手由新手教师向经验教师转型的新路径.

该书内容充实、结构严谨、条理清晰, 为我们展现了一个有意义的窗口, 来深入观察、剖析高中数学教师学科教学知识; 具有扎实的理论基础、系统深入的实证分析, 在我国探索教师学科教学知识的研究中具有一定代表性, 能推动国内有关教师知识研究领域的不断发展. 我相信, 该书的出版将会推动教师知识领域的高质量研究.

王建磐

2018 年早春于上海

前 言

20 世纪 80 年代, 斯坦福大学教授舒尔曼针对当时美国教师资格认证制度提出了一个重要概念——"学科教学知识" (pedagogical content knowledge, PCK), 即教师所特有的教学内容和教学法的特殊混合体. 学科教学知识从被提出之日起, 就引起了教育界的广泛关注, 成为数学教育的重要研究领域之一. 三十余年间, PCK 领域的研究工作涉及以下四个方面:

(1) PCK 的理论发展;

(2) 教师 PCK 的实证研究;

(3) 教师的 PCK 评价与测量;

(4) PCK 与教师专业发展.

其中, 教师 PCK 的实证研究与评价测量将有可能是 PCK 领域未来的研究重点.

学科教学知识被中国学者引入以来, 在中国教育界尤其是数学教育领域, 其重要性已成为共识, 引起大量学者的广泛关注与研究. 不少研究者对 PCK 的组成要素进行深入分析, 对我国中小学数学教育提供了实践方面的探索启示.

本书采用了新手教师与经验教师比较的思路, 对高中数学教师的学科教学知识作了系统的阐述与实证分析. 选取了 6 名高中数学经验教师和新手教师及这些教师所教班级的 334 名学生作为研究对象, 对教师的 35 节课堂教学进行了实时录像, 并对教学活动进行了编码, 对教师进行了个别访谈, 从学科内容知识、课程知识、学生理解的知识、效果反馈知识与教学策略知识五个方面充分了解高中数学教师的学科教学知识全貌. 本书内容共分 11 章展开探讨.

第 1 章, 应我国目前课程改革与对教师专业知识的诉求, 以及实然性知识研究的匮乏, 论述研究产生的现实背景与必要性; 提出以教师的学科教学知识为突破口, 由此开展新手教师与经验教师学科教学知识的研究. 第 2 章, 对"知识""教师知识"的内涵与分类进行辨析, 简要回顾教师知识研究的三种路径. 第 3 章, 对学科教学知识这一概念产生的背景、研究价值、结构特征进行梳理, 综合评述了学科教学知识与数学教师学科教学知识的国内外研究. 在借鉴有关学科教学知识研究框架的基础上, 明确本书高中数学教师学科教学知识的理论框架. 第 4 章是全书采用的研究方法与工具, 包括数据收集的途径、数据分析处理的方法、研究的效度与伦理性.

第5~9章, 分别阐述了高中数学新手教师与经验教师学科教学知识的五个组成要素的特征及差异, 呈现了关于新手教师与经验教师在学科内容知识、课程知识、学生理解的知识、效果反馈知识与教学策略知识方面比较研究的结果. 第 10 章, 从量化的研究出发阐述学生对新手教师与经验教师学科教学知识的主要观点. 第 11 章, 阐述新手教师和经验教师在学科教学知识上的特征与差异, 进而提出影响新手教师学科教学知识发展的关键因素, 揭示职前教师教育、在职教师教育中提升学科教学知识的主要途径.

感谢上海高校"立德树人"人文社会科学重点研究基地之数学教育教学研究基地的资助, 感谢王建磐教授、顾泠沅教授对本书出版的大力支持, 感谢科学出版社的胡海霞编辑和李萍编辑为书稿的最终出版所付出的劳动.

由于水平有限, 本书还存在诸多不足, 敬请读者批评指正.

柳 笛

2018 年 2 月于丽娃河畔

目　　录

第 1 章 导　　论

在某种程度上, 问题的缘起决定了该研究是否具有价值. 本章尝试通过回答如下三个问题来说明本研究的价值与缘起. 首先, 为什么要研究数学教师的学科教学知识? 目的在于说明该论题的实际背景; 其次, 研究的问题是什么? 旨在阐明本书的主要内容; 最后, 研究的意义何在? 旨在说明教师学科教学知识研究的理论意义与实践价值. 这三个问题构成了本章内容的基本逻辑结构.

1.1　教师教育场域的需求

在当今这样一个充满活力、多元文化、全球变革的背景下, 教育需要革新和改进, 也永远有持续发展的需要. 人们愈来愈清醒地意识到, 教育变革的成败取决于教师的所思所为, 事实就是如此简单, 也是如此复杂 (富兰, 2005). 如果我们没有把教师置于核心焦点, 任何有关教育改革与教育品质的探讨都流于空谈. 影响教育品质的因素固然很多, 但是我们可以肯定的是: 影响教育品质的关键乃是在学校里实际负责教学任务的教师 (王洁等, 2007).

在全球竞争和知识经济的时代, 一流教师的重要性已经获得世界范围内的认可. 在 2011 年和 2012 年国际教学专业峰会上专家学者达成共识, 认为高质量教师是教育的关键. 美国联邦政府颁布的《不让一个孩子掉队法》(*No Child Left Behind Act*) 直接定义了高质量教师 (highly qualified teachers), 规范了教师的培养、任用与管理 (United States Department of Education, 2013). 2018 年, 中共中央、国务院印发《关于全面深化新时代教师队伍建设改革的意见》, 提出全面提高中小学教师质量, 建设一支高素质专业化的教师队伍. 这意味着提高教师的质量与专业水平, 已经成为国家优先考虑的问题. 而大量有关教师教育的研究报告和文献强调, 教师专业水平的提升是在职阶段获得的.

随着时代的前进, 知识与人才的重要性愈发突出, 教师的地位和作用就愈发凸显, 教师教育备受关注. 在教师教育中, 最重要的不是 (或者不仅仅是) 将学术中具有特定逻辑体系和陈述话语、脱离具体教育教学情境的 "理论", 应用到教师鲜活的、独特的、变动不居的教育教学实际中; 而是通过实践的和批判的参与式行动研究, 在教师的日常实践中发现、总结、提升并推广教师的实践性知识 (陈向明, 2006). 那么, 研究教师学科教学知识的现状, 探索如何使教师的日常教学实践与新课程改革理念相匹配, 就愈发显得迫切.

1.1.1 新课程改革的发展要求

富兰曾在《变革的力量——透视教育改革》一书中, 慷慨激昂地宣扬: 这是一个巨大变革的时代! 原有的教育结构与实践依旧存在, 全新的教育结构与实践正在产生(富兰, 2004). 身处变革的时代洪流之中, 教师不论对教育改革持何种态度, 都必须要面对教育新思潮, 面对改革新理念与新政策. 诚然, 教师是教育改革最具影响力的因素(Duffee et al., 1992).

进入 21 世纪, 国际上诸多国家对现行的数学课程进行反思调整, 努力寻求教师教学方法的改变——理解有意义的教学, 而非孤立地发展教学方法和技能. 例如, 2009 年至今, 日本、新加坡、德国、澳大利亚等陆续颁布了最新的数学课程标准或大纲, 我国教育阶段的数学课程标准亦进入修订和完善阶段. 21 世纪初, 我国迎来了中华人民共和国成立以来的第八次基础教育课程改革, 正以令世人瞩目的迅猛之势在全国顺利推进. 这次改革, 步伐之大, 速度之快, 难度之大, 都是前七次改革所不可比拟的(朱慕菊, 2002). 2001 年 9 月, 我国义务教育阶段的课程改革开始全面启动, 2003 年颁布了高中阶段的新课程标准. 经过十多年的实施, 在总结新课程实施的经验与发现问题的基础上, 2011 年教育部颁布了《义务教育数学课程标准(2011 年版)》, 2018 年颁布了《普通高中数学课程标准(2017 年版)》.

在整个课程改革中, 教师是不容忽视的要素. 教师集教育政策的最终执行者、课程的诠释者、教学的实施者等角色于一身, 直接对学生的身心发展产生影响.《普通高中数学课程标准(2017 年版)》(中华人民共和国教育部, 2018)中, 对数学教师的教学实践能力提出如下要求:

(1) 提升教学设计和实施能力.

首先要把握数学知识的本质, 理解其中的教育价值, 把握教学中的难点, 理解学生认知的特征; 其次在此基础上, 探索通过什么样的途径能够引发学生思考, 让学生在掌握知识技能的同时, 感悟知识的本质, 实现教育价值; 最后能够创设合适的情境, 提出合适的问题, 设计教学流程, 写好教案. 在实施过程中, 能够有效处理预设和生成的关系, 积极启发学生思考, 关注每一个学生的成长.

(2) 提升教学案例的分析能力.

教学活动是不断实践的过程, 实践能力的提升本质上是一种经验的积累, 除自我反思之外, 与同事或者教研组共同分析教学案例也是一种有效手段, 同时还能促进数学教师团队的共同成长. 要注意不断积累教学资源, 掌握基本的教学策略.

(3) 提升数学教育研究的能力.

数学教育研究要落实到课堂, 落实到学生. 一方面要善于发现自己教学过程中、学生学习过程中的问题; 另一方面要善于借鉴其他教师的教学经验, 把这些问题或经验作为自己的研究课题, 实现教学活动的理性思考, 不断提升理论水平和教学能力.

可见新课标对数学教师提出的新的要求, 并不只是具备扎实的理论知识所能实现的, 必须是教师将理论知识运用在教学实践中才能实现. 诚然要将《普通高中数学课程标准(2017 年版)》的设想真正转化为数学教师的课堂实践, 确实存在着一定的困难. 在新课程实施中, "以人为本" 的理念的贯彻并不只是 "以学生为本", 促进学生的全面发展, 还要 "以师为本", 发挥教师在教改中的重要指导作用(宋乃庆等, 2008).

1.1.2 教师专业化的结果

舍恩(2007)从主流传统的角度提出, 专业所强调的特殊知识根植于由高等学习机构通过科学研究所发展出来的理论与技术之中. 舍恩所谓的专业, 包括律师、会计师、建筑师等, 当然也包括教师. 2013 年 4 月, 美国教育部发布了《提升和转变教学专业蓝图》(*The Blueprint for Elevating and Transforming the Teaching Profession*), 旨在通过改革教学专业提升教师专业水平, 使教师真正成为与会计师、医师、律师、工程师等一样的职业.

进入 21 世纪, 教师专业发展已成为世界各国教育改革的聚焦点. 从国际范围来看, 各国纷纷改革教师课程, 研制教师专业标准. 在此国际背景下, 我国也开展了教师教育课程改革. 2011 年, 教育部印发《教育部关于大力推进教师教育课程改革的意见》. 同年, 颁布《教师教育课程标准(试行)》, 规范和引导教师教育课程与教学.《教师教育课程标准(试行)》以教师的专业素养为主线, 分为教育信念与责任、教育知识与能力、教育实践与体验三大领域, 其指导原则是突出育人为本、实践取向、终身学习的思想(中华人民共和国教育部, 2011). 我国逐步完善教师专业发展标准体系, 2012 年以来, 教育部先后颁布了《幼儿园教师专业标准(试行)》《小学教师专业标准(试行)》《中学教师专业标准(试行)》《中等职业学校教师专业标准(试行)》《特殊教育教师专业标准(试行)》, 从基本理念、基本内容、实施建议等方面分类提出教师的专业素养要求. 具体到数学学科, 教育部颁布了数学教师的专业标准——《中小学教师专业发展标准及指导　数学》. 它包括专业基础和专业实践两个维度: 专业基础是教师应该具备的职业道德、知识素养, 强调的是知识基础和静态的素质; 专业实践是指教师的教育教学活动以及自我发展的实践

(包括教学研究与专业发展),强调的是实践活动、实践能力和动态的素养(中小学教师专业发展标准及指导课题组,2012).其中,专业基础维度中的"学科与教育教学专业知识"领域采用学科教学知识理论框架,从学科知识、学生的知识、课程知识、教学知识、科学与人文素养等方面,对由新手教师到熟练教师、由熟练教师到成熟教师、由成熟教师到卓越教师应具备的专业素养提出了明确要求.

随着世界进入后工业时代,教师的职业专门化已成为当今国际教师教育(包括培养与培训)的一个重要发展方向.教师职业是一门非常专门化的职业,需要进行专门的、持续不断的学习和训练 (陈向明,2001). Simon (1996)区分了科学与专业,科学关注自然现象,研究事物是什么样的,而专业关注的重点是人造物,事物应该是什么样的.早在 1966 年,联合国教育、科学及文化组织和国际劳工组织提出《关于教师地位的建议》,首次以官方文件形式对教师专业化做出了明确说明,提出应把教育工作视为专业的职业,这种职业要求教师经过严格地、持续地学习,获得并保持专门的知识和特别的技术.我国在官方文件中也对教师提出明确要求,如《国家中长期教育改革和发展规划纲要 (2010~2020 年)》中提出:①建设高素质教师队伍.教育大计,教师为本.有好的教师,才有好的教育.保障教师地位,维护教师权益,提高教师待遇,使教师成为受人尊重的职业.严格教师资质,提升教师素质,努力造就一支师德高尚、业务精湛、结构合理、充满活力的高素质专业化教师队伍.②提高教师业务水平.完善培养培训体系,做好培养培训规划,优化队伍结构,提高教师专业水平和教学能力.通过研修培训、学术交流、项目资助等方式,培养教育教学骨干、"双师型"教师、学术带头人和校长,造就一批教学名师和学科领军人才.

在教师专业化的进程中,教师专业标准的提高和专业地位的提升,都需要以教师的知识作为基础.一般把一门职业认定为专业的标准是:归属于一定的团体或组织、具有完善成熟的知识与技能、具有高度的专业自主权、需要严格的训练并拥有一定的伦理规范,其中专业知识与技能是专业标准中的核心要素,它是一门专业具有不可替代性的根本条件.教学若被视为一种专业,则首先需要教师具有专门的知识与能力;教师要学习应该教的知识和如何教授这些知识的专门知识(联合国教科文组织,1996).因此,对教师专业知识的关注与研究是教师专业化的必然结果.这样,教师专业化的重心和主题转向教师的专业发展,而教师专业发展的基本着眼点则是要通过丰富与发展教师个体的学科教学知识,来提高教师的教育教学水平.

教师作为变革的因素,在促进相互理解和宽容方面,其作用的重要性不容置疑.世界整体上的演变如此迅速,以致教师和大部分其他职业的成员从此不得不接受这一事实, 即他们的入门培训对他们的整个职业发展来说是不够用的; 他们必须在整个职业发展期间更新和改进自己的知识和技术. 所授学科方面的才能和教学法方面的才能之间的平衡应注意加以保持. 在一些国家里, 有人指责教育系统忽视教学法, 而在另一些国家, 却又过分优先考虑教学法, 人们认为忽视或过分重视教学法的做法都会导致一些对其所授学科不具有足够知识的教师的出现.

1.1.3　教师"实然性"知识研究的缺失

过去一直认为, 教育理论是普遍化、概括化和抽象化的, 教育实践是教育理论的应用. 因此, 常见的教师教育模式就是先把大量的教育理论知识传授给教师, 要他们记忆或理解这些抽象的、理论性的知识. 这类"应然性"研究有一个显著特点, 几乎总是用"完人"的标准要求着教师, 似乎忘记了一个最基本的事实——"教师不是圣人, 学生不是天使"(鞠玉翠, 2003). 太多的教育研究按照自然科学的模式进行, 寻找重大的理论并且企图对它做出描述, 而不是专注于实际是什么. 其结果是, 教育研究经常与实践者的工作联系很少, 在促进实践进步上几乎没什么作用(富兰等, 2009).

当研究者重新将视线转移到教师身上, 关注教师的日常教学实践时, 发现起着决定作用的是教师的"实然性"知识. 但是, 数学教师的"实然性"知识不论是职前教师教育还是职后教师培训, 都处于一种边缘化的状态. 教师的教学实践知识长久地被忽视或"被悬置为一个存而不论的背景", 教师的实践与经验在理解新的教育理论过程中的作用没有被考虑到. 因此, 在有关教师知识的研究中真正需要研究的问题是: "教师实际知道什么?"而不是"教师应该知道什么?", "是什么使教师获得完成教学任务的能力?"而不是"教师应该具有什么能力?", "教师如何表达自己的知识?"而不是"教师应该如何表达?", 即需要多讨论一些"实然性"问题, 而非"应然性"问题.

如果说医生的真功夫在病床上, 那么教师的真功夫是在课堂上(王洁等, 2007). 这种功夫是显现于具体教学实践情境中的智慧, 是靠实践性知识保障的. 有关教师知识的已有研究, 发现虽然许多学者对教师知识的范畴做了大量研究, 但是缺少对具体学科、分支的深层次研究. 总之, 目前国内对教师学科教学知识的研究还处于理论思辨、"应然性"研究阶段, 在具体学科、具体学段、具体专题上的很多问题有待于人们从多角度进行深入、细致地研究.

目前我国的新课程改革对教师素质提出了新的要求和期望, 由于每位高中数学教师的知识结构、教学经历等不尽相同, 对教学内容的理解、认识将会有所不同. 因此, 在进行数学教学时, 所确立的教学目标和教学内容、选择的教学方法与评价方式等都将因人而异. 加之对数学内容本身在深度、难度的把握上有较大的弹性,因此高中数学教师学科教学知识的研究成为一个重要的研究问题.

1.2 以教师学科教学知识为突破口

面对数学课程改革的新要求、数学教师专业发展的新形势、数学教学知识实践研究的匮乏,作为数学学科教学论工作者就有责任在教学理论与教学实践之间上下求索.本书拟以高中数学教师学科教学知识研究为突破口,通过比较新手教师和经验教师课堂教学的学科教学知识,去研究课堂教学规律,使新手教师的课堂教学有规律可循,促进其优化教学实践,优质高效地实现教学目标.基于以上认识,本书尝试从教师日常工作的课堂出发,通过课堂观察和课后访谈等大量实践资料来描述教师的学科教学知识,聚焦在新手教师和经验教师学科教学知识的差异,以及学生对教师学科教学知识的观点上.基于以上认识,本书主要解决以下两个问题:

(1) 在日常的数学教学中,新手教师的学科教学知识有何特征?经验教师的学科教学知识有何特征?新手教师和经验教师的学科教学知识有何差异?

研究新手教师与经验教师的成长经历以及专业知识构成,对建构教师专业成长"路线图"和专业知识发展途径以及对指导学科教师积极主动地自我提升上,具有重要指导价值.一个新手教师在发展到经验教师的历程中,教师的专业知识发挥着决定性作用,能为教师提供持续发展的动力.通过新手教师与经验教师学科教学知识的比较研究,帮助新手教师习得一定的学科教学知识,可以在一定程度上避免问题的出现,缩短其入职适应期,促进其专业发展.对优秀教师专业发展历程全方位考察,获得专业发展的成功经验与针对性的专业发展路径,对一般教师将大有借鉴作用.

有关学科教师专业知识的微观分析研究,就是结合具体而重要的学科知识研究教师关于该具体学科知识的教学知识情况,针对具体核心概念研究数学教师关于这些概念的学科教学知识.分析数学教师讲授某一特定数学内容所表现的学科教学知识,了解他们具体的课堂表现,有助于深入理解教师的学科教学知识,尤其是理解新手教师和经验教师不同的学科教学知识,对于促进新手教师的成长、理解教师的专业发展过程具有重要的参考价值.

(2) 在日常的数学教学中,学生对数学教师学科教学知识的观点如何?

有关教师知识的研究,大部分从研究者视角来看教师的日常教学实践,仅有部分研究关注学生对数学教师知识的具体观点.学生对教师的主观认识能预测其学习成就,了解教学的整体过程,所以学生对于教师教学知识的认识可作为教师的参考资料. 学科教学知识是教师的一种特殊知识, 教师除了必须抓住所要讲授概念的内涵之外, 还要能借助类比、隐喻、示范等其他方式帮助学生理解, 因此, 学生对教师的学科教学知识应该能感受到. 教师可以参考学生对教师学科教学知识的调查结果进行反思来改善自己的教学. 本书尝试从问题的提出到问题的阐释来帮助数学教育工作者从预想数学课堂应该如何, 转换成关注数学课堂实际如何.

1.3　学科教学知识的研究意义

如何促进教师的专业发展, 这个问题愈来愈受到大多数教师教育者的关注, 而教师专业知识发展是教师专业发展研究的一个重要部分. 教师对所教学科知识内容的理解以及对学科内容相关的教学知识的了解与把握直接影响着学科教学的质量, 直接关系到课程改革的成败. 因此, 研究教师学科教学知识的状况、提升教师专业水平是确保课程改革理念顺利实施的首要条件.

1.3.1　促进教师专业发展

学科教学知识是教师从事教学实践工作和促进教师专业发展的重要知识基础, 在教师教育实践和专业发展中具有重要作用. 以学科教学知识为核心理念来培养教师, 秉持教师专业教育与学科教育融合的综合性发展模式, 能够促进教师的专业化进程. 首先, 教师学科教学知识具有规范作用, 它作为解读教师实践知识的框架, 并以这种框架去分析、阐释、评价教师的教学能力和教学现象, 反过来也可以按照框架要求教师全面综合地发展学科教学知识. 其次, 教师学科教学知识具有教学的价值观引导, 它表现出教师对教学的理解, 即什么样的教学才是有价值的, 什么样的教学是有效的, 它存在于教师的工作结构中, 左右着教师对具体教学事件的做法, 指导着教师日常的教学行为. 最后, 教师学科教学知识强有力地塑造教师专业化, 教师在教学实践稳定的体系脉络与明确的目标下, 逐步发展出一种系统化、科学化的专业知识基础.

1.3.2　关注教师的教学实践能力

教育家顾泠沅(2012)认为, 教学领域存在四类教师, 他们分别能把课讲得深入浅出、深入深出、浅入浅出、浅入深出, 这形象地描摹了教师的教学实践能力. 第一类教师是讲课能深入浅出, 很深奥的道理, 能讲得浅显易懂, 很受学生欢迎, 这是最好的老师; 第二类教师是深入深出, 这样的老师很有学问, 但缺乏好的教学方法, 不能把深奥的学问讲得浅显易懂, 学生学起来就费劲, 这也算是好老师; 第三类教师是浅入浅出, 这样的老师本身学问不深, 但却实事求是, 把自己懂的东西讲出来, 这也能基本保证质量, 也不乏是个好老师; 第四类教师是浅入深出, 本身并无多大学问, 却装腔作势, 把本来很浅显的道理讲得玄而又玄, 让人听不懂. 该比喻生动地阐释了学科教学知识之于教学实践能力的重要性, 即教师对学科的理解如何影响他们的教学质量, 教师怎样把自己的学科知识转化为学生能够理解的形式, 教师怎样处理有问题的学科课程材料以及怎样使用自己的学科知识来生成解释和表征.

第 2 章　教师知识的研究历程

本书有必要对"知识"和"教师知识"的内涵进行解读,否则将会对进一步研究这一领域带来某些困扰.因此,本章对知识、教师知识的内涵与分类进行辨析,简要回顾教师知识研究的三种路径.

2.1　知识的概念与类别辨析

本节从教育研究的领域出发,采撷有关知识的定义、类别,通过把握概念本质来更好地梳理有关教师知识的研究.

2.1.1　知识的概念界定

人类从古至今有许多哲学家、思想家和教育家对知识给出了精辟的阐述,而且形成不同的知识观.知识观是人们对有关知识的根本看法与态度.它不仅决定着什么是知识或什么不是知识,而且决定着什么样的知识是最有价值的.知识的定义是指"知识"这一概念的定义.关于知识的概念与知识当然并不是同一的.概念是思维的最基本单位,它是内在于认识主体的思维之中的;而知识并不完全是内在的,知识是认识主体对外在事物正确把握后形成的信念.知识的概念如果是正确的,那么它就必须能够反映知识的本质特性(胡军,2006).在哲学史上,关于"什么是知识"这一问题一直是仁者见仁,智者见智,充满着激烈的讨论.

在知识从何而来的问题上,近代唯心论的唯理论代表人物法国的笛卡儿(R. Descartes)、德国的莱布尼茨(G. W. Leibniz)主张"天赋观念"说,认为理性知识是可靠的真知.它是由自明的"天赋观念"演绎而来的,"天赋观念"是自生自成,不假外求;至于感性经验则是不可靠的.唯物论的唯理论代表人物荷兰的斯宾诺莎(B. B. de Spinoza),虽然肯定人的认识是以独立的客观物质世界为对象,肯定只有用理性推理才能得到真知,但是他仍认为理性知识本身可以不从感性知识得来,因而他又陷入唯心主义先验论.唯理论反映在智育上的一般倾向是,重视人文学科,轻视自然学科;重视理论性知识,轻视实用性知识;强调形式训练.

近代唯物主义的经验论的知识论则与唯理论相反.其代表人物是培根(F.

Bacon). 他认为, 真知是从研究客观事物中获得的, 他据此提出了"知识就是力量"的命题. 他的知识论对以后的教育家, 如英国的洛克(J. Locke)、捷克的夸美纽斯(J. A. Comenius)等人的智育思想和教学论产生了深刻的影响. 唯物主义的经验论的一般倾向是, 重视广泛的科学知识教育和职业技术教育, 强调知识的实用性和直观教学.

19 世纪末 20 世纪初, 美国实用主义教育家杜威(J. Dewey), 提出主观唯心主义的经验论的知识论, 在他的《确定性的追求》一书中就提出"经验"是人的有机体与环境相互作用的结果, 行动与环境之间这种密切关系形成了经验. 这样就用"经验"把主体与客体混为一体; 把个体的应对环境的狭隘的直接经验作为智育的核心内容. 无论唯理论或经验论都不可能提供完整的科学的知识论. 以辩证唯物主义的认识论为指导的教育学认为: 所谓知识, 就它反映的内容而言, 是客观事物的属性与联系的反映, 是客观世界在人脑中的主观映象. 就它的反映活动形式而言, 有时表现为主体对事物的感性知觉或表象, 属于感性知识; 有时表现为关于事物的概念或规律, 属于理性知识. 一切知识, 就其反映事物的深度与广度来分: 一是感性知识, 即事物外部属性(特征)与外部联系的反映, 带有具体性、特殊性; 二是理性知识, 即事物内在本质与内在联系的反映. 它们标志着两种不同的反映水平, 感性知识是低级的, 理性知识是高级的, 并以感性知识为基础. 知识的总体都是来源于人类社会历史的实践; 就个体获得知识的来源而言, 又可分为直接经验与间接经验两类. 学生掌握的书本知识是一种间接经验, 但也必须有一定的直接经验为依据, 并把两者结合构成比较完全的知识, 否则不可能掌握知识(董纯才, 1985).

知识与教育之间存在着密切的关系: 知识既是教育的主要目标之一, 又是教育的重要内容与载体. 因此, 一个时代的知识状况必然影响到那个时代的教育状况, 一个时代知识状况的变化也必然会推动那个时代教育实践的改革(石中英, 2001). 这里我们主要撷取教育领域有关知识的论述, 以帮助我们理解知识的内涵. 《教育大辞典·第一卷》(顾明远, 1990)中关于知识的定义: 知识是对事物属性与联系的认识, 表现为对事物的知觉表象、概念、法则等心理形式, 可通过书籍和其他人造物独立于个体之外. 按反映深度分, 包括: 反映事物外部属性、外部联系的感性知识, 反映事物本质属性内在联系的理性知识. 按内容分, 有自然的、社会的、思维的知识. 按其来源分, 有直接知识和间接知识, 前者从人类社会实践中直接获得, 后者通过书本学习或其他途径获得; 但从其总体说, 都源于实践.

英国课程专家 Stenhouse 认为, 知识不是需要学生接受的现成的东西, 而是学生思考的对象, 它不能作为必须达到的目标来束缚人, 教育是要通过促使人思考知识来解放人, 使人变得更自由(施良方, 1996). Scheffler 在《知识的条件》中认为,知识包括：熟悉事物、地点、人物；从事各种操作的能力；拥有关于事实及信念方面公开的真理；拥有科学和日常经验中各种可能有误的内容，以及数学和形而上学中确定无疑的内容. 它不仅是简单描述的专门知识和各类经验，还表达了我们在认知艺术的范围和恰当处理方面的标准、理想和趣味，即不仅包括我们知道的内容，而且包括我们认识的方式，以及我们整个理智方面的遗产(瞿葆奎, 1993).

按照 Bruner 的话，知识是我们给经验中的规律性予以意义和结构而组成的一个模式(福克斯, 1988). 这里的"我们"是指学者、科学家. 在他看来，当知识的新领域越来越被大家熟知的时候，模式也在改变，不同的学者构成不同类型的结构去解释"一团没有联系的观察"，并给予意义. 杜威认为知识绝不是固定的，永恒不变的. 它既作为一个探究过程的结果，同时又作为另一个探究过程的起点，它始终有待于再考察、再检验、再证实，如同人们始终会遇到新的、不明确的、困难的情境一样(瞿葆奎, 1988). 在他看来，知识除了探究就没有别的意义，而探究的功能在于求得一个新情境，把困难解决、疑虑排除、问题解答.

从上述论断来看，"什么是知识"的问题也是一个开放性的问题，不可能一劳永逸地加以解决. 教育学领域知识容纳了个体的感性和理性认识、心理、技能、经验、信念等. 下面从知识分类的视角来帮助我们更加透彻地了解知识的内涵.

2.1.2　知识的类别

知识根据不同的研究角度分成不同类型，要确保理解知识的途径是对不同类型的知识作一个大致的分类. 英国哲学家赖尔在《心的概念》(The Concept of Mind)一书中将知识分为两大类：一类为"知道怎样"(knowing how)，另一类为"知道什么"(knowing what)[①]. 他认为"知道怎样"是一种倾向或能力，而"知道什么"则是一种命题或者事实知识，所以这是两类不同的知识(赖尔, 1992). 哈贝马斯在《知识与人类兴趣》一书中指出，有三种基本的知识类型可囊括人类所有的理性领域. 它们是：经验-分析的知识，即各种旨在理解物质世界的本质与规律的知识；历史-理解的知识，即致力于理解意义的知识；批判-定向的知识，即揭示人类所遭遇的压抑和统治的条件的知识. 这三种知识是与人类对技术的控制、理解自身和自由发展这三种兴趣相对应的(施良方, 1996).

英国物理化学家和哲学家波兰尼提出了新的知识理论与知识理想，即"人类的知识有两种. 通常被说成知识的东西，像用书面语言、图表或数学公式表达出来的知识，仅仅是知识的一种形式；而不能系统阐述出来的知识，例如我们正在做

---

① "knowing how"也译为"知道如何"，"knowing what"也译为"知道是什么". 本书统一译为"知道怎样"与"知道什么".

的某事所具有的知识, 是知识的另一种形式. 我们称前一种知识为显性知识 (explicit knowledge), 后一种知识称为隐性知识(tacit knowledge)[①]" (波兰尼, 2000). 波兰尼经常说, "我们所认识的多于我们所能言传的"(we know more than we can tell), 并将此作为自己的认识论命题. 波兰尼的隐性知识论不只限于承认隐性知识 的存在, 它还有更强的主张, 即隐性维度的优先性. 他认为, 隐性知识本质上是一 种理解力, 是一种领会、把握经验、重组经验, 以期实现对它的理智控制的能力, 心灵的默会知识在人类认识的各个层次上都起着主导性的作用, 隐性维度相对于 显性知识具有理论上的优先性.

教育学家大都赞同隐性知识的这个概念, 最近 30 年来, 隐性知识一词已经开 始表征着人类的一种知识类型——一种蕴涵于人类的活动以及从事这种活动的 努力之中的知识. 在我国, 庄子就用一个故事解释了一些知识是 "只可意会, 不可 言传" 的(王先谦, 2009).

桓公读书于堂上, 轮扁斫轮于堂下, 释椎凿而上, 问桓公曰: "敢问: 公之所 读者, 何言邪? "公曰: "圣人之言也." 曰: "圣人在乎? "公曰: "已死矣." 曰: "然则君之所读者, 古人之糟粕已夫!"桓公曰: "寡人读书, 轮人安得议乎! 有说 则可, 无说则死!"轮扁曰: "臣也以臣之事观之. 斫轮, 徐则甘而不固, 疾则苦而 不入, 不徐不疾, 得之于手而应于心, 口不能言, 有数存焉于其间. 臣不能以喻臣 之子, 臣之子亦不能受之于臣, 是以行年七十而老斫轮. 古之人与其不可传也死矣, 然则君之所读者, 古人之糟粕已夫!" (《庄子·天道》)

在这个故事里, 轮扁虽然有 "不徐不疾, 得之于手而应于心" 的做事能力, 但 却 "口不能言", 其中 "有数存焉于其间" 的知识就是隐性知识.

英国哲学家和社会学家 Spencer 在 20 世纪的时候, 提出了 "什么知识最有价 值? "这样一个发人深省的著名命题. 在《什么知识最有价值》一文中, Spencer 首 先批判了当时的重虚饰而轻实用的知识价值观, 在区分各项知识的相对价值或比 较价值的基础上, 确立了他所认为的一个衡量知识价值的尺度, 即是否有利于完 善人的生活. 他依其重要性程度或者说价值大小确定了五类人类活动, 即直接保 全自己的活动; 从获得生活必需品而间接保全自己的活动; 目的在于教育子女 的活动; 与维持正常社会政治关系有关的活动; 在生活的闲暇时间满足爱好和感 情的各种活动(斯宾塞, 1962).

芝加哥大学生物学家、教育学家 Schwab 把知识分为实词性(substantive)知识 和句法性(syntactical)知识. 实词性知识主要指学科内部相互联系的概念的知识,

---

[①] "explicit knowledge" 有译为 "明确知识", "tacit knowledge" 有译为 "缄默知识". 本书统一译为 "显性知识" 与 "隐性知识".

句法性知识是指在该学科中用于建构知识的方法(佐藤学, 2003).

综上所述, 我们发现在教育领域中的知识并非都是显性知识, 还包括融合自身的经验、体验、感知、直觉、情感在内的隐性知识; 且并非都是永恒不变的, 还有随着个体的实践经验不同而发生变化的.

2.2 教师知识的概念与分类辨析

2.2.1 教师知识概念的演变

随着时间的推移, 教师知识概念不断扩充, 更加宽泛. Grossman 和Richert (1988)定义的教师知识是:

专业知识体, 既包括一般教学原则和技能的知识, 又包括所教学科内容的知识. 也就是说, 教师知识是在实际的教学情境中, 为达到有效教学所具有的一系列理解知识与技能的总称. Grossman 和 Richert 的研究重点是学科内容知识, 也是 Schwab(1964)提出的术语, 即除了内容知识, 学科内容知识包括一门学科组织或理解的多元方式, 以及学科评估、接受新知识的知识途径, Schwab 称这种知识为句法知识. 教师知识关注于让教师履行他们的核心作用, 即用合适的教学原则与技巧来讲授学科内容领域的知识. 之后, Tamir(1991)建议教师知识增加专业化、一般化、个性化等特征, 认为这种复杂的教师知识对于确保学生掌握学科内容至关重要. Tamir 认为, 专业知识, 通常指的是在一个特定专业中确保顺利运行所需的知识与技能. 在教学界的特殊情况下, 这类知识既包括一般性, 又包含个人经验. Tamir 关于教师个人知识的定义引用了 Connelly 和 Clandinin(1988)提出的定义:

个人实践知识是为使我们谈论教师时把他们作为博学而博识的人来理解经验这一概念而设计的术语. 个人实践知识存在于教师以往的经验中, 存在于教师现时的身心中, 存在于未来的计划和行动中. 个人实践知识贯穿于教师的实践过程, 也即, 对任何一位教师来说,个人实践知识有助于教师重构过去与未来以至于把握现在.

Tamir 总结, 一个人在他/她的专业领域中的实际行为, 是专业知识和个人知识相互作用的结果.

Connelly 等(1997)把教师知识的概念扩展为与课堂教学能力有关. 他们认为, 教师知识研究是教育家如何思考课堂实践改革的一部分. 这场改革是基于这样的假设, 最重要的领域是教师知道什么, 以及如何在教学中将他们的理解表征出来. 他们提出教师专业知识场景的概念, 该概念把有关教师知识研究的视角从一个狭窄的 "教学能力" 视野扩展到包含教师的叙事、教师在经验中积累个人与专业知识、教师的心路历程和奋斗目标的领域.

此后, Edwards 和 Ogden(1998)的研究又把我们带回以学科内容为中心的教师知识, 着重学科内容知识. 有趣的是, 研究人员关注的不是学科知识本身, 而是有关教学的学科内容知识——Shulman(1986)定义为学科内容与课程要求之间的联系. 部分学者关注教师知识的动态发展, Clarke 和 Hollingsworth(2002)更倾向于"教师变化"这一说法. 教师变化涉及教师的个人领域: 他们的知识、信念、态度. 他们认为在实践中教师行动的变化可能导致教师知识与信念的变化. 教师成长是个体教师建构大量的知识类型(内容知识、教学知识、学科教学知识)的过程, 通过提供专业发展项目和课堂参与的方式来响应他们的实践参与. 此外, Tang(2003)通过研究实习教师在实习过程中的专业学习, 强调教师知识的动态建构和知识的获得过程. 教师在他们职业生涯的各个阶段受自己行动的影响, 同时还受他们在学校的个人关系以及领导反馈的影响.

如今对教师知识的要求愈来愈高, 教师知识已由学科内容知识、课程知识和学科教学知识, 拓展到包括全球问题、多元文化的一般主题. Holden 和 Hicks(2007)在他们论文的开篇就提出问题: 在 21 世纪, 如果教师要帮助学生理解世界的话, 教师需要知道什么? 他们得到一个有趣的结论, 有关全球问题的信息资源与学校教育无关, 而与电视、互联网、甚至朋友和家人有关. 这种情况要求教师教育进行重大的转变, 因为教育并不局限于发展教师教授学科内容领域的能力. 社会问题也成为教师知识的核心, Gorski(2009)将多元文化知识纳入教师知识的范畴中.

以上我们发现教师知识概念的发展有几类倾向, 教师知识术语从包含学科内容知识拓展到包含社会问题, 而且逐步加强个人实践性知识, 同时教学情境在形成教师知识方面起着显著的作用.

2.2.2 教师知识的分类与表征

1. 教师知识的分类研究

20 世纪 80 年代初期起, 教师知识已经成为迅速发展的教师教育研究的一个焦点议题(范良火, 2003). 其中最具影响的当属斯坦福大学的 Shulman. 他是研究发现学习的教育心理学家, 师从芝加哥大学杜威主义的生物学家、教育学家 Schwab. 1986 年, Shulman 提出了教学研究范式的转换, 对行为主义心理学为基础的教学研究进行了根本性批判, 认为"过程-结果"的研究范式缺乏"3C", 即内容(content)、认知(cognition)、情境(context)(佐藤学, 2004). 他指出, 倘若要推进教师专业化, 就必须证明存在着保障专业属性的"知识基础", 阐明教师职域里发挥作用的专业知识领域与结构. Shulman 在此领域做了开创性的研究, 一是明确提出了教师所需知识基础的分类；二是提出了"学科教学知识".

1987 年, Wilson, Shulman 和 Richert 一起发表题为《150 种不同理解的方法：教学知识的表征》(150 *different ways of knowing: Representations of knowledge in teaching*)的文章中, 首次提出教师专业知识基础的分类：

(1) 学科内容知识(content knowledge, CK), 指各学科需要传授的主要概念、法则；

(2) 一般教学法知识(general pedagogical knowledge, PK), 指超越具体学科之上的关于课堂管理和组织的一般原理和策略；

(3) 课程知识(curriculum knowledge), 指对教材、教学资料和整体教学计划的理解和掌握；

(4) 学科教学知识(pedagogical content knowledge, PCK), 指所教学科内容知识与教育学知识的混合物, 是专门针对具体要教的内容所使用的教学方法和教学策略、有关学生及其特征的知识；

(5) 关于教育情境的知识, 包括小组或班级的活动状况, 学区的管理和资助, 社区与地域文化的特点；

(6) 有关教育的目的、目标、价值、哲学与历史渊源的知识.

Shulman 的研究工作, 预示着学术界真正进入了教师知识的研究阶段. 此后, 许多研究者在 Shulman 工作的基础上对教师知识结构体系进行不同的划分. Tamir(1988)提出了教师知识的框架, 扩展为：一般通识教育、个人表现、学科内容知识、一般教学法知识、学科具体教学知识、评估.

另外, Grossman(1990)将教师知识分为四种类型：学科知识、一般教学法知识、学科教学知识、背景知识. 在这四种类型的知识中, 她认为学科知识和学科教学知识处于中心地位, 并与其他两类知识相互作用. 后来, Grossman(1995)又将教师的知识划分为：内容知识, 包括学科内容知识和学科教学知识；学习者与学习的知识, 包括学习理论的知识, 学生的生理、社会、心理、认知发展, 学生之间的民族、社会经济和性别差异；一般教学法知识, 包括课堂组织与管理的知识、一般教学法；课程知识, 指学科知识间的联系与发展及各年级课题发展的知识；教育环境知识, 包括学生、班级、家庭及社区的知识；自我知识, 包括教师对个人价值观、性格、优缺点、教育理念、教学取向和教学目标的知识.

Elbaz(1981; 1983)对一个有着丰富教学经验的中学教师莎拉进行案例研究, 发现教师以独特的方式拥有一种特别的知识, 即"实践知识". Elbaz 将实践知识的内容分为五类：①学科知识, 既包括教师所教学科的知识, 又包括与学习相关的理论；②课程知识, 即如何组织学习经验和课程内容等方面的知识；③教学法知识, 包含课堂常规、课堂管理以及学生需要等方面的知识；④关于自我的知识,包括对个体特征的了解,如性格、年龄、态度、价值观和信念以及个人目标;⑤关于学校的背景知识,包括学校的社会结构和它的周边社群.

Berliner(1995)从教学专场的角度将教师知识分为:学科专长,包括特定的学科内容和学科知识结构;课堂管理专长,支持有效教学和有效学习的条件;教学专长,指为了完成教学目标,教学具有的关于教学策略与教学方法的内隐知识和外显知识的总和;诊断专长,包括获得全部学生和个别学生的知识.

Borko 和 Putnam(1996)认为教师的专业知识包括:一般教学法知识,包括有效课堂管理策略、一般教学策略、学生及学生学习的知识;学科知识,包括学科内容知识、学科的内容结构、学科的句法结构、关于学科知识讨论方式和学科知识发展的知识;学科教学知识,包括学科教学宗旨、学生已有的学科知识、学科课程和学科课程材料的知识、特定学科知识的呈现和教学策略的知识.

范良火(2003)在分析了众多的研究者关于教师知识的分类后,基于美国数学教师委员会(National Council of Teachers of Mathematics)颁布的《数学教学职业标准》(*Professional Standards for Teaching Mathematics*)将教师的教学知识分为:①教学的课程知识,关于包括技术在内的教学材料和资源的知识;②教学的内容知识,关于表达数学概念和过程的方式的知识;③教学的方法知识,关于教学策略和课堂组织模式的知识.

综上来看,在这些关于教师知识的分类研究中,Shulman 对教师知识的理解比较全面,因此被众多研究者认同与采纳.我们还发现,尽管研究者们所提出教师需要什么样知识的分类各不相同,但是有两种基本知识是相同的,即学科内容知识和学科教学知识.这一事实在很大程度上表明教师的学科内容知识和学科教学知识对于教学的重要性.

2. 教师知识的表征研究

研究者讨论教师知识的各种形式,有些研究者主要讨论教学原则一般性知识的需求,而另一些研究者认为教师知识是情境化和个人化的,以隐喻、映象的缄默形式存储,或以故事或案例较明确的形式储存.在描述教师知识的不同表征时,用 Bruner 的方法来理解教师知识的范式方式和叙事方式.

首先,从知识的范式方式来看.范式方式强调适用于十分广阔背景下的一般法则与原则.自然科学领域的知识就属于范式知识.研究教学的学者认为,教师需要具备有关教学的科学原理和已证实可用于不同背景、场景的知识(Gage, 1978).这些研究者强调有关教与学的命题知识的重要性.这些原则可能包含一些命题,例如"等待时间"的重要性,以鼓励高层次思维.这些原则可以从有效教学的大规模研究项目中得到,并直接传授给教师.

这一领域的部分研究者认为, 通过提供新的教学原则让教师在教学实践中运用, 这些知识可以直接影响实践. 虽然这些研究在短时期内成功了, 但是没有证据表明教师会继续实施这些教学原则.

有人认为, 范式知识是用一种可替代的方式指导实践. 一些研究者认为, 有关教学的研究结果可指导教师的课堂行为, 而非支配教师的教学实践(Fenstermacher, 1986). 从研究中获得的知识通过影响教师的信念, 或将新知识与信念引入到教师的推理中来影响课堂实践. 理论知识成为一个能够指导教师课程与教学决策的知识资源, 但不是唯一的资源. 大量关于教师知识运用的研究表明, 教师通过自己的观点和情境来筛选一般原则. 因此, 利用研究知识的方法有助于理解命题知识与课堂实践之间的关系.

其次, 从知识的叙事方式来看, 叙事方式更情境化, 更加针对某一具体情况. 由于教学研究经历了从探索范式知识到研究叙事知识的一个过程, 这一转变亦影响了教师知识领域的研究. 知识形式的另一条线就是反对一般化知识, 并认为教师知识在本质上是个人化, 并以故事形式或叙事形式组织而成的(Clandinin et al., 1987; Elbaz, 1991). 这些研究者认为, 教师知识可以通过讲述自己的教学故事来理解, 这样同时保留了教师的声音与观点. 在个人实践知识领域的研究者认为, 许多教师的知识本质上是缄默的, 蕴含在教师工作的仪式、程序和周期中, 并表现在特定环境中.

从知识的叙事角度来看知识体现在课堂实践中, 知识与课堂实践之间的区别并不十分明确. 有些研究者也认可知识与实践之间的差别, 但是他们认为实践对知识的影响如同知识影响实践一样多. 个人实践知识的叙述方式为理解个体教师的实践提供一种视角, 读者通过反思自己实践中遇到的相同问题从实践中学习.

案例知识是叙事知识的表述形式之一, 这类知识包括大量具体教学情境的案例经验. 跟个人实践知识一样, 案例知识也是情境化和语境化的. 在医学和教育学领域, 探索知识获得的研究者认为该领域的知识都呈现为概念和案例. 在课堂实践中, 教师构造课堂情况的语境理解, 使他们认识到新情境所熟悉的特征.

像个人实践知识一样, 案例知识通常也是用叙事的形式表达. 然而, 大多数案例叙事都具有明确的教学目的. 在教师教育中, 案例研究法的倡导者强调在学习教学时案例研究的实用性. 为了处理具体的教学情境, 案件通过提供先前出现的例子来影响实践. 这一领域, 大多数研究人员强调同一现象使用多个案例的重要性, 来更准确地说明实践的复杂性.

从以上论述来看, 受 Shulman 研究的启发, 学者们从不同的角度提出各种不同的内容知识和形式知识. 尽管学者对教师知识类型的分类差别很大, 但一个不争的事实是教师内容知识的研究是以学科知识和学科教学知识为核心展开的, 尽管研究者所提出的教师知识的成分也有一定的基础, 但对于教师知识的分类还是有一定的随意性, 实际上并不存在一个刻画教师知识的内部结构的唯一方式(Borko et al., 1996). 后来, 涌现出大量的对具体学科(如数学、科学、英语等)教师的实证研究. 这里我们主要讨论数学学科中, 有关学科知识和学科教学知识的研究.

2.3　教师知识研究的三种取向

本节重新回到教师专业场景中来思考教师知识研究的历程. 随着科学研究方法的不断更新, 心理学领域的不断推进, 有关教师教育研究不断发展. 从最初对教师特征的描述、对教学行为与学业成就的相关性研究到对教师认知领域的实证研究, 最后再到教师认知过程的研究中, 人们发现教师知识才是教师有效教学的真正关键所在.

2.3.1　教师特征的研究

教师知识的研究起源于教师教学效能的研究(杨翠蓉等, 2005). 长期以来, 人们有这样一种习惯性的认识, 教师拥有的数学知识越多, 其数学教学就越有效, 进而学生的学习成绩就越好. 基于这种认识, 研究者展开了一系列关于教师特征的研究, 希望从教师毕业学校的等级、考试成绩、学历水平和所修课程、是否取得教师资格等变量中发现对学生学习成绩起关键作用的核心因素(Wayne et al., 2003). 有些研究发现教师知识与学生成就有关, 比如 Monk(1994)对约 2800 名师生进行了为期 3 年的纵向调查研究, 发现中学教师数学知识与科学知识的储备对学生的学业成绩有影响, 且结果表明教师对所教知识掌握的好坏对学生的学习成绩有正向影响.

但也有一些研究表明二者之间的相关性很小或无关. 最有代表性的研究是 Begle 和 Geeslin(1972)对教师特征与学生成就进行了全国范围的纵向研究, 调查了来自美国 40 个州 1500 多所学校的 112000 名学生的数学能力. 其中关注了教师近 20 个特征变量, 如教龄、数学学分、是否主修数学专业、对数学的兴趣、学习观等. 调查发现, 教师的背景特征、教学态度与学生学习无关; 而学生学业成绩与教师特征具有显著正相关的比例低于 30%. Begle(1979)总结到, 大众普遍认为教师知道得越多, 教得越好, 实证研究表明, 这一观点需作重大修改, 因为这些观点都是不实的，或是建立在不可靠的基础之上. 关注教师特征变量的教师知识研究，用教师所修课程或学历水平来代表教师的知识具有局限性. 此类研究过分关注课程数量、学历水平等表面指标，很少关注数学知识的内容、本质与联系，因此日益受到批评.

2.3.2　教师行为的研究

受行为主义理论和"过程-产出"（process-product）[①]研究范式的影响，20 世纪70 年代中期，研究者认识到"教师做什么比教师是什么更重要". 他们将研究重点转向教师的教学行为，如课堂节奏、提问、解释清晰度、评价、教学激情等(Gage, 1978; Bush et al., 1977). 这些研究将教学行为或教学方法与学生的学业成就进行相关分析，通过精心设计研究程序、严格控制过程，得到了一些可靠的结果. 有些结果对教师有效教学的研究做出了重大贡献，甚至在当今的教学实践中仍起作用.

但是对于"过程-结果"研究范式，学者们(Gage, 1978; Brophy, 1988; Shulman, 1987; Ball, 1991)认为存在以下局限性. 首先，过程-结果研究范式过于狭窄. 它主要涉及两类变量：一类是教学行为或教学过程变量；另一类是结果或成绩变量. 实际上，教师投入教学的时间或学生主动参与的时间，都与学业成绩有很大的相关性. 除教师的教学行为之外，教学环境、学生、学科、教育目的等，都会直接对学生的学业成绩造成影响. 因此，"过程-结果"研究范式忽略干扰教学行为和学习成绩的其他事件. 课堂上学生的行为、之前和随后的班会，以及各种课堂和课程资源，所有这些都被忽视. 甚至考虑学生行为的时候，"过程-结果"研究范式认为是教师行为造成了学生这种行为.

其次，"过程-结果"研究范式往往侧重于教师行为发生的频率. 通过课堂观察法收集教师教学行为的类型，并进行频数记录. 所收集的数据，仅反映某个教学行为的频率，而不是教学的好坏程度. 这使得研究不能有效地控制教学过程，不能排除影响学生学业的无关因素，如班级的好坏、教材的优劣、生源的质量，因此往往会得出一些自相矛盾的研究结果和结论.

最后，学生的学业成绩. 此类研究的数据分析，通常是将观察所得的教学行为频率与学生标准化测验的成绩进行相关分析. 众所周知，不仅学生的学业成绩会受教师的教学影响，同时学生的学习过程也易受到教师的影响，但此类研究考察了学生的最终学习成绩，而忽略了学生的过程性学业成绩.

---

①　"过程-产出"(process-product)是战时的军事研究中开发的、在 20 世纪 50 年代普及的行为科学的方法，它是旨在开发能够有效地实现最佳结果的系统，把构成"系统过程"的要素作为独立变量、把该"过程""产出"的"结果"作为从属变量的一种调查研究方法(佐藤学, 2003, p. 386).

教师的教学信念、情感因素、认知过程、行为活动、专业知识、学生特点、教学情境等因素，都对教师的教学和学生的学习产生一定的影响，这也对有关教师行为的研究提出更高的要求.

2.3.3　教师认知的研究

由于对行为主义研究的不满和认知心理学的兴起，20 世纪 70 年代末期，教师教学效能研究的焦点转向了"教师思维"的研究，即开始关注"教师想什么和怎么想"的问题.推进"教师思维"的研究者们分析了决定教学的核心要素——教师在教学中实现的选择与判断的思维活动.这一时期，有关教师思维的研究受到信息加工理论的主导.研究最初主要围绕教师的教学计划和课堂决策展开，到 20 世纪 80 年代中期，又转向采用专家[①]教师-新手教师的比较研究.

教学计划研究针对的是教师在课堂教学之前的思维活动，即教师教学前思维.研究内容涉及教师计划的种类、内容、过程阶段和内外部因素(Zahorik, 1975; Peterson et al., 1978; Yinger, 1980).多数研究发现，教师在计划教学时往往关注教学任务、教学过程，而甚少考虑教学目标和教学评价;影响教学计划的外部因素有学校与课堂环境、学生、教学目标和教学材料;内部因素有教师知识、教师经验.

教师课堂决策研究针对的是教师在教学过程中的思维活动，即教师教学中的思维.由于教学是复杂多变的，当遇到偶然学习事件时教师需及时对事件进行思考、判断、决策，选择继续执行教学计划或是改变计划.研究内容涉及教师决策的模式、种类、影响决策的各种因素(Peterson et al., 1978; Parker et al., 1986).

此外，研究发现专家教师和新手教师在实施教学时，思维方式和特点存在着不同.Carter 等(1987)认为专家教师和新手教师对信息的感知能力不同，记忆信息的能力也不同，并且使用不同的标准来评判他们感知与记忆信息的功能.其实来自不同领域的研究者都非常关注专家与新手如何处理并利用信息进行决策.Chase 和 Simon(1973)对象棋的研究发现，专家棋手能以块状方式做有效率且有系统意义的组合记忆，如果棋盘的棋子排列是有规则意义的呈现，则专家棋手的记忆策略(知识的组织)较具优势;但如果棋子是任意摆布，则专家棋手的优势记忆效果则消失.在其他学科领域的研究中也有类似的发现，专家与新手间的差异并不能单纯归因于短期记忆广度或能力的差异，记忆策略的优劣更重要(Kahney, 1993).

---

① 经验教师，具有 10 年以上的教龄，对学科思想方法、学生差异有一定的把握，教学技艺成熟，教学业绩获得同事、校长、教研员的认可，属于成熟教师;专家教师，具有 10 年以上的教龄，形成自己的教学经验、思想和风格，因教学业绩突出而获得特级教师或学科带头人等荣誉称号，属于卓越教师.

此外，物理学的解题方式(Chi et al., 1981)、速记(Hidi et al., 1983)和体育领域，都发现了一致的结论.这些研究表明，专家与新手在思维与行动方面存在质的差别，在感知、记忆、使用信息上亦不同.

受其他领域研究结果的鼓舞，此后教师教育研究采取了专家-新手研究范式，比较专家教师与新手教师的认知能力与特点.毫无疑问，对在该领域做出开创性贡献的有 Leinhardt 与其同事(Leinhardt et al., 1986; Leinhardt et al., 1991).Leinhardt 等(1991)比较专家教师和新手教师所拥有的知识，发现专家教师的课堂教学目标明确，结构紧凑，概念解释清晰连贯，在流程和课程脚本上比新手教师更详细.一般来说，专家教师对课程的描述包含着更多的细节，更注意教师和学生在课堂中的行为.专家教师在评估课堂进度时也会描述一些具体的要点.

Borko 和 Livingston(1989)调查专家教师和新教师是如何设计数学课的，发现专家教师的教学计划更加灵活，可以根据课堂讨论的不同方向随时进行调整，相比之下新手教师的教学设计显得教条.Berliner(1986)研究发现专家教师比新手教师具有更加迅速、准确的模式认知能力，更能注意和识别与教学任务相关的课堂信息并加以利用；更能准确地预测课堂发生的问题，并能够巧妙地处理，因而有高效的教学行为；对问题理解更加深刻和丰富，从而能形成更合理的解难策略；教学计划更加明确地反映教学目标.

斯腾伯格和威廉斯(2003)从教育心理学的角度发现，专家教师有三个共同特点.第一，专家水平的知识.专家教师在教学中采用更多的策略和技巧，他们比新手教师能更有效地运用自己的知识来解决问题.第二，高效.专家教师比新手教师用更少的时间完成更多的工作.第三，创造性的洞察力.专家教师比新手教师更能够创造新颖和恰当的解决问题的方法.

本节论述教师知识研究的演变，获悉国际上教师研究的核心发生了几次重要的转移.研究的焦点从简单地识别"教师具备的特征是什么"到记录"教师做什么"，思考"教师为什么以及如何教学"，再到目前"教师知道什么".

第 3 章 学科教学知识的探索

从现有的研究看,"学科教学知识"这一术语似乎发展异常迅速,而且毫无阻挠地进入教师教育研究领域.了解学科教学知识,几乎理所当然地成为教师必备的一种常识.然而,这一概念的形成与发展,并非一帆风顺.有些问题,深深地根植于教师教育的发展历程.因此,我们有必要追踪一下学科教学知识的历史,了解有关学科教学知识的重要研究结论.

3.1 学科教学知识的缘起与发展

3.1.1 学科教学知识的缘起

在教师教育的历史上,Monroe 认为 1907 年是一个转折点.在论述教师教育时,1907 年是最具有标志性的年份,这一年,多数大型院校和少数小型院校成立了教育系和教育学院(Monroe, 1952).在高等院校中,教师教育专业广受欢迎.同时,学者们也注意到教师教育的立足点非常薄弱.在 1907 年美国国家教育协会(National Education Association, NEA)的高等教育、中等教育和师范院校联合会议上,几位学者发表了对教师教育内容的看法,特别是师范院校的中学教师教育.这几位学者竟无一例外地将他们的理论建立在 Parr 对教师教育内容的观点上.在 1888 年美国国家教育协会的年会上,时任美国师范学校教育联合会主席的 Parr 指出,

通过对教学过程的分析,发现在每门学科中有一种属于教学的特殊知识.而且此类知识与学术知识明显不同,具体表现在目的、与事实的关系、获得知识的方式上.每门学科思想的排列顺序,是由这些思想的内在关系所决定的.然而,教授这些思想的顺序,则是由它们与学习心理之间的关系所决定.学术知识的目标就是按照必需的依存顺序了解一系列事物,而教学知识的目标就是按照学习者能够掌握的顺序了解学习心理的过程.

可见,Parr 播撒了学科教学知识的种子,在每门学科中有一种属于教学的特殊知识,教授这些思想的顺序,则是由它们与学习心理之间的关系所决定.但是,这些种子并没有发芽.因为,当时还有其他问题吸引着教师教育者的关注,占据他们

的精力.

在 1907 年美国国家教育协会的高等教育、中等教育和师范院校联合会议上,学者们就"高中教师的专业准备"问题发表了看法.很多学者指出,缺乏教学训练的大学毕业生不知道如何有效地管理课堂,或不知道如何有效地与儿童互动.特别是,他们不了解学生的想法,绝大多数教师更加重视学科的逻辑发展,而不是学生逻辑能力的发展.

在这些学者当中,Hanus 寻求一个中间的位置.他主张教师不仅仅是一位学者,重要的是要有学识.为了达到教学目的,必须获得或至少从教师的观点出发审视学识,学者必须用一种新的方式掌握他的学识.后来,Hanus 的观点在霍姆斯小组报告中反复出现,并用于支持即使是小学教师都应具备学术性知识的观点(Brooks, 1907).

在那个时代,这些观点和其他教师教育家的观点都处于连续的过程,即从掌握学科观点上来看,就是严谨地教授课程;虽然中间位置的内容仍然一样,但是强调通过一门特殊的方法课程,使得内容按照与教学问题有关的方式呈现;希望教师按照如何让学生最好地学习的观点教授学科内容.我们可以看出,希望教师按照如何使学生更好的学习来教授学科内容,这一观点已经与 Shulman 在 80 年后提出的学科教学知识非常接近了(Robert et al., 2001).同时通过课程使内容按照与教学问题有关的方式呈现,这一观点受到广泛的支持,不仅仅局限于师范院校的教师.Hinsdale(1910)认为,教授要探索表征,或者至少说明在课堂上教授具体学科的方法,通常或多或少取决于所代表的特殊困难.表征是迈向学科教学知识这个概念最重要的一步,同时远离内容领域专家对学科的理解,这些专家就是那些不支持将学科内容和教学完全混合的人.

20 世纪 80 年代早期,由于民众对教育现状不满,引发了美国新一轮教育改革.Shulman 和他的同事在斯坦福大学启动了名为"教师专业知识"的研究计划.学科教学知识这一术语最早出现于 1986 年 Shulman 在美国教育研究协会会刊《教育研究者》发表的一份研究报告中,该项目由斯宾塞基金会所资助,研究对象为斯坦福大学一组科学、数学、社会学科和英语专业的职前教师,研究主题是他们的学科知识与教学方法发展之间的关系.文中 Shulman(1986)首次提出学科教学知识这个术语,将其定义为:

教师所运用的最有效的表征形式、最有说服力的类比、举例说明、图示、解释与示范.简而言之,就是教师用学生能理解的方式将学科内容表征出来.学科教学知识还包括教师应理解学生在学习特定概念时感到容易或困难的原因,也应理解不同背景、年龄的学生在学习这些内容时所持有的观念与先前知识.

在次年发表于《哈佛教育评论》的另一篇论文中,Shulman(1987)又将学科教

学知识的定义精细化为:

教师将学科内容知识与教学法知识融合在如何组织、表征某个特定的主题、问题或论点上,以适应学习者的不同兴趣与能力,并进行教学.

Shulman(1987)认为学科教学知识(PCK)是学科知识与教学知识的特殊结合,即教师学科内容知识与一般教学法知识的交集,如图3.1所示.

Wilson 等(1987)强调:

成功的教师不能仅仅对某一概念、原则或定理有直观的或个人的理解.甚至为了促进学生的理解,他们必须自己先理解向学生表征这些概念的方式.教师必须具备为达到教学目的,而转化内容的方法知识.用杜威的话,他们必须将学科知识"心理化".为了转化或"心理化"学科知识,教师必须拥有学科知识,包括对教学内容的个人理解,也包括有关如何表达这种理解的方法知识来促进学生头脑中学科知识的发展.

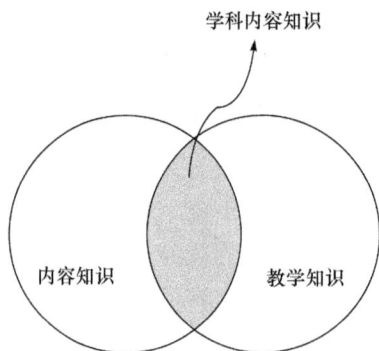

图3.1　PCK 结构图

他们认为,成功的教学不仅需要教师掌握学科理论知识,而且需要娴熟的、能够根据学生需要将学科理论知识加工、转化为学生能够理解的学科教学知识.在教师的知识范畴中学科教学知识是特别重要的,是教师知识的"核心",因为它确定了教学与其他学科不同的知识群,体现了学科内容与教育学科的整合,是最能区分学科专家与教师的不同的一个知识领域(教育部师范教育司,2003).同时,它使得特定内容的学科知识与一般教学法整合在一起.这一概念的提出,弥补了在近两百多年来师范教育中学科知识与一般教学法知识一直作为分离的"两张皮"现象(李琼等,2006).

Shulman(1987)指出,学科教学知识的发展是促进教师从新手转变成专家的关键性因素,并提出驱动这种转变要通过一个"教学推理"(pedagogical reasoning)过程.这一推理过程包括理解、转化、教学、评价、反思、新的理解,通过这样一个持续的教学推理过程来指导教学行为,促进专业知识的增长.

数学的讲授不同于数学的理解,换句话说,讲授数学与掌握数学没有直接关联,即使能弄清楚数学的来龙去脉,但并不意味着就能完全胜任数学教学工作(Ball, 1999, 2000; Ball et al., 2000; Kahan et al., 2003; Shulman, 1986, 1987).因此,讲授数学不仅需要知道数学知识,更需要了解数学教学的知识.

3.1.2 学科教学知识的发展研究

PCK 概念的提出引发了人们对教师知识研究的极大兴趣, 使得越来越多的研究者开始触及这一领域, 并在不同学科领域以各种不同的方法对 PCK 进行了深入的研究. 有关学科教学知识的各种研究力求揭示学科教学知识的组成部分, 这些研究同样表明学科教学知识如何因学科的不同而不同(Cochran et al., 1993; Grossman, 1990; Magnusson et al., 1999; Marks, 1990; Shulman, 1986; Shulman, 1987; Smith et al., 1989; Tamir, 1988; Wilson et al., 1987).

Grossman 通过对英语教师的实证研究, 扩展了 Shulman 对教师专业知识基础的界定, 并强调学科教学知识的重要性, 使得 PCK 不再是学科知识和教学知识的综合交集. Grossman(1990)将 PCK 扩展为:教学目的的知识; 学生理解的知识; 课程知识; 教学策略和呈现方式的知识. 教学目的的知识, 指教师关于一门学科教学目的的统领性观念, 关于学科性质的知识、关于学生学习哪些重要内容的知识或观念. 它是决定教学目标、教学策略和选取教材、评价学生的基础. 学生理解的知识, 是关于学生对某一课题理解和误解的知识, 以及教师向学生恰当地解释和呈现的知识. 课程知识, 指关于教材和其他可用于特定课题教学的各种教学媒体和材料的知识, 还包括学科内特定主题的纵向与横向关联的组织知识. 对数学来说, 教师必须意识到数学课程不仅仅是一些活动, 还应该保持前后连贯性; 此外, 不同主题的数学分支是高度关联的. 教学策略和呈现方式的知识, 就是要求教师具备一系列的各种不同解释、类比、样例、表征和示范的知识. 这一点, 也是 Shulman 学科教学知识界定的出发点.

Grossman 等(2005)对学科教学知识进一步阐释, 分为学科教学的统领性观念和有关特定知识内容的学与教. 学科教学的统领性观念包括: 学科内容的知识, 是关于一门学科内容、方法和性质的知识; 教学目的的知识, 是教师对该学科在不同年级水平上最有学习价值的知识的认识. 有关特定知识内容的学与教有四条:学生理解的知识, 是学生对特定内容容易理解或产生误解的知识; 内容组织的知识, 是特定内容的来龙去脉, 该概念的生长点及应用, 及其在学科知识体系中的组织结构知识; 知识呈现的知识, 是特定内容的教学策略和表征方式的知识; 效果反馈的知识, 是教师根据实践的情况, 如何进行反馈的知识, 是教师依据学生学习特定内容的效果, 进行测评, 继而调整其教与学方式的知识.

同样, Smith 和 Neale(1989)将 PCK 概括为四个组成部分:学生概念的知识, 教学策略知识, 形成和阐述内容的知识, 课程材料与活动的知识. 根据 Shulman 对教师知识的分类, Tamir(1988)提出从学生、课程、教学、评价四个方面对一般教学知识与 PCK 进行清晰的划分. Tamir 用实例来说明一般教学法知识与

PCK 在每个方面的区别.例如,在学生这一要素上,了解皮亚杰的学生认知发展水平就与一般教学法知识有关,而掌握学生对某一特定专题的共识与误解,就与 PCK 有关.

与 Smith 等的研究思路相同,Cochran 等(1991)定义学科教学知识:为了教具体的学生,教师在课堂情境下将他们的教学知识与其学科知识建立联系的方式.这个定义包含四个组成部分:学科内容知识、学生的知识、环境背景知识、教学知识.他们用维恩图表示这四部分是怎样重叠在一起的,PCK 位于交叉部分的中心,中心部分小的表示新手教师的 PCK,中心部分大的表示有经验教师的 PCK.随着教龄的增加,图形变大,每一成分的知识增加,重叠部分增多,表示教师的 PCK 发展了.

Cochran 等(1993)认为,Shulman 把 PCK 刻画为学科内容知识与教学知识的子集,是一种静态知识.Cochran 等从建构主义的观点出发,提出了教学内容认知(pedagogical content knowing, PCKg),来说明其动态本质.具体说来,教学内容认知包括四个方面的知识:学科内容知识、教学法知识、关于学生的知识(能力、学习策略、年龄和发展水平、态度、动机、前知识)和关于学习情境的知识(社会的、政治的、文化的知识和自然环境).PCKg 也就是教师对这四种知识的综合理解、整合与建构的过程.

Marks(1990)通过 8 名五年级教师对等分数认识的调查研究,提出了 PCK 的组成:学科的教学目的、学生对学科的理解、教学媒介的知识、教学进程.Marks 认为 PCK 分类基本来源于学科内容知识和教学知识,如学习活动、了解学生的误解、教学策略的使用.

Magnusson 等(1999)从科学学科出发,借鉴 Grossman(1990)对 PCK 的分类,提出科学课的学科教学知识包括:①科学教学的取向,指教师有关科学教学目的的知识与信念;②科学课程的知识与信念,指要求的目标与目的、具体课程计划与材料;③对学生理解的知识与信念,指学生学习的知识和学生困难领域的知识;④科学教学策略的知识与信念,指有关学科的具体策略知识和相关主题的具体策略知识;⑤评价的知识与信念,指评价科学学习维度的知识以及评价方法的知识.

Veal 和 Makinster(1999)根据 Bloom 的目标分类法,将学科教学知识分为三类:普通的 PCK(general PCK)、具体学科的 PCK(domain specific PCK)、具体专题的 PCK(topic specific PCK).他们认为虽然大量研究者已描述、界定了学科教学知识的不同属性或特征,但是这些文献中的阐述对于学科教学知识的发展意义不大.因此,Veal 和 Makinster 建构了一个能够体现学科教学知识发展的金字塔模型图

(图 3.2).这个金字塔模型详细说明了学科教学知识的层次结构及其属性.从俯视图来看,学科教学知识处于中心位置意味着它的重要性,周边的各成分也都相互关联.从侧视图来看,学科教学知识处于塔顶,学科内容知识和关于学生的知识位于塔底.金字塔模型并不意味着成为一个有效的教师是一个线性发展的过程.相反,它意味着一个教师在整合其他知识的同时,才能发展其学科内容知识和关于学生的知识.对于教师来说,通常内容知识的发展先于关于学生的知识.随着时间的推移,通过教学、专业发展和非正规学习经验的相互整合,教师的"知识金字塔"会逐渐成长.

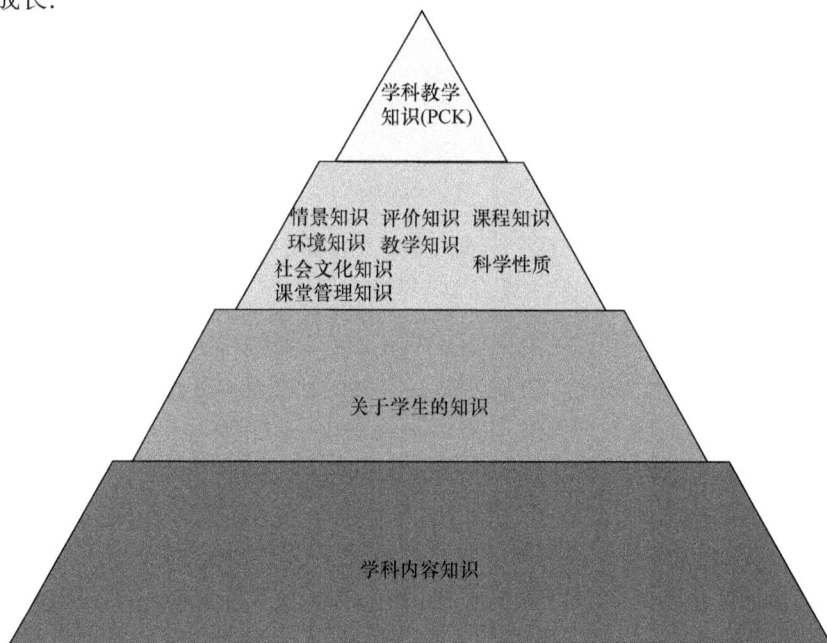

图 3.2　金字塔模型图

在数学教育领域,Lim-Teo 等(2007)提出数学学科教学知识(mathematics pedagogical content knowledge, MPCK)这一概念,它由以下四个方面构成:①教师自身对数学结构与联系的理解;②教师具备一系列解释概念的可替代表征方法;③教师能够分析数学任务对学习者所提出的认知要求;④教师能够理解儿童的学习困难与错误理解,并采取适当的矫正措施.

黄毅英等(2009)亦对 MPCK 的组成进行探讨,认为由数学学科知识(mathematics knowledge, MK)、一般教学法知识(general pedagogical knowledge, PK)、有关数学学习的知识(content knowledge, CK)综合构成,如图 3.3 所示.其中,把学习对象——学生、学习背景与环境、教育宗旨等方面的知识纳入数学学习内容知识.

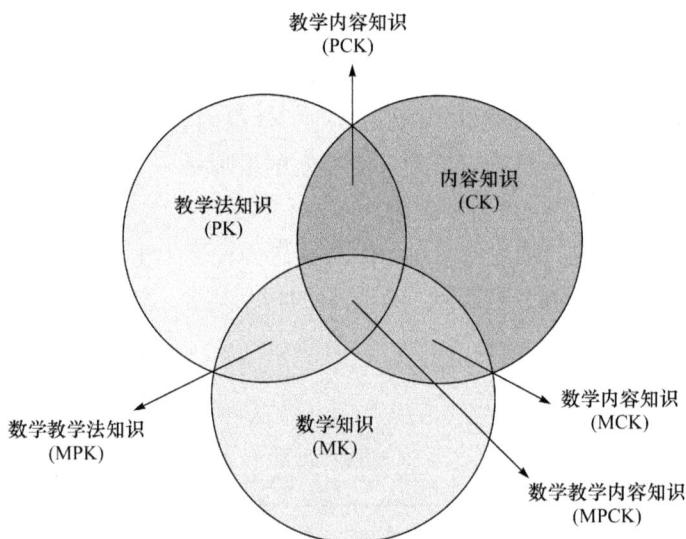

图 3.3　MPCK 一般结构图

资料来源：黄毅英和许世红, 2009, p.6

　　Ball 所带领的研究团队在 Shulman(1986)教师知识分类的基础上，尝试采取一种自下而上、源于实践的工作方式继续探究教师的教学知识(Ball et al., 2005). 他们开发了面向教学的数学知识模式(mathematics knowledge for teaching, MKT), 该结构包括学科知识和学科教学知识两部分(Hill et al., 2008). 在此结构下，学科教学知识包括内容与学生的知识、内容与教学的知识，以及内容与课程的知识.

　　An 等(2004)对中国与美国中学数学教师的学科教学知识进行比较研究，从教师理解与发展学生数学思维的视角将 PCK 分为以下四个部分：①构建学生的数学思想；②解决学生的误解；③使学生参与数学学习；④促进学生的数学思考.

　　数学教师教育与发展研究(teacher education and development study in mathematics, TEDS-M)是一项关于小学和初中数学教师职前教育的国际比较研究，它是国际教育成就评价协会 (International Association for the Evaluation of Educational Achievement, IEA)组织与发起的教师教育领域内的大型国际比较研究. TEDS-M 特别关注小学和初中数学职前教师的学科教学知识，其研究框架将 PCK 分为：①用有效的表征形式；②对某个主题内容用有说服力的类比、举例说明与解释；③洞悉学生在学习特定内容的难易点；④理解不同年龄、背景的学生在学习这些内容时所持有的观念与先前知识(Tatto et al., 2008).

　　近期研究, Lannin 等(2013)在前人理论框架的基础之上，将 PCK 分成：①数学课程知识；②数学评价知识；③数学教学策略知识；④学生对数学理解的知识.

　　综上，学者们基于 Shulman 对知识基础的分类从不同视角对学科教学知识进行阐释，其中有新要素补充和强化，现将已有文献中PCK的各组成部分进行汇总，如表 3.1 所示. 由表可见，研究者对 PCK 的阐释略有不同，但大多集中在以下几个概念：学科内容知识、学生理解的知识、课程知识、教学知识或教学策略知识、评价知识.

表 3.1　学科教学知识的组成部分

研究者	学科教学的观念或取向	学科内容知识	学生理解的知识	课程知识	教学知识或教学策略知识	评价知识	情境知识
Shulman(1987)	*	*	*	*	*	*	*
Tamir(1988)		*	√	√	√		
Smith et al.(1989)		√	√	√	√		
Grossman(1990)	√	*	√	√	√		*
Marks(1990)		√	√	√	√	**	
Cochran et al.(1993)		√	√	**	√		√
Magnusson et al.(1999)	√	*	√	√	√	√	

√表示该项是 PCK 的一个组成部分; * 表示该项独立于 PCK 的知识; ＊＊ 表示该项包含在另一项中.

3.2　学科教学知识的相关研究

3.2.1　学科内容知识

　　学科内容知识是指所教学科的内容知识，也就是说该学科的主要事实、概念以及它们之间的关系(Grossman, 1990).Shulman(1986)认为学科内容知识是指在教师头脑中知识本质的数量和组织系统; 它包括对学科内容结构的了解，即实词结构和句法结构. 一个学科的实词结构指的是解释性框架或用来引导该领域探究和数据理解的范式，而句法结构指的是学科群体成员为了引导该领域探究而使用的准则依据. 它们是新知识被该群体引入和被认可的方式(徐碧美，2003). 在数学领域，教师的学科知识就是指他们所掌握的数学知识.

　　从 1987 年美国专业教学标准委员会提出成功教师的核心准则，到 2007 年美国数学教师协会发布的《数学教学的专业标准》，始终强调数学教师应该对可靠且重要的数学知识有深刻的理解. 这里所谓的 "深刻理解" 包含两层含义：理解数学知识 (knowledge of mathematics) 和有关数学的知识 (knowledge about mathematics). 数学知识就是对数学专题、数学概念、数学运算的理解，属学科内容的实质知识; 有关数学的知识, 就是理解数学是什么, 即"它从何来、它有什么好处、正确解答是如何建立的" (Ball, 1991).

Kilpatrick 等(2001)对教师需要持有的数学知识做了进一步的描述:

有关数学的事实、概念、程序和它们之间的关系的知识; 有关数学思想被表征出来的方式的知识; 数学作为一门学科的知识, 特别是, 数学知识如何产生, 数学中对话的本质, 推理证明所依据的规范和标准.

纵观 30 多年来数学教师学科内容知识的研究, 可以发现研究视角大致有两个方面: 一是以学科内容知识的掌握情况为视角的研究; 二是以学科内容知识的培养情况为视角的研究. 前者, 研究者侧重探索教师的数学内容知识存在哪些不足; 而后者, 研究者关注强化教师对数学内容知识的深刻理解.

1. 以学科内容知识的掌握情况为视角的研究

这类研究集中出现在 20 世纪 80~90 年代, 此时正值美国决策者强调数学课堂教学质量的时期. 这里, 研究者主要围绕数学教师在学科内容知识方面出现的缺失, 如对数学概念或运算的错误理解、法则的错用或对学生出现的数学错误如何阐释等. 我们按照所涉及的数学领域划分为四个主题: 数与运算、代数与函数、几何与测量、概率与统计.

1) 数与运算

在这一主题的研究, 主要围绕数学教师如何理解数的基本概念及基本运算的意义. Wheeler 和 Feghali(1983)通过问卷测试, 调查小学职前教师对数字 0 的概念及运算的理解. 研究发现, 教师对零的认识存在不足, 多数人对除数或被除数为零的运算存在困难, 有过半数教师认为零除以零等于零.

大量研究表明, 教师在有理数的表现较为薄弱. 例如, Post 等(1991)对 17 所学校的 218 名小学教师进行大样本调查, 发现约有四分之一教师在分数基本运算上存在困难, 逾半数教师无法正确解答类似于 $\frac{1}{3}-3$ 的问题. Stoddardt 等(1993)对修读教学法课程的 83 名小学职前教师实施问卷调查发现, 半数教师无法正确解决分数的乘除问题、相等问题和应用题, 有 90%的教师对有理数概念缺乏理解. Li(2008)也得到相似结果, 虽然有 93%的职前教师能正确计算 $\frac{7}{9}\div\frac{2}{3}$, 但将问题换一种问法$\left(如``\frac{1}{3}里有多少个\frac{1}{2}?"\right)$, 正确率降低至 52%, 这说明教师在理解分数的概念和除法的意义上存在困难. 此外, 教师在理解除法概念与程序运算之间的关系上存在严重缺陷. Simon(1993)要求 33 名小学职前教师"运用 $\frac{3}{4}\div\frac{1}{4}$ 来编一道应用题",发现有 23 名被试者没有给出正确解答,其中最常见的错误就是把除法运算题编成了乘法运算题.

随着对教师有理数知识方面的深入研究,发现整数知识的负迁移也是导致教师频频出错的原因之一. 例如, Tirosh 和 Graeber(1990)在数学方法课上对小学职前教师进行测试,其中有一个判断题:①商一定大于被除数;② $10 \div 0.65$ 所得的商一定大于 10;③ $70 \div \frac{1}{2}$ 所得的商一定小于 70. 结果发现,除数是介于 0 和 1 之间的小数时,多数教师认为所得的商一定比被除数小. 这表明,教师将正整数除法的结论错误地应用在小数除法问题上. An 等(2004)对 28 名美国小学数学教师进行调查,发现教师在解释学生错误上存在困难. 例如,要求教师对学生的错误回答 $\frac{3}{4}+\frac{4}{5}=\frac{7}{9}$ 进行合理解释. 有 46%的教师归咎于学生对公分母知识的遗忘,其实不然,这些教师并不了解学生的具体想法,也不知道找公分母可能是学生学习分数加法的难点.

2) 代数与函数

研究者大多采用质的研究法或混合研究法,来调查教师对代数概念、函数表达式及其图像的理解.Bishop 和 Stump(2000)在代数课程前后,对修读该课程的中小学职前教师实施两次测试,探查他们对代数概念的理解.结果表明,大部分教师在前测和后测的表现一致,即对代数的理解停留在非代数观(即未使用变量、未知数、关系等概念)或代数的程序性定义上.

Stein 等(1990)对一名具有丰富教学经验的小学数学教师进行个案研究,通过对其 25 节函数与图像课进行分析,发现该教师在一些重要的知识点上存在缺失.例如:不能全面认识到函数的各种表征、函数表达式与图像之间的关系、自变量与因变量之间的对应关系.Ebert(1993)通过用五个任务情境来调查中学职前教师对函数及其图像的认识.任务情境涵盖以下内容:函数的定义、符号与赋值、复合函数、反函数、函数图像.结果表明,虽然大部分职前教师能够正确表述函数的定义和图像的含义,但在识别学生错误、区分常值函数与变量函数上存在困难.龚玲梅等(2011)对 101 名职前中学数学教师的函数知识进行测试.结果发现,职前教师对函数概念的理解相对最差,理解水平由低到高依次是反函数、复合函数和图形性质;还发现他们学科知识结构松散,缺乏相互联系.

少数研究者关注教师的微积分知识,如 Mastorides 和 Zachariades(2004)对中学教师进行了为期 12 周的微积分教学,调查教师对极限和连续性概念的理解.研究发现,教师对定义的理解存在缺陷,比如对数列收敛定义中 ε 和 n_0 的关系认识不清,部分教师认为"很显然 n_0 取决于 ε,对于每一个 ε 都存在唯一确定的 n_0 与之对应","随着 ε 的减小, n_0 逐渐增大".

3) 几何与测量

研究者在几何与测量方面比较强调空间平面图形, 而空间立体图形的研究十分少见. Mayberry(1983)用结构访谈法来调查小学职前教师对几何概念(正方形、直角三角形、等边三角形、圆、平行线、相似、全等)的理解. 结果显示, 部分教师对图形的定义和性质认识不足, 无法进一步探索图形内在属性及图形间的包含关系, 无法区分图形的相似与全等. Baturo 和 Nason(1996)就图形面积的测量, 对 13 名职前教师进行了个人访谈. 结果发现, 他们对面积测量的知识掌握不牢固, 很难将具体的测量方法与抽象公式之间建立对应. 大部分人不能理解面积单位的含义, 在计算图形面积时, 甚至选用长度单位作为面积单位.

Ma(1999)给教师一个任务情境, 即假设学生提出猜想——如果一个闭合平面图形的周长增加, 那么面积也增加, 问教师如何应答. Ma 发现有 2 名教师仅根据一个实例就断定猜想是正确的, 逾半数教师尝试寻找更多的例子来检验, 这些教师虽然认识一个例子的局限性, 但未意识到有限个例子不足以证明猜想. 此外, Knuth(2002)通过问卷和访谈法来调查 16 名中学数学教师对证明概念的理解. 在访谈中, 让教师回答有关证明的一般性问题(如证明的含义, 什么是求证, 证明的作用), 判断已知论证是否是证明, 以及何种证明方法最具有说服力. 结果发现, 虽然所有教师都认识到证明的验证核实作用, 但无人提及解释说理的作用. 多数教师对证明本质的认识存在局限性, 同时对证明的要素认识不足.

4) 概率与统计

众多学者对教师应具备概率知识的理论研究持有深刻的见解, 但有关教师概率内容知识的调查研究却相对较少. 究其原因, 主要是概率内容进入数学课程相对较晚, 尤其对小学阶段来说. 美国学者 Stohl(2005)在《探索学校概率: 教与学的挑战》一书中指出, 任何旨在培养学生概率推理能力课程的成功与否, 很大程度上取决于教师对概率的深刻理解. 可见, 教师对概率内容的掌握极其重要. Kvatinsky 和 Even(2002)提出教师理解概率内容的关键点: 教师应知道概率不同于其他数学领域知识的显著特点; 教师应掌握促进或阻碍概率推理的其他数学内容; 教师应了解概率处理日常生活问题的作用.

对教师统计知识的已有研究, 比较关注教师对统计调查法的理解. Makar 和 Confrey(2005)在方法课上, 调查中学职前数学教师和科学教师对变量和分布的理解. 通过让教师比较两组分布, 发现他们仅会用一些常见的统计方法, 如平均值、百分比、方差等. Mickelson 和 Heaton(2004)对一名三年级教师的统计推理能力进行个案研究, 该教师把统计调查作为教学手段来学习其他课程, 如科学、文学和社会研究. 研究发现, 虽然该教师在统计分析方面已具备一定的专业水平, 但仍很难找到合适的载体将统计知识教给学生. 与此同时, 这两名研究者通过设计统计调查和教学实践, 来调查小学职前教师对统计概念的认识(Heaton et al., 2002). 结果发现, 教师在设计统计调查的提出问题环节出现漏洞:问题过于日常化, 无法进行数量上的回答(如在数学课上谁最主动), 或数据的收集不具有可操作性.

此外, 有部分研究不仅限于对数学教师内容知识的缺失性研究, 还尝试分析缺失对其教学产生的影响. 如 Stein 等(1990)认为教师函数知识的不足会导致: 教师缺乏继续学习函数知识的基础; 教师过分强调有限的事实; 教师错失在核心概念与表征之间建立关联的机会.

2. 以学科内容知识的培养情况为视角的研究

这类研究侧重于通过新教材的实践、新教学形式的运用、教师专业发展, 促进教师对数学内容全面系统的理解.

通过创设合理课程, 采用新教材, 从理论和实践上培养数学教师的学科内容知识. Izsák(2008)对两名六年级数学教师进行个案研究, 两名教师运用课程改革为导向的"关联数学项目"教材进行分数乘法教学. 研究发现通过采用新教材的长度或面积图式法来表示分数, 有助于教师理解、阐释并回答学生的问题. Kvatinsky 和 Even(2002)提出了一个发展教师概率内容知识的理论框架, 可以从概率的基本特征、重要性、多种表达方式、可替代解法、基本技能、不同形式的认识与理解、与概率知识有关的数学知识七个方面, 来培养教师对概率的理解.

部分研究引入新的教学形式, 对象集中在职前数学教师. 通过适当的方法, 让教师在职前掌握扎实的学科内容知识, 有助于今后的教学实践. Morris 和 Hiebert(2009)通过新设计的三门课程, 来培养幼儿园到八年级的职前教师用多种方法进行整数或有理数运算, 揭示数学运算所蕴含的核心子概念, 阐释运算的意义, 能从学生的解答来评价他们对概念的掌握情况, 能将概念分解成几个子概念. Kahan 等(2003)在中学数学教法课上, 采用问卷测试、编写教案、课堂实践等多种形式培养数学教师对数与运算、代数、几何等内容的理解.

还有采用教法课与教育实践紧密结合的教学方式来培养职前教师. 例如, Stump(2001)通过中学数学方法课程的学习和教学实践, 培养职前教师对斜率概念的理解, 帮助他们理解学生在斜率方面的困难, 并丰富斜率概念的教学方式. 教学方法课和教育实习的整合, 为职前教师提供了将理论转化为实践的绝佳机会, 加深对学生学习困难的了解, 并掌握斜率不同的表达方式(代数表达式、几何表达式、物理表达式、函数表达式). Kinach(2002)在中学数学方法课上设计教学实验, 通过三个任务情境并经历五个过程来拓展职前教师对整数加减法的理解. 教学实验主要关注教师知识的转化过程, 用认知策略使得教师对整数加减法的理解经历了从工具性理解到数学相关性理解的转变.

根据教师的实际需要, 开展具有针对性的、多种形式的专业培养. 例如, Davis 和 Simmt(2006)通过数学对象、课程结构、课堂讨论、个体理解四环节来培养在职教师对整数乘法的认识. 培训结束后, 一名教师认为"尽管我不会照搬相同的教学活动, 但这次培训让我认识到自己是一名好老师. 我非常喜欢这次培训. 它让每个人都有所收获." Swafford 等(1997)在报告中指出, 几何专业发展项目增加教师的几何内容知识, 提高了他们使用开放性问题的积极性, 更有利于学生课堂讨论.

此外, 国内不乏数学教师学科知识的研究(申继亮等, 2001; 李琼等, 2006; 李渺等, 2007). 比如, 申继亮等(2001)采用问卷调查法, 考虑教师的性别、教龄、学历等因素, 来探究 97 名小学数学教师在数学基本概念、公式运用、应用题方面的表现. 研究发现, 不同教龄的教师之间, 其学科知识并未表现显著的差异. 李渺等(2007)采用问卷法调查了 398 名中小学数学教师, 通过横向、纵向两个角度比较了中小学数学教师知识对数学教学的影响情况. 研究发现, 中小学数学教师认为教育学知识与数学知识对数学教学的影响较大, 而且中小学数学教师在数学知识上所做的评价存在显著性差异.

3.2.2　学生对教师学科教学知识观点的研究

教师在课堂上通过创造学习环境, 来促进学生的认知和情感学习成果. 事实上, 学习受多种教育因素的影响, 包括学生对学习环境的看法(McRobbie et al., 1993)、教学方式、例题、采取的教学模式和教学任务的难度水平(Bull et al., 1987). 上述因素很多都与有关教师知识的研究类似, 虽然大量研究关注于从研究者视角来看教师的日常教学实践(Grossman, 1990; van Driel et al., 1998; Dalgarno et al., 2007), 但仍有部分研究关注学生对教师知识的看法(Tuan et al., 2000).

Knight 和 Waxman(1991)指出, 虽然学生的看法可能与外部观察者所得出的教学现实不一致, 但是他们可以呈现出个体学生和周围同学有关教学看法一个大致的范围. 研究人员和教师可以运用学生的观点, 来探索影响学生学习过程的教学因素和环境因素. 根据 Lloyd 等(1986)的研究, 发现学生期望教师了解学科的知识结构, 具备丰富且坚实的学科知识, 并能讲授符合学生认知水平的学科知识.

Olson 和 Moore(1984)的研究表明, 从学生的角度来看, 一名好老师必须很好地掌握所教学科知识, 能够讲清楚讲明白, 上课生动有趣, 给予定期反馈, 并给学生提供额外的帮助. 同样 Turley(1994)发现, 学生认为有效教学是教学方法、教学情境、学生努力、老师投入等因素共同作用的结果. 学生认为有效教师能掌握所教内容, 备课详尽细致, 教学时能使用恰当的教学策略与表征方式, 并能给予学生适当的指导方向(Tuan et al., 2000). 总之, 有关学生对教师教学观点的研究表明, 学生期望教师具有强大的内容知识, 由此推知学生能够感知教师具备的内容知识是好还是坏. 学生同样期望教师运用有效的教学方法, 换言之, 他们希望教师具有良好的教学知识.

段晓林等(1998)编制的中学生对教师学科教学知识的调查问卷, 通过文献研究设计问卷的类别与题目, 再经专家学者、经验教师与学生检验其信度与效度, 先以 634 名中学生为对象进行前测, 前测资料经分析与修改后, 再以 935 名中学生为对象进行正式测试, 最后将其问卷内容分成课程知识、学科知识、教学策略、教学表征和对学生学习的理解等五个维度. 段晓林等(1998)认为, 研究教师如果仅从研究者的角度考虑容易陷入学者权威化的思维中, 从学生的视角探究教师的教学知识量能更客观地看待课堂教学. 从学生的观点出发, 将能了解教师教学知识的状况. 尤其是, 学生自身全程在教学现场中, 由学生的认知更能明白教师是否达到预计的教学目的, 而学生可根据较多的学习经验来回答, 不像观察或访谈资料受到研究对象少的限制(de Jong et al., 2005; van Driel et al., 2002), 而且可通过全体的学生判断得出结论, 并非单凭少数的观察者.

王国华等(1998)进一步探讨学生对科学教师学科教学表现的观点, 以了解科学课堂教学的面貌. 研究发现, 学生对于科学教师的学识丰富表示肯定, 发现教师经常利用考试来检查学生的学习情况, 教师的表征方式、教学策略与活动比较单一. Tuan 等(2000)按照年级、性别、能力三个维度, 对 1879 名中国台湾的中学生和 1081 名澳大利亚的中学生实施"学生对教师学科教学知识观点的调查问卷", 进一步验证了问卷的有效性.

Jang 等(2009)在段晓林等(1998)研究的基础上, 进一步研制有关学生对教师学科教学知识的调查问卷. 根据前测的数据结果, 最终将问卷分成四个维度: 学科内容知识、教学表征与策略、教学对象和情境、与学生理解的知识. 每个维度含有 7 个题目, 共计 28 个题目. 通过对 172 名学生进行调查, 结果表明, 该调查问卷具有令人满意的有效性和可靠性. 张世忠和罗慧英(2009)采用轮流教学或辅助协同教学方式, 对两名科学教师和 36 名学生进行研究. 他们运用量化与质化的分析方式, 采用学生对教师学科教学知识问卷来了解协同教学前后学生对个案教师观点的变化, 亦使用反思日志、学习日记与访谈记录进行三角验证. 研究发现, 学生对这位资深教师知识的观点在整体得分上达到显著差异. 学科专业知识、教学策略和教学表征都达到显著差异, 而学生知识未达到显著差异.

从上述研究中发现, 很少有研究关注学生对数学教师知识的观点, 本研究希望从研究者和学生两个角度来一起调查教师的学科教学知识.

3.3　学科教学知识的国内外研究

20 世纪 80 年代, 教师学科教学知识获得研究者的充分关注, 主要代表人物有 Shulman, Ball, Even 等. 教师的学科教学知识是教师专业发展的主要基础, 在教师的工作中发挥着不可替代的作用. 教师学科教学知识的重要性也逐步得到认可, 并产生大量的研究成果. 什么是教师的学科教学知识? 数学教师的学科教学知识的现状如何? 为了回答这些问题, 我们有必要对中外学者有关教师学科教学知识的研究成果进行一个大致的描述.

3.3.1　数学教师学科教学知识的国外研究

本书主要研究数学教师在高中函数内容上所表现的学科教学知识, 因此本节主要回顾过往研究中教师关于函数内容的学科教学知识. Even 是最早对数学教师函数部分的学科教学知识进行系统探讨的研究者之一.

Even(1990; 1993)通过问卷调查和访谈, 对分别来自美国中西部 8 所大学毕业班的 162 名职前初中教师进行函数部分的学科内容知识和学科教学知识研究, 并根据调查的结果对其中 10 名职前教师进行了深度访谈. 结果发现, 多数教师认为函数就是方程, 且总是用解析式表达; 函数图像是连续光滑, 没有尖角的; 函数必须是一一对应的. Even 认为多数被试不具有现代函数观, 很少被试能够解释单值函数的起源与重要性, 以及评价函数任意性的本质, 且这种片面的函数观势必会影响其教学. 针对职前教师的测试回答, Even 从以下几个方面对教师进行访谈, 如解题方法、出现的错误、评价学生错误的方法等. 多数职前教师只是给学生提供一个可遵循的法则, 却并不关心学生是否理解. 他们把垂线法当作一种解释, 但并没有阐明函数的定义, 只是让学生检测. 比如, 画出函数图像, 用垂线法检测, 如果垂线与函数图像只有一个交点, 就是函数.

Ebert(1993)对 11 名初中职前数学教师进行调查, 以函数及其图像为例进行学科教学知识的测评, 并要求他们对学生解决具体任务情境做出回应. 这五个任务情境主要涵盖以下内容: 函数的定义、符号与赋值、复合函数、反函数、函数图像. 这些任务可以考察职前教师如何回应学生的误解, 同时这些检测工具在教师对概念的理解与教师对学生误解的回应之间建立联系. 结果表明, 虽然大部分职前教师能够正确表述函数的定义和图像的含义, 但在识别学生错误、区分常值函数与变量函数上存在困难.

Stein 等(1990)对一名具有丰富教学经验的五年级小学数学教师进行了个案研究. 研究者通过对其 25 节函数与图像课进行观察与分析, 发现该教师在几个重要的知识点上存在缺失. 比如, 教师没有全面认识到函数关系的多种表征, 他将同一函数的不同表征归于一组, 说明他没有意识到代数解析式和图像可以作为函数的另一种表达. 教师的学科知识处于表层, 与重要数学思想缺乏深刻的联系. 此外, 教师函数及其图像的数学知识与他的教学信念相互缠绕, 这也反映在为什么以及如何向小学生教授函数及其图像的知识上. Stein 等认为教师在数学内容知识上的不足, 会影响其教学: 使得教师缺乏继续学习函数领域的知识基础; 使得教师过分强调有限的事实; 使得教师错失在核心概念与表征之间建立有意义的联系.

Stump(2001)通过对三位职前教师进行调查, 考察他们有关函数中重要的斜率概念的学科教学知识. 研究者通过分析教师的书面回答、访谈记录和课堂实录等资料, 调查他们在斜率教学中有关学生学习困难的知识和表征知识. 研究发现, 职前教师在学生有关斜率的概念性知识和程序性知识上都很敏锐. 在斜率教学时, 他们能够适时地拓展表征. 但是在实际生活情境下, 用来发展斜率概念的知识比较有限.

后来, 大量的研究比较关注在函数方面教师学科内容知识和学科教学知识的关系性研究. 教师在函数方面有限的学科内容知识是如何影响他们的教学方式的? 从现有的研究中发现, 教师的学科内容知识与其教学表现存在一定的关系.

一方面, 一些研究结果是建立在学科内容知识与学科教学知识正相关的论断上, 即学科知识越丰富, 教师的表现越出色. 有限的学科内容知识直接导致贫乏的学科教学知识. Sánchez 和 Llinares(2003)考察了 4 位职前教师有关函数的教学推理, 运用访谈法调查教师有关函数的学科内容知识. 收集的数据表明, 学科内容知识的转化过程经历了批判性解释说明、表征模式、考虑学生的数学思维等几个过程. 所有被试认为函数就是集合之间的对应, 但是对于教学的目的, 他们强调这个数学概念的不同方面. 甚至, 他们在设计教学活动时运用不同的函数表征方式. 因此, 在他们设计呈现给学生的学科内容时, 所有的这一切都会影响图像法和代数法的运用.

Even(1993)研究表明, 职前教师对函数概念的核心要素缺乏理解, 同时他们的教学方法也反映了其对核心要素的欠缺. 例如, 其中一个被试在有关函数概念的叙述中就没有涵盖核心要素, 即每一个输入值有且只有一个输出值与之对应. 此外, 在这位被试的课堂教学中他没有涉及函数的唯一性. Even 认为, 建立在学科内容上的学科教学知识可以产生有效教学.

另一方面, 一些研究表明学科内容知识与学科教学知识之间的关系甚为复杂. Wilson(1994)描述一名中学职前教师在修读一门数学教育课程时, 是如何发展她的函数理解的. 在修读这门课程之前, 教师认为函数就是计算活动(比如函数机、描点法、垂线测试法等); 修读之后, 她对函数的理解明显加深. 因此, 这门课程加深了她对函数的理解, 但是其教学上没有受到显著影响.

　　教师的知识不仅影响教学内容也影响了他们的教学过程, 既影响他们教什么也影响他们如何教. 对教师函数知识的研究更多地面向的是职前教师, 而在职教师的研究相对较少. Llinares(2000)对一位高中数学教师进行了个案研究, 调查教师的学科教学知识与函数教学出现的困境之间的关系. 研究发现, 教师在教学时运用知识的灵活性, 以及与学生的知识相关联. 研究者还强调, 教师知识在学生的认知理解和教学流程的组织中起到关键作用. 教师持有的关于函数概念的过程观和对象观使她能够解释自己的教学目的, 了解学生理解函数概念的方式, 让她能够推测学生可能的解决问题的程序. 对这两种知识的整合体现出教师专业知识的灵活性.

　　一些学者对学科教学知识与学生成就之间的关系进行研究. Hatisaru 和 Erbas(2017)通过函数概念测试、教师访谈与课堂观察, 调查高中数学教师在函数概念上的学科教学知识与学生学业表现之间的潜在相互关系. 结果显示, 教师的学科教学知识与学生成绩有一定程度的关联, 但不是直接关联. 教师的知识影响了他们的教学实践质量, 而教学实践在学生学习中发挥了中介作用.

　　研究者探索培养教师学科教学知识的有效路径, 发现信息技术的运用可以使得函数的多元表征教学更具有吸引力. Ozmantar 等(2010)基于不同表征方式的转换在理解函数概念的重要性基础上, 讨论了如何使用软件帮助教师自动生成用于斜率和微分函数教学的图形、表格和数字表征. Lagrange(2010)研究发现, 用相互联系的表征任务有助于学生掌握将具体的图像函数转换为符号函数的方法.

　　上述研究为我们理解有关函数的学科教学知识在教师专业学习中的作用提供一种视角, 也有一些研究者比较关注教师知识与学生的学习成绩之间的关系. 无论是职前教师还是在职教师, 其学科知识的掌握程度不仅影响着教师对函数概念的理解, 也影响着他们对学生学习的误解和困难的解读, 进一步影响着他们的课堂教学方式. 教师专业知识不同的丰富程度, 使得他们在知识的表征上有着不同的技能, 在对待学生问题和误解上也有着不同的诠释方式. 这表明, 教师的学科知识影响着教师的学科教学知识, 而二者又会共同影响着教师的课堂教学.

3.3.2　数学教师学科教学知识的国内研究

　　我国开展教师 PCK 理论研究已有十余年, 该理论一经引入就引起了国内教育学界的高度重视. 学界很快达成共识, 认为教师 PCK 是教师专业知识中最核心的知识, 最能区分学科专家与教育专家、高质量教师与低质量教师. 它对制定我国学科教师的专业标准, 开发学科教师的在职培训具有重大的指导作用.

　　首先, 有关教师学科教学知识内涵与构成的理论研究. 最初, 学者们主要在

Shulman 及其他国外研究者的学科教学知识理论基础上, 运用文献研究法探讨我国教师的学科教学知识结构问题, 阐释学科教学知识的产生背景, 揭示学科教学知识的内涵及对教育的启示(王宏等, 2015; 徐章韬等, 2015; 鲍银霞等, 2014; 任一明等, 2009; 杨薇等, 2009; 冯苗等, 2006; 谭军等, 2006; 朱晓民等, 2006; 李伟胜, 2009; 吴银银等, 2009; 刘小强, 2005). 孙自挥等(2008)对教师的学科教学知识进行划分, 认为教师的学科教学知识有四个重要组成部分, 即学科本体知识、教育心理知识、课程知识和情境知识. 解书和马云鹏(2017)建立了 PCK 结构的描述框架, 并绘制了四名小学数学教师的 PCK 要素关系结构图(PCK-SoEM), 研究将 PCK 的结构特征分为机械整合型、自主整合型、松散缺失型和低效缺失型, 并深入分析教师 PCK 的类型及成因, 探索教师 PCK 的本质结构.

此外还有部分学者关注教师学科教学知识的特征性研究, 多数学者普遍认可教师学科教学知识的缄默性、实用性的特点(杨彩霞, 2006; 方菲菲等, 2008; 刘小强, 2005). 杨彩霞(2006)提出, 教师学科教学知识具有内容有关性、实践性、个体性、情境性. 方菲菲和卢正芝(2008)提出, 学科教学知识具有缄默性、沟通性、叙事性、价值性.

其次, 部分学者对数学教师的学科教学知识进行实证研究. 李琼等(2006)采用问卷测查法, 调查了福州市 15 所小学的 32 名小学数学教师的学科教学知识, 其中专家教师与非专家教师各 16 名. 研究以分数教学内容为例, 从四个方面考察教师的学科教学知识: 学生思维与解题策略; 诊断学生的错误概念; 教师突破难点的策略; 教学设计思想. 结果表明, 除了教学设计思想这一维度外, 两类教师在理解学生思维、诊断学生错误想法与所采用教学策略方面表现出明显的差异. 与非专家教师相比, 专家教师更了解学生的错误想法与难点, 所采用的策略倾向于从学生错误概念的本质入手, 而非专家教师则直接引导学生掌握运算规则.

上海青浦实验研究所(2007)针对一对小学数学新手教师和专家教师的学科教学知识, 在教学设计(目标、内容、对象、策略)、教学(教学过程、教学方法、教学效果)、教学反思以及影响学科教学知识生成、发展的因素等方面进行研究. 他们指出教师的学科教学知识是决定教学有效性的核心知识, 能有效地区分高效教师和低效教师、新手教师和专家教师的学科教学知识之间存在着明显的差别, 教师学科教学知识的生成和发展是一个不断建构的过程. 钱旭升和童莉(2009)针对一对初中数学新手教师与专家教师, 对同一单元 "图形平移与旋转" 的知识转化情况进行横向比较分析. 他们从数学知识的理解、教学表征两个方面, 找出两类教师在知识转化上的差异, 从而为教师的数学教学知识的发展提供参考.

鲍银霞(2017)采用分层抽样和整体抽样相结合的方式, 对 467 位小学数学教师 MPCK 进行调查, 结果表明, 小学数学教师 MPCK 总体表现处于中等水平, 但个体之间差异较大. 教师在学生维度上表现为对数学知识的掌握不够扎实、理解不够深入; 教师在内容维度上表现为能较好地识别学生的数学学习困难, 但典型错误的成因认识不足; 教师在教学维度上具备了突破教学重难点的方法策略知识, 但教学方法策略比较单一, 未能为学生提供适当的学习评价与反馈.

其中, 景敏、董涛、童莉对数学教师学科教学知识进行比较系统的研究. 景敏 (2006)在其博士论文中, 专门对如何促进数学教师教学内容知识的发展进行了实证研究. 对 9 名初中数学教师的教学内容知识及其特征进行了分析, 同时借鉴国内外关于促进教师专业发展的各种策略, 提出了促进中学数学教师教学内容知识发展的策略 ——"行动学习". 该策略的根本目的是, 在促进者的引导下, 通过教师群体的共同努力, 逐一研究和解决数学教师自身在数学教学实践中存在的问题和困惑, 进而促进数学教师的教学内容知识的发展, 提升数学教师群体的专业水平. 董涛(2008)在其博士论文中, 对 15 位初中数学教师的录像课进行分析, 主要关注教师在课堂上使用的学科教学知识及其相应的学生学习活动与学习结果, 并指出学科教学知识的各个成分是相互缠绕的.

童莉(2008)在其博士论文中, 对初中数学教师知识转化的影响因素进行了研究. 她运用个案研究法对 6 位初中数学教师进行课堂观察、录像、访谈, 得出新手教师与专家教师在知识转化上的主要差异, 并得出造成差异的原因是教师所拥有的知识、教师所持有的观念、教师所拥有的经验. 随后, 童莉又对 150 名初中数学教师进行问卷调查, 得出初中数学教师知识转化的主要影响因素及其影响程度.

近几年, 出于了解各国教师专业水平的整体状况, 从而全面评价各国的学校教育质量, 一些大型测量教师知识的国际项目层出不穷, 如 MT21(mathematics teaching in the 21st century)、TEDS-M (teacher education and development study)、德国的 COACTIV (professional competence of teachers, cognitively activating instruction, and the development of students' mathematical literacy), 美国的 LMT(learning mathematics for teaching). 我国学者参考国际教师知识比较项目的框架, 来考察我国职前和在职数学教师的知识状况. 韩继伟等(2016)采用分层抽样调查了 8 所高等师范院校 427 名数学专业师范生的数学课程知识、数学学科知识和学科教学知识状况. 研究结果显示, 职前数学教师的教师知识状况并不是非常理想, 在各知识维度上的得分率都比较低. 同年, 韩继伟和马云鹏(2016)采用分层抽样和正群抽样相结合, 选取了综合发展水平处于中等的 4 个省份的 150 名初中数学教师, 结果发现在职数学教师比较好地掌握了新课程所需的各种专业知识, 教师在数学学科知识和学科教学知识上的表现要好于在教育理论知识和数学课程知识上的表现, 但不同类型学校间教师知识水平不均衡, 学校越好, 教师的知识水平越高.

综上观之, 国内学者对教师学科教学知识及其研究给予重视, 研究存在以下特点.

第一, 大多以思辨、理论研究为主, 而实证研究有待加强. 大量研究介绍学科教学知识的研究背景, 阐述理论的内涵, 缺乏与具体学科的教学实践相联系的研究. 也正是因为未能深入研究各个学科教师的教学知识具体内涵及其基本构成, 所以在一定程度上造成了研究内容的趋同化. 学科教学知识具有情境性, 因学科领域和学习对象的学习特点不同而有所区别, 不存在 "放之四海而皆准" 的普遍模式. 我们可以看出, 在普通教育理论下有关教师实践性知识研究的成果丰硕, 但在具体学科领域、内容、学段等多角度的探究还未受到足够的重视. 钟启泉等指出, 这类演绎式的研究是从社会或教师的工作需要的角度出发来假定教师应该具有什么样的知识, 其结果难免过于抽象概括, 很难与教学实践相结合, 事实也表明教师很少据此来改进其教学实践(钟启泉等, 2008). 这就要求研究者不能脱离特定的教学情境, 要深入具体学科, 才能一定程度上避免研究内容的趋同化.

第二, 根植于国外的理论框架, 欠缺对我国实际情况的深入思考. 从国内现有的学科教学知识研究中, 发现所引用和借鉴的研究成果大多以西方国家的经验为主, 定义、研究方法等都带有浓厚的西方色彩. 如果将从西方国家借来的理念和经验毫无保留地移植到其他国家和地区, 其前提就是以西方的标准来衡量其他国家的教育发展, 而不是从本国、本土的教育实际出发(孙自挥等, 2009). 因此, 迫切需要根据我国教学实践的具体情况, 批判地吸收与借鉴, 做我国数学教师学科教学知识的实地研究.

由此看出, 虽然有大量介绍和解读 PCK 的论文发表, 但迄今为止大部分研究仍停留在文献研究层面, 有待对具体学段、具体数学专题进行深入地探索研究.

3.4　学科教学知识的分析视角

以上回顾知识的内涵, 追溯教师知识研究的历史演变, 再分析教师知识的分类研究, 我们发现, 研究者们认为最重要的是学科内容知识和学科教学知识. 根据本书的研究目的, 采用 Grossman 等(2005)的框架, 并结合高中函数内容的特点, 从以下两个角度六个方面分析高中数学教师在函数内容方面的学科教学知识, 即从教师关于学科教学的统领性观念来看, 包括教学目的知识、数学内容知识; 从特定专题的学与教的知识来看, 包括课程知识、学生理解的知识、效果反馈的知识、教学策略的知识, 下面我们详细阐述.

3.4.1　教学目的知识

教学目的知识, 是在不同年级水平下教师教学目的的知识与信念. Grossman

(1990)认为该组成部分包括：在某一年级水平下学科教学目标的知识，或教某一具体学科"最有价值的观念"．该成分的意义在于，这些知识与信念作为一个"理论图"指导教学决策，比如日常的教学目标、学生作业的内容、教科书和其他课程材料的使用，以及对学生学习的评价反馈(Borko et al., 1996).

在学校教授学科的不同目标有哪些？为什么学生需要学习这门学科？学科的哪些方面是最重要的？为了回答这些问题，教师需要掌握所教学科，还需要了解所教学科的历史，以及这门学科是如何定义的．教师对学科的教学、学科的学习都有不同的理解，这些观点都会影响教师的教学．因此，需要探究教师对数学教与学的信念．教学目标，就是在教学中教师首先要确定让学生学习哪些知识以及学生应如何学习这些知识．清晰的教学目标，是教师提供学生应该学哪些知识的一组标准．同时，教学目标还包括理解教学课程标准对特定内容的要求．数学教师应当熟知课程标准与方案．这就说明，教师教学之前需要对课程和教材进行分析，确定本节课的教学目标，并理清与该专题相联系的其他课题．本研究针对高一函数内容的教学，通过访谈获得教师对数学教与学的观点，并分析教师对具体数学内容的教学目标.

3.4.2　数学内容知识

数学内容知识指教师对数学学科的理解、信念和认识．正如对教师学科知识研究所揭示的那样，教师对所教学科持何种定义将影响他们对课程与教学的组织．例如，Wineburg 和 Wilson(1988)在关于社会研究学科教学知识的研究中描述了新教师组织课程的不同方式，并分析了他们的组织方式与在大学所主修的专业之间的联系．人类学专业的教师会围绕着文化概念组织课程，而政治学专业的教师则会围绕着政治史研究来组织教学．Grossman 和 Stodolsky(2000)发现，数学教师对学科的定义区别甚大，这些区别会对他们的教学思路产生影响.

本书主要关注教师对数学核心概念的认识与理解．那么，什么是核心概念？"中学数学核心概念"是指那些处于核心地位的概念，是中学数学课程中的主要概念，是中学数学知识结构中的"联结点"，由其反映的数学思想方法是联系数学知识的纽带；而"结构体系"主要是指这些概念的互相关系所决定的系统结构(章建跃, 2009). 根据上述定义，结合具体的数学内容，本研究选择"函数"作为核心概念，来调查教师对函数概念的解析，包括"函数概念"的内涵与结构.

我们先回顾函数一词的起因，把函数(function)这个词用作数学术语，最早是德国的数学家莱布尼茨(G. Leibniz). 在他 1673 年的一篇手稿里，用函数一词表示任何一个随着曲线上的点变动而变动的量，此词出现前，英国物理学家牛顿自 1665 年开始微积分研究工作后，一直用流量一词来表示变量间的关系. 在我国，函数概念是"舶来品". 我国清代数学家李善兰将"function"译为"函数",之所以这么翻译,他给出的原因是"凡此变数中函彼变数,则此为彼之函数",也即函数指一个量随着另一个量的变化而变化,或者说一个量中包含另一个量.

"函数"是数学上的一个基础而又重要的概念. 怎样定义函数? 根据数学发展的演变,一般有三种,即"变量说""对应说""关系说".

早在 1775 年,欧拉(Euler)曾提出:"如果某些变量以这样一种方式依赖于另一种变量,即当后面这些变量变化时,前面这些变量也随之而变化,那么前面的变量称为后面变量的函数."以上定义逐渐演变为目前的函数的"变量说".它是这样定义的,设 x 与 y 是两个变量,如果当变量 x 在实数的某一范围中变化时,变量 y 按照一定的规律随着 x 的变化而变化,我们称 x 为自变量, y 为因变量,变量 y 叫做变量 x 的函数,记作 $y = f(x)$. 我国初中数学教科书中关于函数定义就采用了这一说法.

函数的"对应说"是这样定义的,设 A 与 B 是两个集合,如果按照某一确定的对应关系,对于集合 A 中每一确定的元素 x,总有集合 B 中一个确定的元素 y 和它对应,那么这个对应关系就叫做一个映射. 当 A, B 为数集时,称为函数. 根据这个定义,对应就是函数. 目前,这种定义,越来越多地被一些教科书所采用."对应说"虽然较"变量说"抽象些,但它却抓住了函数的本质属性,突出了两个集合间元素的对应就是函数."变量说"是建立在变量的基础上,而"对应说"则是建立在集合的基础上,"对应说"远比"变量说"的定义普遍得多. 只有这样,函数的定义才能适应各种不同的研究对象.

"关系说":设 R 是一个二元关系,如果还满足 $(x_1, y_1) \in R$, $(x_1, y_2) \in R$,则 $y_1 = y_2$,称 R 是函数关系."关系说"比较抽象,一般中学生较难接受.

在初中,学生已经学习过函数概念. 初中建立的函数概念是:

一般地,在一个变化过程中,如果有两个变量 x 与 y,并且对于 x 的每一个确定的值, y 都有唯一确定的值与其对应,那么,我们就说 y 是 x 的函数,其中 x 称为自变量.

这个定义从运动变化的观点出发,把函数看成变量之间的依赖关系. 从历史上看,初中给出的定义来源于物理公式,最初的函数概念几乎等同于解析式. 后来,人们逐渐意识到定义域与值域的重要性,而要说清楚变量以及两个变量间变化的依赖关系,往往先要弄清各个变量的物理意义,这就使研究受到了一定的限制. 如果只根据变量观点,那么有些函数就很难进行深入研究. 例如,定义域是全体实数的狄利克雷函数

$$f(x) = \begin{cases} 0, & \text{当} x \text{是无理数时}, \\ 1, & \text{当} x \text{是有理数时}. \end{cases}$$

对这个函数,如果用变量观点来解释,会显得十分勉强,也说不出 x 的物理意义是什么.但用集合、对应的观点来解释,就十分自然.进入高中,学生需要建立的函数概念是:

设 A, B 是非空的数集,如果按照某个确定的对应关系 f,使对于集合 A 中的任意一个数 x,在集合 B 中都有唯一确定的数 $f(x)$ 和它对应,那么就称 $f: A \to B$ 为从集合 A 到集合 B 的一个函数,记作

$$y = f(x), x \in A.$$

其中,x 叫做自变量,x 的取值范围 A 叫做函数的定义域;与 x 的值相对应的 y 值叫做函数值,函数值的集合 $\{f(x) | x \in A\}$ 叫做函数的值域.

这个概念与初中概念相比更具有一般性.实际上,高中的函数概念与初中的函数概念本质上是一致的.不同点在于,表述方式不同——高中明确了集合、对应的方法.初中虽然没有明确定义域、值域这些集合,但这是客观存在的,也已经渗透了集合与对应的观点.

与初中相比,高中引入了抽象的符号 $f(x)$.$f(x)$ 指集合 B 中与 x 对应的那个数.当 x 确定时,$f(x)$ 也唯一确定.

另外,初中并没有明确函数值域这个概念.

函数概念的核心是"对应",理解函数概念要注意:

(1) 两个数集间有一种确定的对应关系 f,即对于数集 A 中每一个 x,数集 B 中都有唯一确定的 y 和它对应.

(2) 涉及两个数集 A, B,而且这两个数集都非空.

这里的关键词是"每一个""唯一确定".也就是,对于集合 A 中的数,不能有的在集合 B 中有数与之对应,有的没有,每一个都要有.而且,在集合 B 中只能有一个与其对应,不能有两个或者两个以上与其对应.

(3) 函数概念中涉及的集合 A, B,对应关系 f 是一个整体,是集合 A 与集合 B 之间的一种对应关系,应该从整体的角度来认识函数.

3.4.3 课程知识

课程知识主要包括关于教材、教学媒体和材料的知识,把握教学目标和选择教学内容,还包括特定内容的来龙去脉,以及课堂教学内容的组织安排与知识的纵向联系.教材是有效的教学工具,但是教师需要学会如何使用它们.学科教学法的内容包括了解学科教学的各种现有课程工具,还必须知道如何分析教材,教材假定哪些内容是学生已知?如何组织编排教学内容?如何把握教学内容的逻辑结构关系?教材中知识的纵向联系如何?Grossman(1990)认为知识的纵向联系是指

教师应掌握整个数学学科中各主题之间的衔接,即前几年学生已经学过的内容与未来几年他们将要学习的内容之间的联系.本书对课程知识的研究,主要具体分析教师对教学内容的组织编排和知识的纵向联系,即在具体数学专题下,教师对教学内容的选择和顺序安排,依据相互间的联系可以推知学生在过去学了哪些知识,将来又要学习哪些知识.

3.4.4　学生理解的知识

学生理解的知识是指教师必须具备有关学生的知识,即学生对特定内容容易理解或产生误解的知识,以帮助学生发展具体的数学知识.学生为什么觉得数学难以理解有如下几个原因:

首先,有些数学概念比较抽象,或与学生日常生活缺乏联系(比如函数概念、奇偶性、对应法则、反函数概念等).教师需要知道哪些内容属于此类,并且这些内容的哪些方面学生感到最难理解.其次,学生面对问题通常不知道如何下手,如何找到解题的关键点.在这种情况下,教师熟悉学生常见错误就变得至关重要了,而且知道哪些"生活经验"有助于理解新问题.从已有文献来看,由于研究者关注具体数学问题的解决,因此有大量的研究用来帮助教师发展他们有关学生学习困难的学科教学知识.最后,在学习某一数学内容时,学生原有的知识与将要学的知识发生了认知冲突.这类知识通常也被称为错误理解,产生错误理解是数学学习的一种常见问题(Confrey, 1990).学生易产生错误理解的数学概念也是学生学习的难点.学生往往优先使用他们的错误理解而非正确的数学知识,因为错误理解对学生来说更易理解,更易讲得通,也是一种经验习得.与此相反,正确的数学概念反而不好理解,似乎凭空得到的.

从以上分析得知,造成困难的原因有三个:第一个是数学概念的抽象,脱离实际生活;第二个是不知道如何去解决数学问题;第三个是概念上的认知冲突造成的错误理解.本书通过一个任务情境问题和课堂上学生出现的具体错误,来分析教师对学生的理解,以及教师是如何辨析与纠正学生的错误.

具体到函数内容,先了解学生在学习函数概念时已有的经验.在学习代数式和方程的概念时,学生具备了一定的抽象思维经验,经历了从现实情境中抽象出数学模型本质特征的过程,这些可成为学习函数概念的知识基础和经验基础.

学生在学习函数概念时可能出现如下困难(苏耀忠等, 2015).首先,函数概念的抽象性对于学生是困难的,其困难在于理解概念的本质属性"对于自变量 x 的每一个值,变量 y 都有唯一的值与它对应";其次,在抽象出函数概念本质时,提供的现实情境往往会让学生认为"一个变量随着另一个变量的变化而变化"是函数的本质属性,因此,排除这一非本质属性是学生认识的又一个难点.利用"变量说"定义的函数概念本身的局限性也给学生的学习带来了困难, 因为用"变量说"定义解释"常函数"或"邮资问题"都会遇到不易解释的问题.

3.4.5 效果反馈的知识

效果反馈的知识是教师对学生的学习结果进行效果测评及调整学习方式的知识, 最早由 Tamir(1988)提出将效果反馈的知识作为学科教学知识的一个组成部分. 在教学系统中, 教学过程是一个动态过程, 课堂教学的每一节课必须有适当的信息量. 信息的反馈路线有两条: 一条是由学生的学习效果的显示, 直接向教师提供反馈信息, 用以改进教法, 可称为学对教的反馈; 另一条是由教师根据学生的输出信息作出评定, 向学生提供反馈信息, 用于改进学法, 可称为教对学的反馈. 事实上, 反馈思想在《学记》中早有体现: "学然后知不足; 教然后知困. 知不足, 然后能自反也; 知困, 然后能自强也." 学 → 不足 → 自反, 教 → 困 → 自强, 这就是利用特定的回路促成"教学相长"的做法(顾泠沅, 1994).

在教学过程中, 教师对学习者在某一学习任务完成的是否成功给予相应的评论或信息. 教师需要对学生的学习结果进行即时评价, 从而获得学生的理解和表现, 以及需要进一步学习的信息. 一般来说, 评价的目的不是为了给学生排序、贴标签, 而是要通过评价为学生今后的发展提供建议, 从而促进他们的发展. 课堂上可采取多种方式进行信息反馈. 一是言语反馈, 这是师生双方通过口头语言交流的信息反馈, 主要包括师生问答、课堂讨论等. 二是文图反馈, 这是通过文字、图表交流的信息反馈, 如教师板书、学生的练习和板演等. 三是情态反馈, 包括学生听课的态度、表情, 与教师眼神的交流(赵志尚, 1995). 本书重点讨论教师在提出问题之后, 对学生应答所做出的言语反应, 即言语反馈, 并分析教师的反馈类型.

教师的言语反馈, 是指教师在提出问题之后, 对学生的应答所做出的话语反应. 林琼(2002)认为教师对学习者的学习情况的随时反馈可以刺激和强化学习者的学习, 学习者也可以根据教师的反馈对自己的理解和表达做出调整. 随着教师反馈研究的深入, 反馈话语有不同的分类. 人类沟通的多渠道反馈分为认知反馈和情感反馈, 同时也分为预期反馈和非预期反馈. 认知反馈是针对信息的实际理解程度, 情感反馈则表示师生在交流过程中动机、情感方面的相互支持. Richards 和 Lockhart(1996)将反馈分为内容反馈与形式反馈. 内容反馈是针对学生的回答内容或所提供信息的正确与否给出的回应(包括肯定、表扬、批评、补充、重复、解释和总结等); 形式反馈则是指针对学生回答的正确性作出回应, 即教师进行纠错反馈. Cullen(2002)将反馈分为评价性反馈与话语性反馈. 前者主要对个体学生的表现进行反馈, 尤其是让学习者确认、驳斥、修正他们的回答, 这些反馈可能是明确接受或拒绝(如好、非常好、不对、差不多), 也可能是不太能够接受的反应(如低音重复、质疑的语气); 后者的目的是引导学生进行思考, 加入到课堂讨论中, 往往是教师提出参考性问题(没有正确或错误的答案), 然后对学生的回答进行反馈.

3.4.6　教学策略的知识

特定内容的教学策略和呈现方式的知识主要包括两类: 具体学科的教学策略知识和具体专题的教学策略知识. 两种教学策略的使用范围不同, 具体学科的教学策略知识适用范围广泛, 相对于其他学科来说, 是数学教学所特有的. 具体专题的教学策略范围相对较窄, 它仅适用于数学领域中教授某些特定的内容. 由于本书的研究对象都是高中数学教师, 因此研究重点放在函数具体专题上的教学策略知识.

具体专题的教学策略知识是指, 教师用适当的策略知识来促进学生理解具体的数学概念, 包括教师呈现具体概念或法则的方式, 以及该呈现方式的优势与不足(Magnusson et al., 1999). 这类知识用于说明帮助学生掌握特定概念或法则时, 哪些表述、例证和类比特别有效? 这里还包括教师创新呈现方式的能力, 以促进学生理解具体概念或原则. 呈现方式可以是类比、样例、解释、表征、示范(Ebert, 1993). 类比, 指将概念、运算程序与学生生活中遇到的实例之间建立联系. 样例, 指精选一些情境问题或数学问题, 来阐明数学概念与运算程序. 解释, 指描述函数内容领域的概念与运算程序. 表征, 指选用特定的符号媒介来说明某个具体概念. 在函数知识领域, 表征指用图像、方程、数值表或文字来说明某类特殊性质的函数. 示范, 指使概念与程序更加具体化的教学策略, 比如展示一些物理现象或演示如何用图形计算器画函数图像. Stein 等(1990)对一名具有丰富教学经验的小学数学教师进行个案研究, 发现教师在引入函数概念时, 把函数机器(function machine)比喻成计算机. 该教师认为函数机器与计算机的运行机理一样, 且皆包含三要素: 输入、程序(对应法则)、输出. 有效教师在特定的教学情境下, 不仅能运用各种呈现方式表征概念, 而且能够判断该呈现方式能否促进学生的理解, 以及何时能促进、加深学生的理解. 教师将函数机器比喻成计算机的教学表征不合适, 缺少函数定义核心思想的阐释, 即每一个输入变量有且只有一个输出变量与之对应.

本书通过课堂观察, 分析教师在教授具体内容时所用的呈现方式和处理策略, 以及对有效隐喻、类比与样例的使用.

第 4 章　数据的收集与分析

　　社会科学与自然科学存在一定的差异，因为它们分别代表了两类研究者对世界的态度与观点，这大大影响了提出问题、设计研究框架、选择研究对象、分析数据、讨论结果上的有关方法.Schostak(2002)提出了如下观点：

　　社会科学与自然科学的区别就在于，自然科学家研究的是物体，社会学家研究的是人.人具有目的性，有时在选择或行为上古怪，甚至会违背他们自己的"直觉"反应，还会对研究者进行察言观色，作出判断、形成观点、进行决策.虽然在社会科学领域的一些研究中也尝试把人当作物体来研究，但是定性研究主要还是关注人及其意义.

　　这表明，社会科学研究者特别重视田野调查[①]，以及在日常自然环境下对被试者进行研究.通过关注被试者的心声和倾听被试者的话语，研究者可以反思他们所用的方法，预防研究对被试者所带来的影响.社会学家能够构建、精细化被试者的含义系统(Patton, 1990).

　　在过去的几十年中，对社会理论的研究有三种基本的研究范式：实证主义、诠释主义、批判主义(Bredo et al., 1982).以教育研究为例，对这三种研究取向做以下的区分：在实证主义的研究范式中，教育和学校教学被看成一个客体，一种现象，或者被作为一种知识的传授系统而加以研究.通过科学和实验研究获得的知识是客观的和可量化的.在这种观点下，"现实"是固定不变的、可观察的和可测量的.在诠释性的研究中，教育被看成一个过程，学校是活生生的存在.对于过程和经验意义的理解构成了知识，这种知识是通过归纳、生成假设和理论(而不是演绎和测验)的探究模式获得的.多元的社会现实是由个人的社会性所建构的.在第三种取向中，教育被看成一种社会机构，这种社会机构被用来复制和传承社会和文化.在实际研究中，这三个理论观点都有各自的研究方法，实证主义大多采用定量研究，诠释主义大多采用定性研究，批判主义采用行动研究.其中定性研究遵从于自然传统，专注于探求意义，而定量研究坚持实证主义传统，着重于检测模型.前者强调过程或问题的特征，也就是"怎么"或"为什么"的问题；而后者强调数量或程度，即"有多少，是多少，到什么程度或范围".

　　有关教师发展的文献表明，在 20 世纪 50 年代至 70 年代以定量研究方法为

---

　　① 田野调查是研究者长期通过参与观察、真实记录来再现与揭示研究对象的状况与意义.

主, 因为有关教师和教学的早期研究主要采用定量方法, 来调查 "过程-结果" 范式中的变量(Bush et al., 1977). 在最近三十年中, 质的研究法已被广泛地应用于研究教师的知识. Borko 和 Putnam(1996)是这样解释的:

为了捕捉到教师知识和信念系统的丰富性与复杂性, 以及它们是如何变化的, 有许多研究人员转向了解释性角度和质性研究法.

为了深入地了解新手教师与经验教师数学学科教学知识的现状, 本书采用了案例研究法.

4.1　案例研究概述

什么是案例研究? 有关案例研究最常见的定义仅仅复述了案例研究所能适用的问题类型. 例如, 某个研究者是这样定义案例研究的:

案例研究的本质, 也即各类案例研究的核心意图, 在于展现一个或一个系列决策的过程: 为什么做出这一决策? 决策是怎样执行的? 其结果如何?

上述定义说明, 案例研究法最适合于如下情况: 研究的问题类型是 "怎么样" 和 "为什么".

殷(2004)强调, 案例研究是一种实证性调查, 它是在真实生活背景下对当前现象进行探索, 特别适用于现象和场景的界限并不明显的状况. 换句话说, 采用案例研究方法是因为相信事件的前后联系与研究对象之间存在高度关联, 特意要把事件的前后联系纳入研究范围之内. 案例研究需要通过多种渠道收集资料, 并把所有数据资料汇合在一起进行交叉分析.

本书之所以采用案例研究法, 取决于研究目的. 本书的研究目的是深入了解小范围教师群体, 这完全符合案例研究法捕捉人类思想、行为的复杂性与细微处的特点, 而不是测量大范围教师群体, 就像调查问卷一样预测基本倾向. 过去二十年里, 教育领域越来越多的研究者运用定性的案例研究方法. 有关新手教师与经验教师的比较研究大多选用了案例研究法. 例如, Elbaz(1981; 1983)就是研究一名加拿大的中学英文教师莎拉所掌握与使用实践知识的方法; Grossman(1990)对 6 名教学经验仅有 1 年的中学新手教师的学科教学知识进行个案研究, 比较其中三名受过教师教育培养与三名未受培训教师的影响; Gudmundsdottir (1991a; 1991b)研究四名中学经验教师在英文和历史课上的学科教学知识; Turner-Bisset(1999)在一系列案例研究中比较小学新手教师与经验教师的差异; 徐碧美(2003)通过个案研究法调查香港某中学四名具有 2—8 年教学经验的英语教师的教学专长的发展.

Carter(1992)强调这一方法在调查一些已知问题中的可行性, 如下所示:

案例法可以传达教师认知活动的复杂性……精心构思的案例可以提高我们的认识,并使我们更仔细地思考上下文和多元文化的问题,这些对于理解教学是最本质的.

由于上述案例研究法符合本书的研究目的,故决定用它作为三角互证的方法来确保有效性.

4.2　研　究　对　象

在文献中,通常有两种基本抽样类型:概率抽样和非概率抽样.概率抽样(简单随机抽样是其最为常见的形式),允许研究者把它们从样本中概括出的研究结果推广到样本所来自的总体.但在统计意义下的概括,并非质化研究的目的所在,因此概率抽样在质化研究中并非是必需的.而对质性的案例研究来说,非概率抽样是最适当的选择方法,其最常见的形式是目标性抽样或目的抽样.

Patton(1990)主张,目的抽样的逻辑与力量在于选择一个能够进行深度研究的、意义丰富的案例.通过这些意义丰富的案例,研究者就可以获得对于研究目的来说处于核心重要性的议题,因此他才用"目的抽样"这个术语.麦瑞尔姆(2008)认为目标性抽样或目的抽样是一种尽可能获得更多信息的有效方式.目的抽样是基于这样一种假设,即研究者想发现、理解、以及获得洞见,就必须去选取一个能够获得大多数信息的样本.

4.2.1　学校背景信息

在选取研究对象之前,需要了解一些上海市普通高中的背景信息.普通高中是指九年义务教育后的高层次基础教育,上海市大多数高中都是公办学校.普通高中大体分为:实验性示范性高中(共 39 所)、区重点高中、一般高中.其中,"实验性示范性高中"是指在学校教育、管理等方面积极开展改革实验,有比较成熟的成果与经验,学校办学目标明确,办学条件能满足教育教学需要,办学水平较高,能对其他学校起示范、辐射作用的普通高中.

普通高中从十年级至十二年级,学生年龄大约是 16—18 岁.每个年级均是平行班,不区分"好班""差班".每位教师通常教两个平行班,采取小班教学,三年为一个周期.因此,在三年的朝夕相处下,很容易增加教师对学生的了解.教师每周的工作量,通常是 10—12 个课时,一节课通常为 40 分钟.另外,教师要求坐班制,每天必须在办公室(以学科为单位或以年级为单位)备课、批改作业、准备文档、例行会议、备课组集体活动、教研活动、行政会议、课外活动或指导学生的学习兴趣活动.

考虑到学校的层次性与代表性, 本研究从上述三类学校中分别选取一所高中, 将上海市实验性示范性高中、区重点高中、一般高中分别简称为 A, B 和 C. 这三所高中都不是同类学校中最好的, 而是属于中等程度, 具有一定的普遍性. 三所学校大致情况如下:

A 是一所拥有深厚传统, 具有 87 年校龄的重点中学. 该校硬件设施好, 校园环境优美, 教学质量高, 得到广大学生家长的充分肯定和高度评价.

B 是一所仅有 10 多年办学经验的区重点学校, 但在全体师生的共同努力下, 逐步形成自己的特色. 也正是学校 "年轻", 比较乐于挑战, 使得该校的课程改革处于同区各中学的领先地位. 近几年的高考成绩理想, 正处于上升发展的阶段.

C 是所在区的普通高级中学, 由于生源质量较差, 所以高考上线率极低. 近些年经过全校师生的不懈努力, 以美术特长教学为突破口, 为高等院校输送了大批艺术类人才, 逐步形成了自己的办学特色.

4.2.2　教师样本

在教师的选取方面, 本研究的对象是上述三所学校的数学教师. 为了能深入细致地考察教师学科教学知识的具体情况, 研究从三所学校各选取 2 名教师: 一名代表新手教师, 另一名代表经验教师. 本研究对选取新手教师的标准, 是教龄为 1—3 年的教师; 经验教师的标准是, 至少有 10 年的高中数学教学经验, 并获得同事、校长、教研员的推荐.

出于对研究对象的尊重与保护, 在以下的表述中用字母 N 代表新手教师 (novice teacher), 用 E 代表经验教师 (experienced teacher). 这样 AN, AE 分别代表 A 学校的新手教师与经验教师; BN, BE 分别代表 B 学校的新手教师与经验教师; CN, CE 分别代表 C 学校的新手教师与经验教师. 笔者对教师的基本情况进行了调查, 包括教师的学历、教龄、职称等方面情况 (附录 1). 所选取的教师样本的基本情况见表 4.1.

表 4.1　教师样本的基本情况表

个案教师	性别	教龄	学历	职称	现任职务	现任教班级
AE	男	25	本科	高级	教研组长	高一
AN	男	1	理学硕士	中数二级	无	高一
BE	女	17	本科	高级	教务处主任	高一

续表

个案教师	性别	教龄	学历	职称	现任职务	现任教班级
BN	女	3	教育学硕士	中数二级	班主任	高一
CE	男	18	本科	高级	教研组长、班主任	高一
CN	女	2	本科	中数二级	无	高一

4.2.3 学生样本

由于主要调查学生对授课教师学科教学知识的观点,所以学生样本主要是 6 位数学教师授课班级的学生.每位教师所带班级数和班级人数不同,现将学生样本人数列于表 4.2.

表 4.2 学生样本分布情况表

	个案教师所教学生					
	AN 所教学生	AE 所教学生	BN 所教学生	BE 所教学生	CN 所教学生	CE 所教学生
人数	74	72	81	42	35	30

笔者向三所学校的高一学生发放问卷共 334 份,回收 334 份,其中有 15 份问卷因作答不完整,视为无效,因此有效的回收率是 95.51%.

本书聚焦函数部分的教学案例,函数的历史源远流长,有着广泛的理论意义与现实价值.之所以采用函数内容,主要基于以下考虑:

(1) 函数是高中数学课程中的重要内容.从国际视野来看,各国高中数学课程中,函数都是核心概念之一.以美国为例,在高中代数领域的知识体系是以"函数"为核心的辐射状的网络体系,并以函数的四个子概念(关系和函数、函数的变换、函数的各种表征形式、函数的性质)与其他领域知识的联系为载体,发展不同领域间的联系(章建跃等, 2013).法国高中代数领域亦体现了很强的函数与方程的思想,同时注重借助函数图像分析并解决问题.德国高中代数领域以"函数"为主线,函数模型包括指数函数、对数函数、三角函数和多项式函数(王嵘等, 2013).在我国高中数学课程中,函数是高中阶段数学必修课程的主要部分(中华人民共和国教育部, 2018).函数思想作为整个高中数学的核心,贯穿高中数学课程的始终,并在整个数学课程中发挥纽带作用.

(2) 函数内容更具代表性.函数内容体现了数学概念的发生发展过程,即定义、性质、应用.高中阶段不仅把函数看成变量之间的依赖关系,更注重用集合与对应的语言刻画函数.先研究一般函数的奇偶性、单调性、最值等性质,再研究具体的基本初等函数, 如幂函数、指数函数、对数函数等. 结合实际问题, 感受运用函数概念建立模型的过程和方法, 体会函数在数学和其他学科中的重要性, 初步运用函数思想理解和处理现实生活中的简单问题.

4.3　数据收集的途径

为了获得数学教师在教学实践中大量的数据资料, 本书通过课堂观察、半结构访谈、问卷调查、各种文本资料等多种方式来呈现数学教师的学科教学知识. 同时, 着重通过多样化途径收集资料的方法也是检验研究效度的手段, 即所谓的"三角验证法". 研究者根据不同的时间、方法、资料来源作交叉检验, 目的是通过尽可能多的渠道对已经建立的结论进行检验, 以求获得结论的最大真实度. 以下针对本研究所运用的研究工具进行介绍.

4.3.1　课堂观察

采用录像带的课堂观察方式, 这是一种非参与式观察[①](陈向明, 2001). 由于害怕破坏数据资源, 选择对研究对象的授课进行非参与式观察, 记录研究对象之外的过程与发展, 可以维持一定程度的"客观性", 避免干扰研究对象的课堂文化. 当然, 不排除观察对教师和学生的行为产生影响的可能性, 也就是说, 他们变得更加自觉, 主动性提高. 但是随着观察次数的增加, 这种自觉性会逐步降低到可接受的水平.

对三所学校六名数学教师的课堂教学进行观察与录像, 由于研究对象都是高一年级的教师, 所以教师上课的内容主要是高中函数. 观课主要针对教师对教学内容的组织、对数学概念的讲解、对学生困难或难点的讲解、对学生课堂回答的反馈等. 在观课的过程中, 笔者作了详细的田野笔记(field note), 记录在课堂中观察到的一些情况. 观察时进行录像, 补充了笔者在课堂观察可能错过的数据, 为进一步分析做准备.

4.3.2　课后访谈

访谈是一种普遍使用的收集数据的方法(麦瑞尔姆, 2008). Patton(1990)解释说: 我们对人们进行访谈, 是为了从他们那里获得一些我们无法直接观察到的东西……我们无法观察感觉、思想和意向, 我们也无法观察出现在过去的行为, 有

---

① 非参与式观察要求研究者不直接涉入被研究者的日常活动, 观察者通常置身于被观察的活动之外, 作为旁观者了解事情的发展动态.

一些情境禁止研究者到场, 我们同样无法观察. 人们如何组织这个世界, 以及如何为这个世界的运行赋予意义, 也是我们无法观察到的. 我们向人们提出有关这些事情的问题. 因此访谈可以帮助我们进入他人的观点.

在课堂听课的基础上, 笔者对教师授课的内容进行半结构访谈. 这种形式的访谈可以让研究者更加灵活地应对当前的情境, 应对浮现出来的受访者的世界观 (麦瑞尔姆, 2008). 每次访谈的时间大约 30 —50 分钟, 地点在会议室或办公室, 环境较为安静, 无人打扰. 在征得教师的同意下, 对谈话进行录音.

访谈主要针对教师对教学目标的把握、对学生错误或难点的理解、对数学概念和例题的讲解与表征、学生的反馈、教材的设计等. 课后访谈主要聚焦在教师课上的教学内容、教学课程以及学生的听课反应. 预先准备好访谈提纲(附录 2), 访问的题目诸如:

(1) 学生对某个内容产生哪些错误理解, 你怎么看待学生的回答?

(2) 在哪里学生比较容易产生困惑? 造成困惑的原因是什么? 你会用什么办法消除这一误解? 还有其他方法吗?

(3) 你在讲某个概念时用了某一个教学策略(打比方, 举反例), 你为什么用这种方法呢?

(4) 你让学生回答问题, 并对他的回答给予表扬, 你认为这会起到什么作用吗?

该提纲并不是为访谈设定了必经的问题流程, 或简单的一问一答式, 它只是提供一个参考框架, 因为访谈是交谈双方之间的一种交互式活动. 访谈者和受访者之间的互动是一个非常复杂的现象, 每一方都把偏见、立场、态度以及物理上的特征带入访谈现场, 让彼此之间的互动乃至由此所得到的资料染上独特的 "颜色". 一个有经验的访谈者会根据这些因素来评估自己可以得到什么资料, 采取一个无偏见的、敏感的和对受访者尊重的态度, 应是这个过程的起点(麦瑞尔姆, 2008).

有时候, 笔者在课间休息、中午进餐、前往教室或返回办公室的途中, 与教师进行交谈. 此外, 笔者通过所观察的教师与办公室同事的闲聊、解答学生的问题、批改学生作业不由自主地评论等, 将教师重要的言行以田野笔记的形式记录下来, 以丰富补充数据. 此外, 笔者还对每位教师进行背景访谈(附录 3)和结构访谈(附录 4).

4.3.3　概念图

探索教师对函数知识结构的理解, 我们需要借助工具来完成. 表达知识结构的一个直观且有效的工具就是概念图. 概念图以各种形式出现在教育研究的文献中, 但这一术语跟 Novak 及其康奈尔大学同事的科学教育项目密不可分(Novak et al., 1984).Novak 的设计基于 Ausubel 的同化学习理论(assimilation theory). 概念图, 一般是由节点和带标注的连线组成的图表, 或网络图形.节点, 表示某个概念或分类; 连线, 表示不同节点间的有意义的关系; 文字标注, 表示不同节点上概念的关系.Shavelson 等(1993)称这一关系为一个命题, 并认为概念图代表某一领域学习者命题性知识的重要方面. Hough 等(2007)指出概念图是一种有效评价数学理解的方法, 且具有以下作用:

(1) 概念图提供机会让参与者对概念有一个整体性的理解;

(2) 概念图本身就是一种宝贵的学习活动, 使得参加者对自己的理解进行反思;

(3) 概念图验证每位参加者所掌握的数学知识.

各类概念图的主要区别在于它们的基本结构和架构的额外要求.最适合评估的层次概念图是由上而下的方式, 图中最高一层表示最具有包容性和统摄性的概念. 但是, 如果对阐明概念间或概念簇之间多种联结感兴趣, 以及包含涉及类比/隐喻的解释性信息, 那么网络状结构更为恰当(Beissner et al., 1994). 此外, Novick 和 Hurley(2001)进行的空间表征方式的结构分析, 表明网络架构在关系方向性表征和单位关联性表征上提供了灵活性, 这是矩阵架构或层次架构做不到的. 正因为此, 我们使用网络结构的概念图.

概念图技术能够恰当地表征领域内部和领域之间的知识内在的复杂关系. 目前, 有一些研究用概念图来评估数学的概念理解和科学的概念理解(Markman et al., 1994; Williams, 1998). 本书采用让高中数学教师绘制的函数的概念图, 并对概念图进行结构分析(structural analysis)和内容分析(content analysis), 以考查他们对函数内容理解的程度.

4.3.4　问卷调查

本书以问卷的方式, 测量学生对数学教师学科教学知识的观点. 目前, 已有研究编制了调查问卷, 来检测学生对中学教师学科教学知识的看法(段晓林等, 1998; Tuan et al., 2000; Jang et al., 2009; 张世忠等, 2009). 如 Jang 等开发的问卷, 从四个方面——学科内容知识、课程知识、学生理解的知识、教学策略的知识去测量学生对教师的看法. 本书主要参考 Jang 等(2009)的问卷, 结合本研究的理论框架, 将上述的四个方面拓展到五个方面, 即增加了效果反馈的知识. 先将参考的测试题目由英文翻译成中文, 再由另一位数学教育研究者将翻译好的中文题目翻译成英文, 将回译的英文题目与原英文题目进行对照. 对有意思有出入的题目进行修改, 再重复上述过程, 直到问卷的题目达到忠实于原意并且高中生能够明白题意.

本研究使用的问卷分成五个部分, 每部分包括 7 个问题, 共 35 个题目(内容详见附录 5).其中问题 1—7 涉及教师的数学内容知识, 如 "数学老师能够把所教的数学知识讲清楚"(问题 2); 问题 8—14 涉及课程知识, 如 "数学老师没有让学生清楚地了解学习目标"(问题 8); 问题 15—21 涉及学生理解的知识, 如 "数学老师不太了解学生做错题目的原因"(问题 19); 问题 22—28 涉及效果反馈的知识, 如 "数学老师用不同的方法(提问、讨论、课堂练习、作业), 来了解学生是否掌握所学内容"(问题 26); 问题 29—35 涉及教学策略的知识, 如 "数学老师不用学生熟悉的比喻、类比来解释数学概念"(问题 30).

问卷采用 Likert 量表的方式, 让学生通过阅读题意对教师教学发表意见, 选择代表该事件发生频率的数字选项. 五个选项分别为 "1 从未发生" "2 很少发生" "3 有时发生" "4 经常发生" "5 总是发生". 实施问卷调查之前, 对小范围的学生进行预测, 根据预测出现的问题对调查问卷进行相应的修改. 比如, 由于题目都是正向的肯定语义, 会造成部分学生不认真读题, 直接选 "4 经常发生" 或 "5 总是发生". 针对这个问题, 随机地将 17 道题目的语义改为反向的, 从而避免学生给出不真实的数据, 促使学生认真读题. 对于文字表达出现的疑惑, 也做了相应的修改. 由于问卷是借鉴 Jang 等(2009)的研究, 所以该问卷已经经过信度与效度的论证, 又通过预调查进一步确保问卷的信度与效度.

4.3.5 文本资料

在研究过程中, 收集教师的文字资料, 包括教学设计(附录 6)、教学反思、科研论文、个人主页等. 通过对这些文本资料进行逐行分析和编码, 进一步调查教师对教学内容、课堂组织、策略选择、对学生的理解、如何看待评价五个方面的认识. 比如, 讲授 "函数的概念" 这一课内容, 教师怎样进行教学设计; 讲授中有无用到一些类比、比喻; 如何看待学生学习或回答问题时出现的问题; 如何使用教材, 如何组织教学环节等. 在深入分析后, 研究者再建立这些概念之间的关系, 形成关于教师学科教学知识的理解. 针对同一类问题, 对不同个案进行比较分析, 找出教师之间的共性, 也找到其中的差异. 再者, 就是将教师相应的课堂观察笔记和对其生活环境中状态的田野笔记结合起来, 从不同视角去认识和解读数据.

4.4 数据的处理与分析

根据上述研究工具, 在调查的过程中主要收集五方面的数据: 课堂观察、课后访谈、概念图、问卷调查、文本资料. 个案中的现场研究包括对正在进行工作的观察、人们正式或者非正式的交谈、对作为场景部分的文件和材料的检查. 数据收集工作分为三个阶段在三所学校进行, 其中对教师的 35 节课堂教学进行了实时录像, 并对教师进行了课后访谈.

在质的案例研究的数据分析过程中，从数据中获取与研究问题有关的资源(迈尔斯等, 2008).Guba(1981)指出, 对同一现象使用不同的方法收集不同的来源和形式的资料, 将可以增加效度或者避免研究者的偏见, 增进其研究判断的正确性. 因此, 本书采用多元资料验证的方式进行研究, 并依据研究目的及实际需要进行资料收集与分析.

4.4.1　量化资料的分析

本书的量化资料, 主要是学生的调查问卷和教师绘制的概念图. 对于"学生对教师学科教学知识的问卷"的评价方式采用 Likert5 点量表, 学生按题意对教师教学的感受可以通过选项来表达. 故计分方式分别将选项: "1 从未发生""2 很少发生""3 有时发生""4 经常发生""5 总是发生"赋值为 1 至 5 不等的分数, 若为反向叙述则反转计分. 本研究以数学内容知识(knowledge of mathematics, KM)、课程知识(knowledge of curriculum, KC)、学生理解的知识(knowledge of students' understanding, KSU)、效果反馈的知识(knowledge of feedback, KF)和教学策略的知识(knowledge of instructional strategies, KIS)五个部分为单位来计分, 由各部分各题得分的合计得出结果. 最后获得的数据, 利用 SPSS 18.0 统计软件进行描述性统计以及 T 检验分析.

在对被试教师进行概念图绘制之前, 笔者会向他们介绍如何绘制概念图及解释这样做的意图: ①为了反映被试教师对函数概念的理解; ②把表征知识的组织工具作为课堂评价工具相当有用. 笔者要求被试教师以"函数"概念为核心绘制概念图, 在框内写出与函数概念有关的内容, 并用连线将这些概念节点连接起来, 且注明两个概念之间的关系. 不限定完成的时间, 目的是让被试教师有时间去充分考虑. 本书采用 Novak 和 Gowin(1984)、Morine-Dershimer(1993)研究中的概念图的分析框架, 如表 4.3 所示.

表 4.3　概念图的分析框架

术语	定义	作用
概念数	在概念图中所包含的概念总数	用于评价教师对这一概念所掌握的知识数量
广度	在概念图中各个层次上所含概念的最大数	用于评价教师对这一概念认识的广阔程度
深度	在概念图中最长的一个分支上所含概念数	反映教师对这一概念理解的深度
分层结构数 (HSS)	广度+深度	用于评价结构的复杂程度
组块数	在概念图中所含组块的总数(其中组块是指连接两个或更多个概念的节点)	用于评价概念和想法相互关联的程度
交叉连线数	在概念图中交叉连线的总数 (其中交叉连线是指两个组块之间的连线)	表明教师对数学理解的连通性

4.4.2　质化资料的分析

本书进行质的资料收集, 质的资料主要有录像课、半结构访谈和教学设计等, 另以笔者的田野笔记为辅助. 对于质性收集的资料, 采用 Patton(1990)建议的步骤: 首先, 集合所有原始性的资料, 笔者将半结构访谈的录音整理成文字稿, 将课堂录像逐句转成文本材料; 其次, 组织、分类和编码原始性资料, 使其成为容易分辨和相关整合的资料; 最后, 依据研究问题与发现的类型, 进行资料间交叉比对, 在整个资料分析的过程中一直沿用此方法, 透过这些资料比对并经过三角验证(triangulation), 分析归纳形成研究发现和结果, 以了解新手教师与经验教师学科教学知识的现状. 数据的分析与数据的收集是同时展开的, 它使得案例内部和案例之间不断地进行比较. 此外, 数据分析是一个循环往复的过程, 需要在具体的数据和抽象的概念之间、归纳和演绎之间、描述和解释之间反复琢磨.

采用"扎根理论"(grounded theory)对收集的数据按照从原始资料到抽象概念的归纳过程来分析(斯特劳斯等, 1997; 邓津等, 2007).

本书质的资料则是以描述性的文字整理与呈现, 笔者对收集的质性资料进行编码, 以利于分析与诠释. 编码具体如下:

第一部分为教师:

AN 代表 A 校新手教师;

AE 代表 A 校经验教师;

BN 代表 B 校新手教师;

BE 代表 B 校经验教师;

CN 代表 C 校新手教师;

CE 代表 C 校经验教师.

第二部分为相关的数学内容:

HS 代表函数的概念;

JL 代表函数关系的建立;

JO 代表函数的奇偶性;

DD 代表函数的单调性;

ZZ 代表函数的最值;

MH 代表幂函数的性质与图像;

DS 代表对数概念及其运算;

FH 代表反函数的概念.

第三部分为资料的来源:

LX 代表课堂录像;

FT 代表访谈;

TY 代表田野.

最后得到的编码, 可第一部分和第三部分, 或第一、二、三部分顺次组成. 例如: AE-FT 代表 AE 教师的访谈, BN-JO-LX 代表 BN 教师关于函数奇偶性的课堂录像; CN-DS-TY 代表 CN 教师关于对数概念及其运算的田野笔记.

对教学设计、录像课和半结构性访谈进行初始编码后, 通过反复阅读这些数据形成了大的轮廓, 在第 3 章理论框架的基础上理解这些数据. 接下来笔者对主要数据进行再次编码, 如对课堂反馈话语进行编码. 本书参考 Richards 和 Lockhart(1996)、Cullen(2002)的研究分类, 根据教师反馈话语的侧重点可以分为内容反馈、形式反馈和主题反馈, 具体如表 4.4 所示.

表 4.4　反馈分类表

反馈类型及编码		编码描述
内容反馈 (NR)	直接肯定 (NR1)	好的/ 对的/ 非常好/ 请坐/ 好的, 请坐
	直接否定 (NR2)	你请坐/不对 简单的否定反馈或提醒往往是针对一些事实性的问题学生由口误、不细心造成, 直接简单的否定可以促进学生进行修正
	重复补充 (NR3)	重复学生话语 课堂信息的呈现具有相对繁杂性, 教师需要标注一些关键信息, 通过重复等方式来帮助学生引起注意. 教师对有关内容进行重复并拓展, 通过强调, 学生对各个阶段要做的事有一个宏观的了解, 进而为学生更好地理解阅读材料提供背景框架
形式反馈 (XS)	明显纠错 (XS1)	教师直接指出学生的错误
	形式协商 (XS2)	要求学生再次说明, 教师进一步协商, 最后学生正确地自我修正. 教师转述学生的话, 请求学生给予核实, 确认教师的理解是正确的, 如 "你的意思是", "是不是?"
	重铸 (XS3)	将正确的形式重复一遍, 也根本没有做任何解释, 教师通过向学生传递正确数学表达形式, 让学生在与教师的交流过程中不知不觉地纠正错误. 改述、评论等属于重铸方式 教师用升调暗示错误, 学生意识到错误, 并修正
主题反馈 (ZT)	主题评论 (ZT1)	教师反馈融入个人的评论、个人感受、个人情感, 这极大地引起学生共鸣
	追问 (ZT2)	教师对学生所提供的信息的关注, 也表现出极大的兴趣, 就进一步追问, 然后用同义重复的手法确认学生所说的内容
	启发 (ZT3)	一般指在学生没有正确回答时, 教师降低原问题的难度. 将原问题分解开来, 或者重新提出一个与原问题相关的问题, 并且教师可能会给学生提供启示性的线索

在分析数据的过程中，笔者发现数据的诠释是一个反复的过程，其间要把研究的诠释与录音所"聆听"到的和录像资料所"观察"到的作反复的印证.通过比较6个案例之间的异同，加深了对迈尔斯和休伯曼(2008)提出的方法的了解：

探究跨个案，可加深我们的理解，并提高概括性.不过跨个案分析非常辛苦，你只要就表面做几个主旨或主要变量的摘要工作，就已体会其中的辛苦了.我们必须小心地寻找每一个案过程的复杂结构，了解当地的动态发展，之后，才开始跨个案寻找变量的模式.

4.5　研究的效度与伦理

4.5.1　效度

任何形式的研究，一般都会考虑到研究的有效性、可靠性、互证性和普适性.本书的多案例质的研究也不例外.为确保研究结果的可信度，在数据收集、分析和解释的过程中笔者运用了多种技术，调查结果的呈现方式正如Patton(1990)所说：

寻求和使用多种来源的信息，因为单一来源的信息不足以信任，也不可能提供一个全方位的观点.通过整合观察、访谈、文件分析、田野工作，用不同来源的数据去验证并检查结果.

在数据收集的过程中，笔者强调了内部效度，以确保研究成果与现实相一致.除了课堂观察、进行访谈之外，笔者还参与学校的教研活动，还向研究对象的学生派发问卷，对收集的数据进行三角验证，确保资料的可靠性.正如威尔斯玛和朱尔斯(2010)指出：

基本上，三角互证就是信息比对来确保信息之间是否能够互相佐证.这是一种有关共同发现或概念的信息搜索过程.很大程度上，三角互证的过程检验了数据的充分性.

此外，笔者请六名研究对象核实信息，咨询其同事对调查结果的意见，尽可能降低因笔者个人的主观因素对数据的影响.

4.5.2　研究者的定位

研究者扮演不同的角色(Stake, 1995)，在研究的全过程中这些角色或多或少起到一些作用.因此，研究人员应该能系统地确认其在整个研究过程的主观性.在研究过程中，笔者作为访谈者和观察者需要对时间的把握具有高度敏感性，知道多长时间的观察已经足够，访谈中知道什么时候应该沉默，什么时候做进一步的深度访谈.同时,研究者还必须是一个优秀的沟通者.一个良好的沟通者强调回应,建立和谐关系,提出恰当的问题,并善于倾听(麦瑞尔姆, 2008).

因此,笔者一直铭记这样一条宗旨,就是"……首先是为了收集数据,而不是改变人们"(Patton, 1990).同样也是仔细观察的基本原则,知道何时以及如何进行干预.笔者尽量不对被试教师的教学给出任何评价,坚守自己的角色就是一个收集数据的研究者,而不是教学指导者.

4.5.3　伦理

正如在所有形式的研究中都存在对效度和信度的关注,调查研究同样要以一种合乎伦理的方式进行. Stake(1995)观察得到,质化研究者是私人空间世界的客人,他们应该礼貌周全,遵循严格的伦理准则.根据质性研究伦理观察原则(马克斯威尔, 2008;马歇尔等, 2008),笔者力图从身心上保护六位教师的声誉,以免受到来自外界或内部的伤害或干扰.具体办法如下:首先,笔者通过详细介绍研究目的、教师和笔者在研究中的作用、研究的大体计划等,获得被试教师的同意,而不是通过外界力量强迫他们参与.其次,笔者在论文中对被试教师使用匿名而非正式姓名,以保护他们的隐私.再次,根据他们的喜好,笔者向他们咨询意见,也格外关注他们对研究的反应,比如,研究的进程和时间表都跟教师进行协商过,以澄清他们的疑虑.最后,本研究对可能产生的后果提前进行了讨论,尽可能减少他们为研究投入的时间和精力,使一切都可以在他们的正常教学下完成.

第 5 章　学科内容知识

在数学领域，学科内容知识指教师对数学的理解、信念和认识论. 教师的学科教学知识是需要学科基础的知识，不同学科的教师其学科教学知识必然存在着明显的差异，因此学科内容知识应该成为学科教学知识的重要基础. 本章主要比较三组新手教师与经验教师在数学教学观、数学核心概念的理解上的差异，为后续研究教师课程知识、学生理解的知识、效果反馈的知识以及教学策略的知识奠定基础.

5.1　教师的数学教学观

教与学的理念与教师生活史紧密联系. 生活史是教师多年来的人生经历、求学历程和教学感悟的结晶，在一定程度上指引着教师的思考与行为. 以下简要叙述三组新手教师与经验教师的基本情况.

AN 教师获得理学硕士学位，毕业后来到 A 校工作一年. 在本科和硕士学习期间都是数学专业，工作之前没有从教的经历. AN 教师教两个平行班的数学课，不担任班主任. 笔者从与 AN 教师交谈的过程中，了解到他之所以选择教师这个职业与其高中班主任的影响密不可分. 当时他读高一的时候，化学成绩十分不理想. 在高二分班换了班主任，同时也是化学任课教师. 他感觉这位教师上课很有一套，可能是她教的好，亦或是因为喜欢这位教师，AN 教师的化学成绩逐渐提高，对化学的学习兴趣也浓厚了. 也就在那个时候，他萌生了当教师的想法. 也正是抱着这样的初衷，报考了师范类院校，志愿当一名人民教师. 在大学和研究生就读期间，他经常看望这位恩师；工作后，也经常向恩师请教班级管理问题.

BN 教师从师范大学数学专业毕业后，在 B 中学工作三年. BN 教师教两个平行班的数学课，并担任其中一个班的班主任. 目前是她工作的第三年，高一、高二年级各教了一年，现在反过来再教高一年级①. BN 教师因本科成绩优秀进入"4+1+2"硕士培养模式，目前在职攻读教育学硕士学位.

CN 教师是本科数学专业毕业，只带一个班的数学课. CN 教师在 C 校两年，入职第一年教高一，第二年再教高一. CN 教师对数学充满自信："说实话从小到

---

① 这种现象对于新手教师非常普遍，他们一般在高一、高二教过两、三年之后，才会随着学生升入高三年级.

大, 我觉得数学学得比较轻松, 数学成绩就是我最好的一科, 而且高考也是靠数学拉分的." (CN-FT)她是非师范生, 本科的专业是数学与应用数学, 感觉当教师才会有用武之地, 于是就考取了教师资格证书.

AE 教师从师范大学数学系毕业后, 在 A 校执教至今. AE 教师教两个平行班的数学课, 不担任班主任. AE 教师具有 25 年教学经验, 目前担任学校数学教研组组长. A 校网站的名师风采专栏上, AE 教师榜上有名. 他获得诸多奖励与荣誉, 曾获得"希望杯"优秀园丁称号, 他认为"极端的准确, 极端的精细, 极端的广博——这就是极端的才智". 除此之外, AE 教师承担了多项区、校级课题的研究工作, 撰写了多篇优秀论文.

BE 教师师范大学数学专业毕业后, 先在一所初中教学, 后又进入一所高中执教至今. 因为B 校是1999 年创办的, 2001 年扩建筹备完, 全校正处于"缺人用人"之际, BE 教师担任重要的行政职务, 因此只带一个班的数学课. 在教育教学工作的同时, 她担任过年级组长、教研组长和德育助理等职务. 从该区教育局的官方网站上, 笔者了解到BE 教师2009 年获得上海市"优秀班主任"称号. 在 BE 教师的相关报道中, 从教心语写道:"只有把心交给学生, 学生才会把心交给你." 她坚信:"一个优秀的教师不但要播下知识的种子, 更要播下爱的种子, 只有了解学生, 才能更好地教育学生; 只有热爱学生, 才能真正成为学生的知音; 教师不仅应是学生的良师, 更应是学生的益友."

CE 教师从师范大学数学专业本科毕业后, 先后在一所初中和一所高中工作了 10 年, 于 2001 年调入 C 中学. 在此期间, 他曾在三所学校都担任过数学教研组组长. 目前, CE 教师只带一个平行班的数学课, 并担任班主任. 他坚信"人生没有彩排, 只有现场直播, 所以每一件事都要努力做得最好." 对于教学, 他认为经过教学实践的积累, 逐渐形成了自己的一套教学风格. 在教学中要多钻研与积累, 比如在教学过程中碰到了问题, 不要放之任之, 需要教师琢磨应该怎么教, 遵循哪些步骤. 当教师的状态是渐入佳境, 可能教学这个过程比较复杂、琐碎, 但学生有成绩、有出息了, 这样逐步造就了自己的成就感, 然后慢慢地喜欢上了这个职业. 通过与 CE 教师的交谈, 笔者发现 CE 教师随着教学实践的推进, 逐步认识和理解了教师职业的价值和意义, 体验到教学之乐趣. 而且他的专业信念也随着教学知识与经验的积累而逐步确立, 对教学工作逐步驾轻就熟.

5.1.1 对数学"教"的认识

在实际教学中, 数学教师像什么? 六位教师对此表达不同的见解. 在三位新手教师中, AN 教师将数学教师比作"篮球教练", BN 教师将自己比作"思维训练师", CN 教师的比喻是"乐队指挥".

篮球教练

我更像是"篮球教练".教师与教练,无论从字面上理解还是从实际操作上来看,都有许多相似之处.队员为了完成一个完美的上篮动作,教练可以先将这个动作分解成跑、跳、投,指导队员进行分解动作的练习.经过训练,就可以完成上篮动作.(AN-FT)

——AN 教师

AN 教师强调将一个大问题分解成几个小问题,通过反复"训练"这些小问题,学生得以各个击破,达成教学目标.

思维训练师

我认为自己就像帮助学生训练他们思维的人,暂且称之为思维训练师,也就是通过设计一些活动来训练思维.有句名言,数学就是思维的体操.数学思维不仅有奇妙的探究过程,而且有严谨的证明过程,通过数学培养学生的逻辑思维能力.在应试教育的压力下,对数学思维的弱化,机械训练的强化,使得学生学数学成了背题目,考试成了"撞大运".有些学生就告诉我,只是掌握某一类型题目怎么做,如果运气不好背错了,这道题目就做不出来,背对了正好就撞上了.思维的训练不是简单的操作记忆,而是形成智慧的源泉.学生在学校里所学的内容,总是会忘记的,那么学习数学主要是学习什么呢?就是学习思维能力.(BN-FT)

——BN 教师

BN 教师个人比较反对题海战术,把数学看成做题目,她认为这是把数学当作文来背,是有悖于学科学习特点的.课上遇到问题,她总是教学生如何分析题目,要说明这道试题的题旨,需要运用到哪些知识,而不是通过强调解题模式,将一题多解转到多题一解.她认为这种不考虑具体题型、死套模式的教学方式,就会抹杀学生的积极性,有碍于学生的思维发展,只会导致学生学习的僵化.

乐队指挥

数学课上,我经常鼓励学生自由发挥、思维活跃一些,让学生积极思考问题.但是有时候学生的理解会出现偏差,或者想得不对,就如同演奏出现了"不和谐"音,就需要我给学生一个正确的指向,给予及时纠正.乐队指挥就是在上面指挥学生,告诉他们应当怎样演奏.(CN-FT)

—— CN 教师

在 CN 教师看来,教师具有一定的"指向性".鼓励学生自由发挥,不是让学生天马行空,有悖于数学定义、法则去解决问题,而是在教师的引导下,促进学生积极思考问题.如果出现"不和谐"音,教师需要及时地给予纠正.

　　三位经验教师也表达了对数学教师的独特见解,在 AE 教师看来数学教师是"医生",BE 教师认为自己是辛勤的"园丁",CE 教师将数学教师比喻成"建筑工程师".

医生

　　我个人认为,数学教师与"医生"有相似之处.学生就像"病人",在学习的过程中很容易出现各类问题.这时,教师就是一个"医生"的角色,脉要把得准,需要一下就能找出学生的症结所在.比如,学生这样解答,错在什么地方?哪里不明白?再比如,两个患者都是咳嗽,但是有可能病因不同.这就需要教师在教学的过程中能一眼看透问题,对症下药,就可以帮助学生理解,同样也是医生的职责所在.不过,二者之间存在不同,医生可以借助专业仪器和化验来诊断病因,而教师全凭教学实践经验.(AE-FT)

　　　　　　　　　　　　　　　　　　　　　　　　　　　　　——AE 教师

　　在 AE 教师看来,教师和医生一样具有一定的专业技术性,是非他人所能及的. AE 教师在数学教学过程中,强调自己的"诊断性",关注学生对知识的理解程度.对于学生的回答并不是给出简单的正、误判断,而是透过学生的解答,检测学生对知识的掌握情况,直接找到学生学习的薄弱点——"哪里不明白",再"对症下药". AE 教师的课堂上,学生回答完问题后他总是再追问一个为什么,来检测学生对这个问题是"知其然"还是"知其所以然",加深教师对学生学习状况的了解.他觉得,教师专业性的培养主要来源于日常教学实践,通过经验的不断积累来获得有效教学.

园丁

　　我认为自己就像园丁一样,用爱心和汗水浇灌、培育每一株幼苗.每个学生的特点不同,有的需要施肥,有的需要松土,有的需要浇水,因此教师必须采用不同方法培育每个学生.(BE-FT)

　　　　　　　　　　　　　　　　　　　　　　　　　　　　——BE 教师

　　BE 教师认为把教师比作园丁,是最质朴、最形象的比喻. 在她看来,这是因为树苗更需要别人精心地照料,更需要充沛的阳光、丰富的养料. 花草树木只有真正吸收阳光,才能进行光合作用. 就像教师只有把思想意识、知识、能力送进学生的心灵,他们才能真正长大. 她认为自己是园丁,可能与她从事班主任工作有关. 在她的事迹报道中,写道:"刚工作一年之后的一次意外的受伤,学生百分之百的探望率轰动了医院,传为当地的一件美谈. 于是,她无怨无悔地爱上了教师这一份职业." 她关注每一个学生的发展,这似乎印证了杜威的话,教育就是要识别这些个体的潜质，让其茁壮成长，使之成为每一个孩子身上的独特品质.

建筑工程师

我就像一名"建筑工程师"，工程师的工作就是根据建筑设计的要求设计图纸，在实际施工的过程中进行修改.同样，在教学的过程中，教师根据学生的情况和课程标准的要求，对教学内容、教学环节进行构想、计划、选择.在实施教学计划之后，根据学生的反应和自己的反思，进行经验总结、改进教学.(CE-FT)

—— CE 教师

CE 教师是 C 校数学教研组的组长，也是学校校内研修的负责人.虽然 CE 教师现在已经是高级职称，但他还是比较谦虚，认为："高级职称并不代表我在教学上有怎样的一个资历或成就，我自己还是比较惭愧的."(CE-FT)他认为自己就像一个建筑工程师一般，备课就是设计"图纸"，在教学的过程中就是需要根据实际情况对教学设计进行修改，教学后需要对设计进行反思，积累下次教学的经验.

5.1.2 对数学"学"的认识

在课堂上，数学学习像什么？六位教师对此的看法比较统一，比如，三位新手教师一致认为数学学习就像是"拼图游戏".

拼图游戏

学习数学就像拼图游戏一样，就是从一堆看似毫不相关、零散的图片中，找出共同点，把杂乱无章的图片拼成一个完整的图案.也就是说，把没有规律变成有规律可循，通过梳理里面内在的关系找出线索，把毫无章法的图片变成一幅唯美的图景.(AN-FT)

——AN 教师

就像做拼图游戏，看上去很简单的，但是实际做的时候还是需要动脑筋.需要考虑第一步先做什么，第二步再做什么，要看你的目的在哪里，要怎么走，每一步都需要瞻前顾后，全盘考虑.(BN-FT)

——BN 教师

学习数学就是锻炼思维的，就像做拼图游戏，这个体现了数学的益智性.(CN-FT)

—— CN 教师

AN 教师比较关注数学的逻辑思维与数学的文化价值，体现数学的美.同时，BN 教师亦比较关注数学的逻辑思维性，这与她的数学观不无关系.她认为："数学就是具备训练学生思维的学科."(BN-FT)在她看来，语文培养学生丰富的情感和交流表达能力，而数学培养学生的逻辑思维能力.CN 教师认为，学习数学是一个有兴趣、有难度的工作，而且是属于智力型的，即培养学生的逻辑思维能力.

三位专家教师中，有两位教师一致把数学学习比作"建造房子"，而 CE 教师则认为数学学习犹如"做实验"一般.

建造房子

学习数学就像建造房子，需要有设计图纸；同样，学生学习概念或求解问题的时候，心中也会有一个大体轮廓或者解题思路.在具体的修建过程中，需要根据实际问题对图纸进行修改.(AE-FT)

——AE 教师

对于有些学科，学习者可以从一半开始学起，但是数学就不同，它是从小学到高中，一层一层知识积累的过程.比如，指数的学习就是给学习对数打了基础.(BE-FT)

——BE 教师

AE 教师首先表示学习数学就如同做学问一般，来不得半点马虎.BE 教师认为数学学习就像"建造房子"一样，需要夯实基础.她认为，小学是为初中的学习打基础，初中是为高中的学习打基础，高中是为大学的学习打基础，中间环节缺一不可，否则肯定会对后续的学习产生影响.只有基础扎实，根基稳固，"城池才会固若金汤".

做实验

数学学习就像进行一项实验，因为现在很多数学题目都是探究性的.实际上，实验就是探究一个问题，比如出租车问题，还有其他拓展性问题.(CE-FT)

—— CE 教师

C 中学正在开展教学实验，CE 教师的课堂作为实施这种新鲜的教学方式的首块试验田.教学实验主要采取学生预习，课堂上教师用较少的时间分配学习任务并予以点拨指导，大量时间留给学生进行自学、合作交流、自主探索.CE 教师要将课堂内容构思成非常好的问题，通过预习交流的形式开展实施，同时伴有分组合作和穿插巩固环节，最大限度地把课堂还给学生.

5.1.3　数学教学的目的观

新手教师比较强调数学的基础性、益智性与应用性.AN 教师认为："由于数学是基础学科，因此学习数学是为了更好地学习其他课程，所以要开设这门课程."(AN-FT)

BN 教师认为为了锻炼学生的思维能力，"语文和英语关注培养学生的语言表达能力，而数学偏向于培养学生的思维能力、逻辑演绎能力，有助于学生更好地适应社会生活. 如果学生以后进入社会, 他只会表达, 但不会思考也是不行的. 最近讲的应用题, 比如电话计费、邮资、物流调度等问题都是学生以后遇到的现实问题"(BN-FT).

此外, BN 教师有很强的"学科本位"思想, 即理科比文科重要. 比如, BN 教师认为: "过去和现在都存在这样一种看法, 就是评价一个学生头脑是否聪明, 不看语文或外语的成绩, 而是看数学成绩. 一个学生数学考 92 分, 外语考 56 分, 大部分人认为这个学生是聪明的; 但是倒过来外语考 92 分, 数学考 56 分, 大部分人就认为这个学生是刻苦勤奋的."(BN-FT)

CN 教师认为数学就是为了满足实际生活的需要, "现实生活中需要数学, 比如去超市买东西, 货币换算等问题, 这些都是与实际生活密不可分的"(CN-FT).

专家教师比较强调数学的应用性.

AE 教师认为: "学习数学的目的就是掌握一种生活的工具. 比如, 现行的数学教材增加了税收计算、出租车计费等与实际生活密切相关的问题, 体现了数学在生活中的应用. 当然, 学生现阶段所学的数学知识对他们的学习生活并没有起多大作用, 但是数学思想方法(如建模、换元、化简)、思维方式对学生的影响还是很大."(AE-FT)

BE 教师始终认为: "数学是益智型的, 就是用来锻炼学生思维的, 换句话说就是练脑袋的."(BE-FT)

CE 教师认为: "数学就是让学生发现数字与图形之间的内在规律, 并应用这些规律来服务于社会."(CE-FT)他对数学的作用谈了自己的看法, 就是数学的有用与无用是相对的, 要看学习者需要掌握到什么水平层次. 如果学习者以后当工程师、精算师, 就需要具有扎实的数学功底, 而不是简单的加减乘除; 如果将来从事文科行业, 比如记者等, 数学水平只需要掌握到低层次即可. 但是, 目前学生还不知道自己将来从事什么职业之前, 必须学好必备的数学知识为以后做准备. CE 教师的观点与普通高中数学课程标准的理念是一致的, 即高中数学课程中的必修系列课程是为了满足所有学生的共同数学需求, 选修系列课程是为了满足学生的不同数学需求.

5.2 教师对核心概念的理解

什么是核心概念? "中学数学核心概念"是指那些处于"核心地位"的概念, 是中学数学课程中的主要概念, 是中学数学知识结构中的"联结点", 由其反映的数学思想方法是联系数学知识的纽带; 而"结构体系"主要是指这些概念的互相关系所决定的系统结构(章建跃, 2009). 鉴于函数是中学数学的"基石"(Ponte,

1993), 选取高一数学中的函数内容, 即上海教育出版社的《高级中学课本 数学高中一年级第一学期(试用本)》第 3 章 "函数的基本性质" 和第 4 章 "幂函数、指数函数和对数函数". 函数概念位居函数知识体系的中心, 其强大的生长力可以产生 "柱根相连, 柱枝相托, 枝叶扩展" 的 "概念群". 与之相关的概念众多, 例如, 常量、变量、运动、变化、集合、对应、关系、映射、模型, 以及应用、联系等. 根据核心概念的定义, 结合具体的数学内容, 本章选择 "函数概念" 进行访谈、制作概念图, 剖析新手教师与经验教师对函数概念的理解.

5.2.1 对函数概念的理解

本节通过结构访谈, 探究教师对函数内涵的理解. 具体地, 是通过下面这个访谈问题获悉的.

您是如何理解函数的定义呢?

AN 教师认为, 函数就是两个变量之间的对应关系, 就是某一个变量有一个变化的范围, 另一个变量有一个变化范围, 它们之间有一个对应关系.(AN-FT)

笔者追问, 函数概念最重要的是什么, AN 教师回答:"函数只要抓住三要素(定义域、值域、对应法则)就可以了. 我在高中学习函数的时候, 我的老师也是这么教的." (AN-FT)

我们发现数学专业研究生毕业的 AN 教师, 虽然已具备了比所要教授的数学更广泛的知识, 但是对数学概念的认识存在局限性, 只是根据他学生时代的学习经验. 这一点与 Jaworski 和 Gellert(2003)的研究结论类似, 即新手数学教师需要对自己的一些预设概念进行反思.

AE 教师认为, 函数就是两个集合之间的对应关系, 实际上就是定义域到值域上的对应关系, 而且这两个集合一定要是数集. 学生在初中学习字母表示数时引进了变量, 从静止的数的计算变成量的变化, 而且变量之间也是相互联系、相互依存的, 变量间的这种依存性就是初中的函数概念. 到了高中再次学习函数, 是利用集合与对应的思想来理解函数的定义, 从而加深了对函数概念的理解.(AE-FT)

我们可以看出, 两位教师都提到函数概念的核心——对应关系. 但 AN 教师缺乏从集合的角度来看函数定义, 他还是停留在初中变量的依存关系. 从 AE 教师的回答知, 他明确指出是两个集合, 而且格外强调是数集. 他还指出从初中到高中, 函数概念是如何发展的. 此外, 他还特别强调学生对函数概念可能产生的错误理解, "学生对函数的理解往往停留在有解析式就是函数上, 课上我给学生举例说明了有解析式也未必是函数" (AE-FT).

B 中学两位教师在谈函数定义的时候, 无一例外都谈到了初中阶段的函数定义.BN 教师认为, 要理解函数这个概念首先要看在哪个学段. 因为, 函数这个概念随着学生所在年级的不同, 或随着学生认知水平的不同而不同. 她认为, 初中阶段"函数就是 y 随着 x 的变化而变化, 一个 x 对应一个 y"(BN-FT). 同时指出, 从函数概念的历史发展来看, 函数经历了变量说、对应说和关系说三个阶段. 到高中阶段, "函数的本质就是两个集合之间一一对应的关系, 只需强调对应的关系". 在解析函数概念的时候, 她强调 "在一个变化的过程中的两个变量, 一个是主动变化, 一个是在 f 的作用下被动变化, 所以有一个自变量和因变量. 在变量变化的过程中, 对应法则 f 的作用相当于一个牵引作用, 自变量 x 在 f 的牵引下才能找到一个因变量"(BN-FT). 对应法则的理解是学生的难点, 学生普遍认为对应法则就是解析式. 她针对学生这个难点, "在教学的时候让学生明白这个对应法则就是一个框图的形式, 即 $f\square$ 等于怎么变化的, 框里填一个数字, 出来就对应到另外一个数字. 让学生明白, 对应法则就像操作箱一样, 输入一个 x 经过操作箱就出来一个 y. 比如函数 $f(x)=x^2+1$, 我问学生对应法则是什么, 他们会说是 $f(x)=x^2+1$, 后来要让学生理解对应法则就是 $f\square=\square^2+1$"(BN-FT). 她还谈到这样讲的好处, 就是对后面求函数定义域时学生容易理解. "比如, 已知函数 $f(x)$ 的定义域, 求函数 $f(x+1)$ 的定义域. 学生在这里出现理解的障碍, 但用框图的形式告诉他们, 这个框里填的是 x, 后来框里面填的是 $x+1$, 它们之间的联系是什么? 它们都在框里, 框里的范围是一样的, 能放进框的要求也是一致的. 所以, 以这个框为界, 让学生求函数 $f(x+1)$ 的定义域"(BN-FT).

BE 教师谈到, "初中阶段的函数就是映射, 高中阶段的函数就是从一个集合到另一个集合的对应关系". 她指出学生对对应关系的理解, "某个实数集合 D 内的每一个值, 都可以找到唯一的一个值与之对应. 如果是有且仅有一个值, 就体现了一对一的思想; 如果唯一的值都是相同的, 这就体现了多对一的思想; 如果每一个值有多个值与之对应, 就是一对多的思想, 显然不符合函数的定义"(BE-FT). 为了让学生更加清楚地掌握这个问题, 还给学生举反例, 比如, "上课我就出了一个函数, 学生找不到函数值的. 此外, 在函数的定义当中, 还要让学生理解要找到函数值, 并且只有一个, 比如, 函数 $y=\pm\sqrt{x}$, 当 $x=4$ 的时候, $y=\pm2$, 显然这不是函数关系. 虽然满足 x 在变, y 也在变, 也是两个变量之间的关系, 但是这两个不能构成函数, 原因就是它出了一个对应了两个的情况"(BE-FT).

从以上两位老师的回答来看, 他们认识到高中函数概念的本质就是两个集合之间的对应关系. 同时, BN 老师谈到了函数概念的发展历史, 清楚地说明了函数发展的三大阶段, 即变量说、对应说、关系说. 她表示这一清晰的理论认识与教育硕士阶段的研究生课程密不可分, 所以她能够系统化地说明函数概念的历史发展. 曾经担任过初中老师的 BE 教师, 对初中阶段函数概念的认识把握准确, 从映射的角度来理解函数概念, 把握函数概念 "一一对应" 的本质特征. 此外, 我们还可以看出两位教师都比较了解学生的学情, 指出了学生对于函数概念的理解可能出现的误解, 并通过举反例辨析, 有助于解决学生的认知冲突.

CN 教师认为, "函数就是在自变量 x 的变化过程中, y 按照某一个法则做出相应的变化"(CN-FT). 在她的理解中, 比较强调对应法则. 从 CE 教师的回答来看, 他认为, "函数就是两个变量 x 和 y 之间的关系, 有一个 x 对应一个 y, 如果每个 x 都有唯一确定的一个 y 与之对应. 如果一个 x 对应几个 y 的话, 就不是函数" (CE-FT).

我们可以看出, CN 教师的回答比较粗浅, 还停留在初中的函数概念. 然而 CE 教师的回答涵盖了对应关系, 并明确说明是怎么样的对应关系, 即"每一个""唯一确定". 同时, 他们都缺乏从集合的角度来看函数的定义, 普遍停留在变量的角度.

函数概念作为最基本的教学内容, 被试教师对函数的理解程度却存在差异. 有三名教师给出"变量的对应关系"定义, 说明其受初中教材的影响显著; 还有三名教师给出"集合的对应关系"定义, 从高中函数的视角进行理解. 事实上, 函数概念从产生到完善历经数世纪之久, 可见函数思想之难. 作为传道授业解惑的教师, 也出现了未能从定义出发理解函数的意义, 据此讲述函数的定义, 其教学效果可想而知.

5.2.2　对函数概念结构的理解

通过绘制概念图从结构关系来看 AN 教师与 AE 教师对函数概念的理解, 笔者运用软件 Inspiration 7.6 表示两位教师所绘制的概念图(图 5.1 与图 5.2).

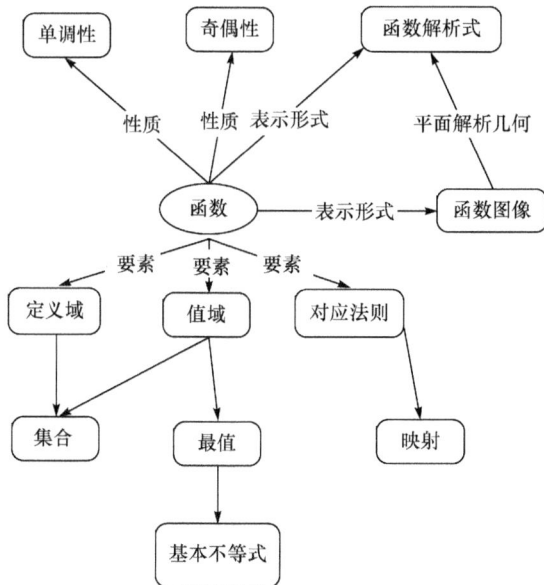

图 5.1　AN 教师绘制的函数概念图

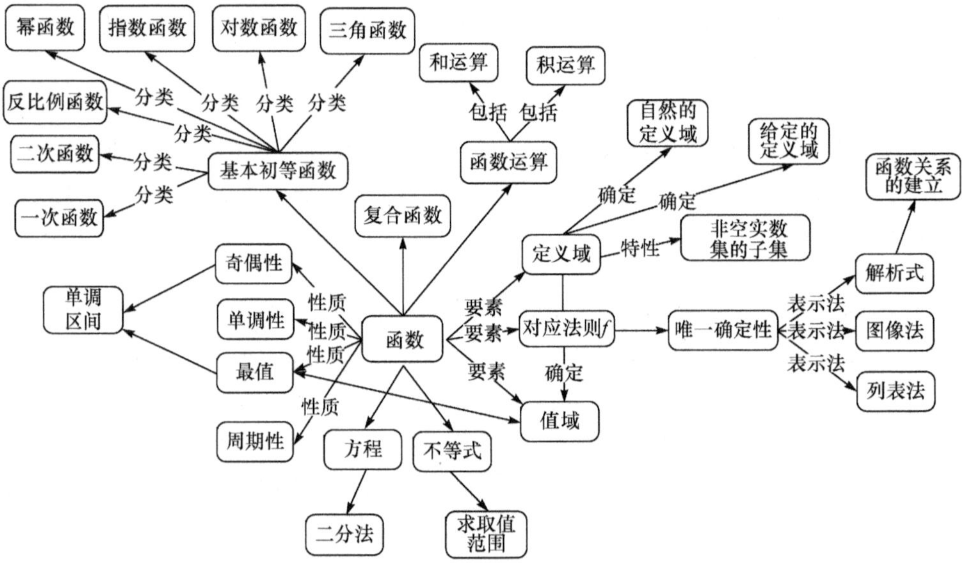

图 5.2　AE 教师绘制的函数概念图

对两位教师的概念图进行定量分析, 根据 Novak 和 Gowin(1984)、Morine-Dershimer(1993)研究中的分析框架进行分析, 结果如表 5.1 所示. 从表中可以看出, 在概念数、广度、组块数方面的数据, AE 教师明显优于 AN 教师. 这些说明 AE 教师与 AN 教师相比, 对"函数概念"知识的理解更为广博、深刻. 从概念数这一点来看, AE 教师所涉及的知识点居多, 达 32 个; 再从 HSS 的情况来看, AE 教师的概念图比 AN 教师的概念图覆盖面广, 内容深刻具体. 从组块数来看, AN 教师的知识块数量明显少于 AE 教师的知识块数量, 这表明 AN 教师的知识整合程度比 AE 教师低.

表 5.1　AN 教师与 AE 教师概念图的结构比较

	AN 教师	AE 教师
概念数	11	32
广度	7	12
深度	3	4
HSS	10	16
组块数	1	5
交叉连线数	0	0

观察图 5.1 与图 5.2, 可以看出经验教师 AE 的概念图比新手教师 AN 的结构

更为精细、复杂. 此外, 我们还对两位教师的概念图内容进行比较. 通过观察, 发现 AN 教师对 "函数概念" 的理解仅关注函数的下位概念(如定义域、对应法则、值域、对应法则、单调性、奇偶性), 这些内容基本局限于本章内容. 而 AE 教师, 则强调知识的纵向联系, 涉及前一章不等式的内容和后续章节的内容, 如幂函数、指数函数、对数函数, 以及高一第二学期要学习的三角函数. 而且, 它还涵盖了初中学过的函数知识, 如一次函数、二次函数、反比例函数、这样说明 AE 教师能够考虑到学生已有的知识与学习经验.

通过对 AE 教师与 AN 教师关于 "函数概念" 的概念图, 从结构与内容两方面进行比较, 可以看出 AE 教师对此知识的理解更为深刻, 知识的组织结构更加系统, 知识的联系更为广泛.

为更加深入地探究 BN 教师与 BE 教师对函数概念的了解, 笔者通过他们绘制的函数概念图从结构关系的视角来考察. 教师 BN 与 BE 的概念图如 5.3 与图 5.4 所示.

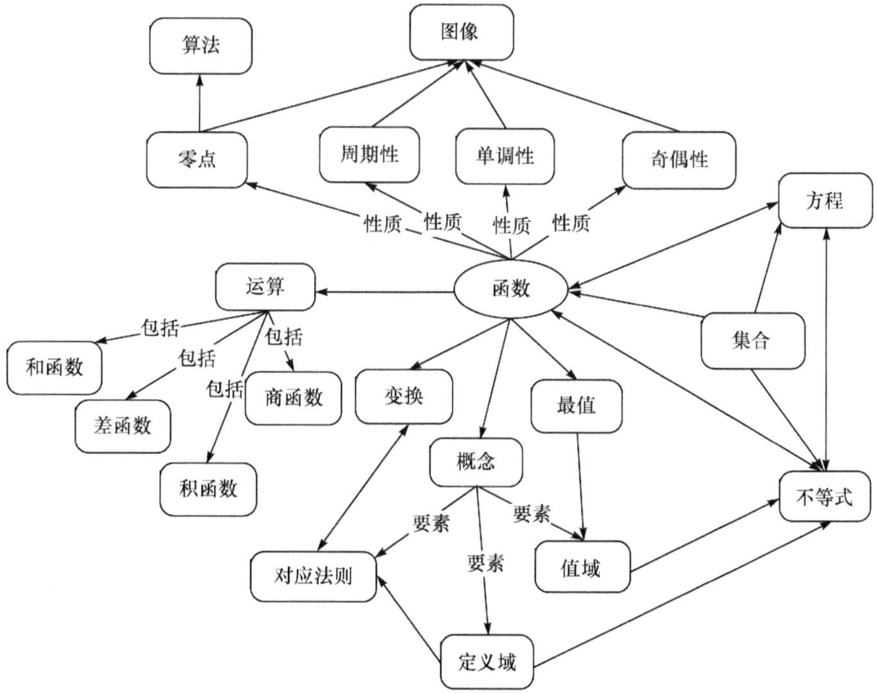

图 5.3　BN 教师绘制的函数概念图

笔者对两位教师所作的概念图进行结构分析, 结果如表 5.2 所示. 从表中数据来看, 两位教师各有千秋. 从概念数来看, 教师 BE 所涉及的知识点略比教师 BN 多; 但从 HSS 的情况来看, 教师 BN 比教师 BE 覆盖面要广些. 从组块数和交叉连线来看, BN 教师的知识块数量少于 BE 教师的知识块数量, 而且 BE 教师在知识的整合程度要优于 BN 教师.

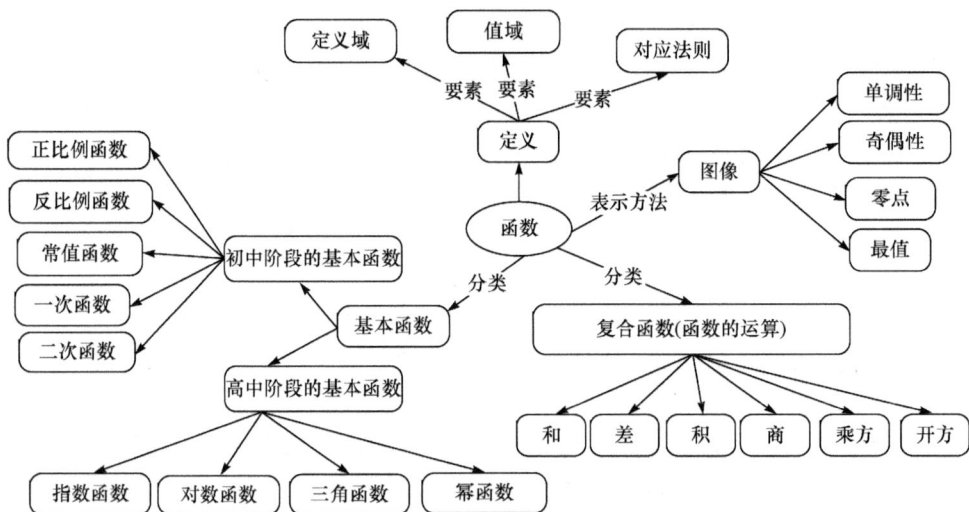

图 5.4　BE 教师绘制的函数概念图

表 5.2　BN 教师与 BE 教师概念图的结构比较

结构	教师 BN 的概念图	教师 BE 的概念图
概念数	20	28
广度	10	4
深度	2	3
HSS	12	7
组块数	4	6
交叉连线数	0	2

　　单看两位教师概念图的结构, BE 教师比 BN 教师的概念图脉络更为清晰, 她将函数分成定义、性质、应用三大块内容. 此外, BE 教师还覆盖了初、高中所学的基本初等函数, 而 BN 教师并未涉及所学的特殊函数. 分析 BN 教师列举的概念, 基本都属于本章的知识要点, 仅有很少的几个知识点与前面的章节有关, 例如, 集合、不等式. 因此, 我们可以看出, BE 教师更加关注函数概念的前后联系, 注重知识的网络化与条理化.

　　通过绘制概念图来分析 CN 教师与 CE 教师对函数概念的理解(图 5.5, 图 5.6).

　　对 CN 教师和 CE 教师的概念图进行统计, 结果如表 5.3 所示. 从表中可以看出, 教师 CE 与教师 CN 的表现似乎旗鼓相当. 从知识点来看, 教师 CN 所涵盖的

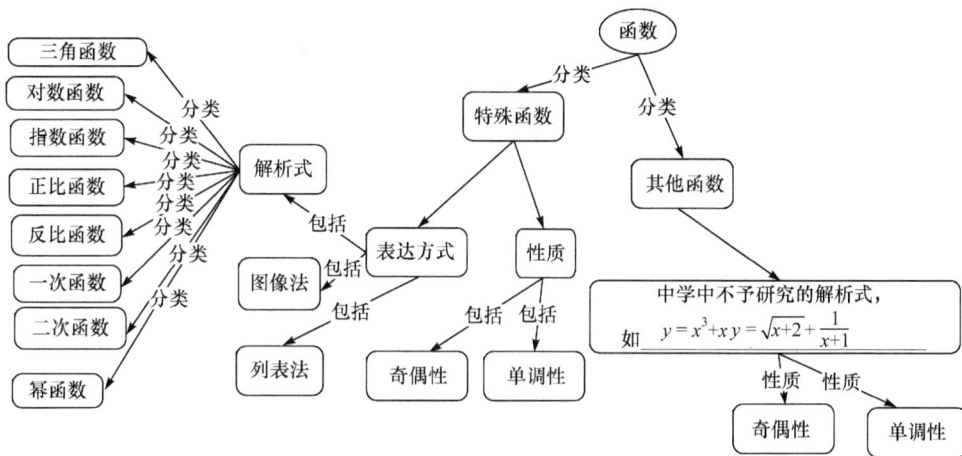

图 5.5　CN 教师绘制的函数概念

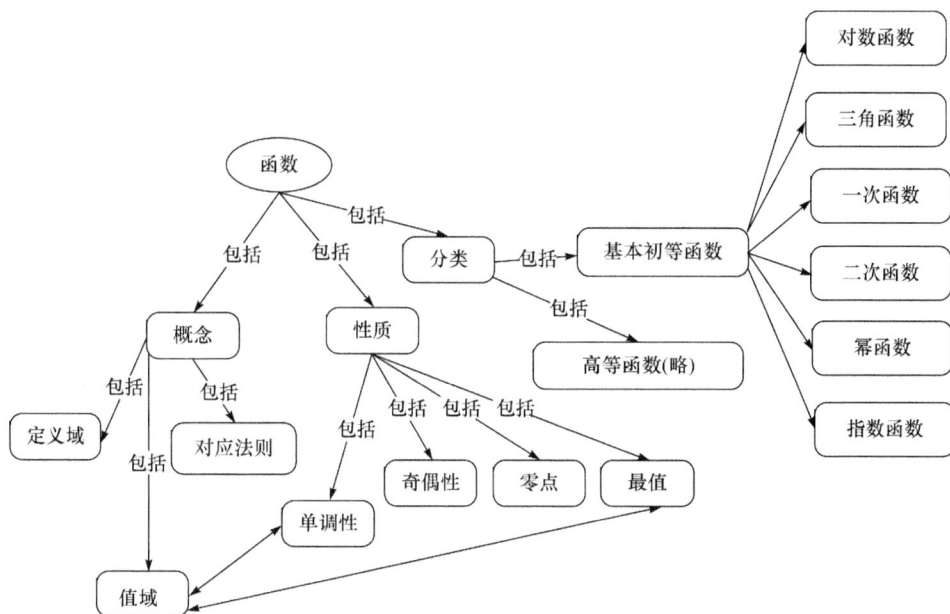

图 5.6　CE 教师绘制的函数概念

概念数略多于 CE 教师; 再从 HSS 方面来看, 两位教师的表现是差不多的. 最后, 从组块数和交叉连线数来看, CN 教师的知识整合性好于 CE 教师.

表 5.3　CN 教师与 CE 教师概念图的结构比较

结构	教师 CN 的概念图	教师 CE 的概念图
概念数	20	18
广度	2	3
深度	4	3
HSS	6	6
组块数	5	4
交叉连线数	3	1

　　虽然从上表中的概念图结构分析来看, 新手教师 CN 比经验教师 CE 表现要好. 但通过细致观察, 我们发现 CN 教师对"函数概念"的理解比较片面, 将函数分成两大类: 一类是基本函数, 另一类是其他函数, 缺少函数的定义. 而且, 她认为函数的解析式包括所有初高中所学的函数, 从中反映出她潜意识认为解析式就是函数. 相比较而言, CE 教师从定义、性质、分类三方面描述函数概念, 非常具有条理性.

5.3　关于学科内容知识的讨论

　　学科内容知识是指与教师任教学科相对应的专业知识. 学科内容知识是教学的主要载体和媒介, 缺少了它, 教学就如同无本之木、无源之水. 有关教师知识的研究表明教师对数学知识深刻理解极其重要, 对数学知识深刻理解的教师, 能够向学生揭示数学概念间的关联性与方法步骤间的连贯性(Ma, 1999).

5.3.1　对数学教学观的分析

　　教师的教学观是教师所信奉的, 对教育教学的基本观念, 是教师对什么是教育、教师、课程、学生、教学等问题的基本看法. 教师的教学观对于教学活动和教师自身的专业发展起到心理支撑的作用, 是教师学科教学知识的价值基准. 教师对数学教与学的认识与理解, 实则是教师对于"我是谁", "在数学教学中担任什么角色"以及"如何充当这个角色"的反思.

　　新手教师 AN 认为, 数学教师如同"篮球教练"一般, 数学教师的角色是训练者的角色, 与学生之间的关系是: 学生是不成熟的"运动员", 而数学教师是有能力的、经验丰富的指导者, 学生可以从教师那里获得正确的方法, 从而获得进步.

BN 教师数学教与学的观念非常一致, 她认为学习数学就像做 "拼图游戏" 一样, 而数学教师的定位是充当 "训练学生思维的人", 与学生之间是训练与被训练的关系, 学生是不成熟的 "受训员", 而数学教师是具有专业能力的指导者, 为学生传经送宝, 使其获得新的知识与技能. 在她看来, 数学与思维密切联系, 格外强调思维的逻辑性, 这一点在她的教学中表现更加明显, 她总是再三强调做题的步骤. CN 教师认为数学教师就像 "乐队指挥", 即以教师为中心, 指引前进的方向, 学生在她的指挥引领下获得正确的方向.

新手教师在对数学学习的认识上达成共识, 认为数学学习就像 "拼图游戏", 体现数学学习的趣味性, 突显思维的逻辑性. 因此, 新手教师更多地认为自己是引导学生思维, 训练学生方法的专业人员. 他们认为数学教学的工作是 "专业的", 更愿意以一个工作者和专业人员的身份来看待自己工作. 他们的教学观中, 蕴含着具体的数学教学方法、训练思维、强化解决问题的步骤等.

经验教师的教学观有所不同, 经验教师更多地认为自己是诊断学生的病因、培育学生发展、构建学生未来的人. 他们将学生看作有不同教育需求的个体, 尊重学生的个体差异, 帮助他们的学习和成长. AE 教师将数学教师比喻成 "医生", 他希望通过 "望、闻、问、切" 或 "专业诊断仪器" 获悉学生错误理解的症结所在, 根据学生的问题 "对症下药". 他将数学学习比作 "建造房屋", 根据需要 "对图纸进行修改". 这里, 二者都强调根据具体问题进行针对性分析. BE 教师认为自己是 "园丁", 教师要通过自己的辛勤劳动换来学生的成长, 即 "用爱心和汗水浇灌、培育每一株幼苗". 在她叙述中, 无不体现对教师行业的热爱之情, 对教师工作的情感认同, 对学生的深切关爱. 她将学生的不同需求铭记在心, "有的需要施肥, 有的需要松土, 有的需要浇水", 针对每个学生不同的特点采用不同的教学方法. CE 教师把自己比喻成 "建筑工程师", 学生是有迥异的学习情况, 教学是有待修正的不成熟的设计. 在整个教学过程中, 教师根据学生不同的情况, 通过不断修正教学环节, 与学生一起达成教学目标.

经验教师在对数学学习的认识上, 有人认为像 "建造房子", 也有人认为像 "做实验", 体现数学应用性, 比较关注数学知识的发生、发展、形成以及应用过程. 从经验教师的教学观当中可以看到一个共同特征——更多地关注学生的个体差异, 将学生的特点与需要作为自己教学工作的首位, 关注怎样的教学才能对每个学生起作用, 让每个学生获得发展. 此外, 经验教师的叙述中很少涉及具体的数学教学方法, 而更多地倾向于教师的道德感和责任意识. 无论是 "医生", 是 "园丁", 还

是 "建筑工程师"，都无私地倾注大量心血在病人、树苗、工程质量上.

5.3.2　对核心概念的分析

具有较强的数学和教育双重专业能力的教师，首先能够深刻理解数学(Ma, 1999)，了解概念的内涵、背景、相关概念和概念的发生、发展过程等(章建跃, 2009). 高中函数概念需要更深层次的数学理解，正如 Bruner(1977)在《教育的过程》中所指，如果所学习的概念越基础或越基本，甚至几乎都是由定义构成的，那么它应用于新问题的广度就越大. 的确，函数概念反映了教师对函数内容的深刻领悟，以及函数概念背后其他概念的洞察力.

新手教师 AN，尽管他获得数学专业的理学硕士学位，但是对函数概念理解并不深刻，认为函数是变量的对应关系. 对函数概念的结构体系比较单一，前后知识点的关联局限于本章内容，从广度和深度上都没有达到知识的网络化. 与 AN 教师相比，BN 教师对函数概念的理解比较全面，准确地抓住函数概念的发生发展过程，清晰地阐述函数是集合的对应关系. 她提出学习像函数这样的核心概念，需要区分不同年龄阶段的概括层次(如 "变量说"、"对应说"、"关系说")，在初中阶段函数概念强调 "变量说"，在高中阶段强调对应说. CN 教师对函数概念的理解比较粗浅，认为是 "变量按照某一法则做出相应的变化"，侧重变量的依赖关系，缺乏从集合的角度认识函数概念的意识. 在绘制概念图环节，虽然图中涉及的概念数比较多，但是结构分类比较片面.

相比之下，经验教师对函数概念的理解比较深刻. AE 教师认为，函数就是集合之间的对应关系，"函数是中学数学重要的概念之一，起着承上启下的作用，它是初等数学和高等数学衔接的纽带"，形成函数各个知识点之间的网络化. BE 教师对函数概念的理解比较全面，认为函数是集合之间的对应关系，需要把握函数 "一一对应" 的本质特征. 她能够清楚地把握函数概念的发展脉络，概念图所涉及的知识点较多，关注函数知识体系的结构. 然而，CE 教师将函数看作变量的对应关系，强调是怎么样的对应关系，即 "每一个""唯一确定"，不能从集合的角度来看函数的定义，普遍停留在初中的 "变量说" 定义上.

对新手教师与经验教师概念图的结构比较后进行汇总，结果如表 5.4 所示. 从表中可以看出，在概念数、深度、组块数方面的数据，经验教师优于新手教师. 这些说明经验教师与新手教师相比，对 "函数概念" 知识的理解更加深刻. 从概念数来看，经验教师所涉及的知识点多达 78 个，超出新手教师 27 个概念. 这说明，专家教师比新手教师对函数概念的理解更加广博. 从深度来看，经验教师对函数概念的掌握略好于新手教师，能够联系与函数相关的概念性很强的知识点. 从 HSS

来看, 经验教师比新手教师覆盖面广, 能够联系起那些与函数概念相似的或概念性较弱的内容. 从组块数来看, 新手教师的知识块数量明显少于经验教师的知识块数量, 这表明经验教师的知识整合程度较高, 能防止学生学到的知识支离破碎. 值得注意的是, 新手教师在交叉连线数上的表现略好于经验教师.

表 5.4　新手教师与经验教师概念图的结构比较

结构	新手	经验
概念数	51	78
广度	19	19
深度	10	9
HSS	29	28
组块数	10	15
交叉连线数	3	3

第6章 课程知识

　　课程知识是构成数学课程的基本要素, 是实现"数学育人"的基本载体. 因此, 课程内容的选择和组织是数学课程编制的核心问题. 数学课程知识是以数学课程目标为依据, 从基础数学体系中精选出核心部分, 并按照一定逻辑次序组织编排而成的数学知识和经验体系. 本章主要研究在函数专题下, 教师对教学目标的把握, 对教学内容的选择与顺序安排, 依据相互间的联系可以推知学生在过去学了哪些知识, 将来又要学习哪些知识. 本章着重比较三组新手教师与经验教师在函数内容教学中所掌握的课程知识差异, 剖析新手教师与经验教师在课程知识方面的特征, 为探讨学生理解的知识、效果反馈的知识与教学策略的知识打下基础.

6.1　教学目标知识

　　剖析新手教师与经验教师对教学目标的把握, 先从其教学设计(附录6)入手. 通过课堂观察、跟踪访谈等手段分析三组数学新手教师与经验教师进行的课堂教学, 着重比较他们在教学活动中对教学目标理解的差异.

　　本书按照高一函数概念的形成与发展过程, 从《高级中学课本数学高中一年级第一学期(试用本)》第3章"函数的基本性质"和第4章"幂函数、指数函数和对数函数"选取以下三个专题:

　　专题一: 函数的定义;

　　专题二: 函数的基本性质;

　　专题三: 基本初等函数.

　　这是基于理解函数概念本质为线索, 将函数的定义、函数的基本性质、三类基本初等函数有机地组成一个整体, 逐步深入地理解函数概念. 首先, 建立函数概念. 从背景实例出发采用归纳的形式引入函数概念, 由于函数概念的高度抽象性, 学生真正理解函数概念需要一个漫长的过程. 其次, 分析典型实例的共同特征概括出函数基本性质. 通过讨论函数的表示、基本性质来初步理解函数, 它们从函数的表现形式与变化规律两个方面丰富对函数概念的认识. 最后, 以三类基本初等函数为载体巩固函数概念. 在学习了函数定义、基本性质之后, 从一般概念的讨论进入到具体函数的学习. 幂函数、指数函数与对数函数的概念及其性质都是一般函数概念及性质的具体化. 这三个专题, 体现了"具体—抽象—具体"的过程, 是概念理解的深化.

6.1.1 专题一: 函数的定义

1. 函数的概念

本节课是上海市二期课改数学教材(试用本)高中一年级第一学期第 3 章 "函数的基本性质" 中的 "3.1 函数的概念" 的第一课时. 《上海课程标准》规定的学习要求是, 加深理解函数的概念, 熟悉函数表达的解析法、列表法和图像法, 懂得函数的抽象记号以及函数定义域和值域的几何表示, 掌握求函数定义域的基本方法, 对函数的值域只要求在简单情形下能通过观察和分析进行确定(上海市教育委员会, 2004). 《普通高中数学课程标准(2017 年版)》对函数概念的要求: ①在初中用变量之间的依赖关系描述函数的基础上, 用集合语言和对应关系刻画函数, 建立完整的函数概念, 体会集合语言和对应关系在刻画函数概念中的作用, 了解构成函数的要素, 能求简单函数的定义域; ②在实际情境中, 会根据不同的需要选择恰当的方法(如图像法、列表法、解析法)表示函数, 理解函数图像的作用; ③通过具体实例, 了解简单的分段函数, 并能简单应用(中华人民共和国教育部, 2018).

由于 A 校采取备课组集体备课, 所以 AN 教师和 AE 教师的教学设计是相同的. 笔者通过课后访谈收集教师的教学目标, AN 教师和 AE 教师的教学目标如表 6.1 所示.

表 6.1　AN 教师和 AE 教师对 "函数的概念" 设置的教学目标

AN 教师	AE 教师
● 掌握函数的概念和记号, 以及与函数概念相关的一些定义, 函数的三要素:定义域、对应法则、值域	● 通过丰富实例, 进一步体会函数是描述变量之间的依赖关系的重要数学模型. 理解函数的概念, 理解函数的三要素及函数符号的深刻含义. 判断一些变量关系是否为函数
● 理解图像也是函数的一种表示形式, 掌握函数图像的特征	● 了解函数表达的解析法、列表法和图像法
● 会求简单函数的定义域、值域	● 掌握函数图像特征, 判断一些图像是否为函数图像
● 掌握两个函数是同一函数的条件	● 会求一些简单函数的定义域、值域

从新手教师和经验教师的教学目标来看, 他们基本都谈到了课程标准中的所述目标. 现在具体来看一下, AN 教师有四个教学目标, 第一个目标是对函数概念的理解, 后三个目标是对函数概念的应用, 即用函数的定义判断函数的图像、求函数的定义域与值域、判断同一函数. 虽然在课上, AN 教师都无一遗漏地涉及上

述四个目标, 但是在第一个教学目标的达成上就出现了问题. AN 教师仅通过两个实例引入函数概念, 并拿着教材把定义朗读了一遍, 未对概念进行解析, 没有达到 "加深理解函数的概念, 熟悉函数表达的解析法、列表法和图像法" 这个教学目标. 笔者发现, AN 教师完全遵循备课组的教学设计进行授课, 没有进行修改, 也没有进行选择性地讲授, 由此 "经常存在就是上不完课的现象"(AN-HS-FT). 教学设计中判断函数图像的例题和判断同一函数的例题, 重复性较多, 没有达到例题精讲的效果, 这一点将在第 9 章详细说明.

显然, AE 教师没有将 "判断同一函数" 列为这节课的教学目标, 他认为 "判断同一函数, 我记得在一期课改的教材中是有的, 原来的教材指出同一函数就是定义域相同、对应法则相同. 现在的教材不讲同一函数, 但仍需要学生会做类似的题目. 按照教参这节课只有一个课时, 教学任务非常紧张, 根本达不到今天的教学目标"(AE-HS-FT). 虽然与 AN 教师用同一个教学设计, 但是 AE 教师做了很大的改动, 全然看不出是遵循同一个教学设计.

2. 函数关系的建立

本节课是第 3 章 "函数的基本性质" 中的 "3.2 函数关系的建立" 的第一课时. 《上海课程标准》规定, 函数关系的建立的学习要求是, 通过解决具有实际背景的简单问题, 领会分析变量和建立函数关系的思考方法, 体验函数模型建立的一般过程, 加深对事物运动变化和相互联系的认识, 初步会用函数观点去观察和分析一些自然现象和社会现象(上海市教育委员会, 2004).

AN 教师与 AE 教师的教学目标如表 6.2 所示, 从教学目标的维度来看, 两位教师都包含知识维度和能力维度. 所不同的是, AE 教师更加关注学习如何 "建立函数关系" 的过程, 即课程标准中的 "体验函数模型建立的一般过程". 在他看来, "如何求函数的解析式, 关键是把 x 当作已知数, 然后去想如何去求 y. 这样(对学生来说)好理解一些, 不然总是去想解析式问题, 学生搞不清楚要做什么, 这样就比较明确一些. 大多数按照这个思路去求的话, 函数关系都是可以找到的"(AE-JL-FT).

表 6.2　AN 教师和 AE 教师对 "函数关系的建立" 设置的教学目标

AN 教师	AE 教师
● 根据已知条件, 建立函数关系式 ● 通过函数关系的建立, 培养学生的数学应用意识	● 学习建立实际问题的函数关系, 会将变量 y 表示为变量 x 的函数关系 ● 通过函数关系的建立, 培养学生分析问题与解决问题的能力

通过以上两个专题的分析, 发现 AN 教师和 AE 教师所设计的教学目标与课程标准相一致. 此外, 他们对学习数学的目的观影响了其具体内容的教学目标. AN 教师把数学当作一门基础学科来学习, 表现出没有过多思考学习数学的目的与意义, 所设置教学的目标比较教条. AE 教师强调数学的应用性, 关注学生学习数学的过程, 因此格外强调知识的理解、知识的获得与知识的应用.

6.1.2　专题二: 函数的基本性质

1. 函数的奇偶性

这三节课依次选自高中一年级第一学期第 3 章 "函数的基本性质" 中的函数奇偶性、函数单调性、函数最值.《上海课程标准》规定的学习要求是, 在直观认识函数基本性质的基础上, 从具体函数到抽象表示的函数对其奇偶性、单调性、零点、最大值和最小值等基本性质进行解析研究; 掌握函数的基本性质以及反映这些基本性质的图像特征(上海市教育委员会, 2004).《普通高中数学课程标准(2017 年版)》对函数性质的要求: ①借助函数图像, 会用符号语言表达函数的单调性、最大值、最小值, 理解它们的作用和实际意义; ②结合具体函数, 了解奇偶性的概念和几何意义; ③结合三角函数, 了解周期性的概念和几何意义(中华人民共和国教育部, 2018).

BN 教师和 BE 教师的教学目标如表 6.3 所示, 从表中我们可以看出, BN 教师的教学目标比 BE 教师的教学目标的内容相对丰富. BN 教师认为,

函数的奇偶性是函数性质部分的第一阶段, 主要用于研究函数的对称性问题, 或关于 y 轴对称, 或关于原点对称. 本节课的重点是理解和掌握函数的奇偶性的定义, 能够从图形与符号语言两个角度来描述函数的奇偶性, 能够根据定义证明简单函数的奇偶性, 同时这节课主要通过学生的小组活动, 能够对已经学过的简单函数的奇偶性予以判断, 并了解证明函数奇偶性的基本方法和主要步骤. (BN-JO-FT)

表 6.3　BN 教师和 BE 教师对 "函数的奇偶性" 设置的教学目标

BN 教师	BE 教师
● 结合具体函数了解奇偶性的含义, 能利用函数的图像理解奇、偶函数的概念	● 理解偶函数与奇函数的概念; 掌握判断函数的奇偶性的一般方法; 明确定义域关于原点对称是函数具有奇偶性的必要非充分条件, 知道奇函数与偶函数的图像特征
● 掌握判断一些简单函数的奇偶性的方法, 并运用奇偶性解决一些简单问题	
● 经历奇函数、偶函数概念的形成过程, 培养学生的观察判断、抽象概括能力	● 通过对偶函数的学习, 促进对奇函数的自我观察、比较、分析、概括等能力. 发展运用数学语言进行表达、交流的能力, 从 "数" 和 "形" 两个角度来验证函数的奇偶性
● 渗透由形及数、数形结合的数学思想, 并学会由特殊到一般的归纳推理的思维方法	

BE 教师的教学目标相对更加细致一些, 教学时她采取先教偶函数再教奇函数的方法, 即在学生理解偶函数的概念、证明简单偶函数的基础上, 再学习奇函数, 实现了"通过偶函数的学习, 促进学生对奇函数的观察能力, 比较、分析、概括等能力的提高"的教学目标.

2. 函数的单调性

BN 教师和 BE 教师的教学目标如表 6.4 所示, 观察表得知, BN 教师与 BE 教师的教学目标都是三个. 但是相比较而言, BE 教师的教学目标更加明确化. 她强调从"数"与"形"两方面来理解单调性的概念, 以及图形语言、文字语言、符号语言三者的相互转化. BE 教师在教案中谈到: "函数的单调性这一性质, 学生在初中所学函数中曾经了解过, 但是只是从图像上直观观察上升或下降. 而现在要求他们上升到用数学符号语言表述的高度, 用准确的数学语言去刻画它, 对高一的学生来说是比较困难的. 因此, 要在概念的形成上下功夫."(BE-DD-FT)而 BN 教师的教学目标就相当于一个"骨架", 从教学目标无法反映出教师如何具体地实施目标.

表 6.4　BN 教师和 BE 教师对"函数的单调性"设置的教学目标

BN 教师	BE 教师
● 理解单调函数、单调区间的概念, 能根据函数的图像指出单调性、单调区间, 能运用函数的单调性定义来证明简单函数的单调性 ● 通过对函数单调性的学习, 让学生体会数形结合的思想 ● 渗透先观察后归纳、先猜想后论证的数学思想, 培养学生发现问题、解决问题的能力	从数与形两方面理解函数单调性的概念, 学会利用函数图像理解和研究函数的性质, 初步掌握利用函数图像和单调性定义判断、证明函数单调性的方法 ● 通过对函数单调性定义的探究, 渗透数形结合的数学思想方法, 培养学生观察、归纳、抽象的能力和语言表达能力; 通过对函数单调性的证明, 提高学生的推理论证能力 ● 通过知识的探究过程培养学生细心观察、认真分析、严谨论证的良好思维习惯, 让学生经历从具体到抽象、从特殊到一般、从感性到理性的认知过程

3. 函数的最值

BN 教师和 BE 教师的教学目标如表 6.5 所示, 纵观 BN 教师在"函数的奇偶性"和"函数的单调性"上的教学目标, 都遵循一个模式: 先是定义的理解、掌握解法, 再体会数形结合的思想, 最后培养解决问题的能力. 在"函数的最值"中, BN 教师仍采用这种"骨架"式的教学目标. 而 BE 教师的教学目标更加具有可操作性, 明确指出需要掌握二次函数在定区间上的最值问题, 能正确预见学生的学习经验, 能充分考虑到教学的前后关系. 正如她在教案上所言, "求最值的问题在不等式章节中用基本不等式求最值就已经出现过了, 这里主要是研究二次函数的问题. 本节课是二次函数最值问题的第一节课, 只要解决在 **R** 上, 以及在固定定义域上的最值即可". (BE-ZZ-FT)

通过对专题二的分析, 发现 BN 教师和 BE 教师所设计的教学目标与课程标准相一致. BE 教师的教学目标更加细致, 具有可操作性. 此外, 他们对数学教与学的观点颇为一致, 就是培养学生的思维能力.

表 6.5 BN 教师和 BE 教师对 "函数的最值" 设置的教学目标

BN 教师	BE 教师
● 理解和掌握函数的最大值与最小值的定义, 掌握几种类型的函数最值的求法 ● 学会 "转化" 与 "数形结合" 的思想方法 ● 领悟、懂得数学既是从现实原型中抽象出来的, 又是随着本身的发展而逐步得到完善的	● 理解函数最值的概念, 会用函数的单调性找出二次函数在给定区间上的最值过程与方法 ● 经历求二次函数最值的求法, 归纳求二次函数在给定区间上最值的一般方法 ● 感知函数单调性在函数最值当中的求法, 提高观察、分析、归纳、概括的能力, 体验函数思想、数形结合与分类讨论的数学思想方法

6.1.3 专题三: 基本初等函数

本节主要分析 CN 教师与 CE 教师在三节课上的教学目标. 这三节课依次选自《高级中学课本数学高中一年级第一学期(试用本)》第 4 章 "4.1 幂函数的基本性质与图像" "4.4 对数概念及其运算" "4.5 反函数的概念".

1. 幂函数的基本性质与图像

《上海课程标准》规定的学习要求是, 以简单的幂函数、二次函数为例, 研究它们的性质, 体验研究函数性质的过程和方法.《普通高中数学课程标准(2017 年版)》对幂函数的要求: 通过具体实例, 结合 $y = x$, $y = \dfrac{1}{x}$, $y = x^2$, $y = \sqrt{x}$, $y = x^3$ 的图像, 理解它们的变化规律, 了解幂函数(中华人民共和国教育部, 2018).

CN 教师和 CE 教师的教学目标如表 6.6 所示, 可以看出, CN 教师和 CE 教师的教学目标都包括理解幂函数的定义、归纳概括幂函数的图像和性质. 但是在教学实施中, CN 教师力求第一次课让学生了解八个特殊幂函数的图像, 但最后下课小结的时候居然发现 "幂函数图像一定经过 (1,1), 这条性质今天没有讲到" (CN-MH-LX). 笔者分析 CN 教师的教案发现, 关于幂函数图像都通过 (1,1) 这一性质是小结的汇总表中出现的, 显然她是完全按照教学设计上课才出现了知识内容的缺漏.

表 6.6　CN 教师和 CE 教师对"幂函数的基本性质与图像"设置的教学目标

CN 教师	CE 教师
● 理解幂函数的概念，会画幂函数的图像，并能结合这几个幂函数的图像，了解幂函数的变化情况和性质，理解几个常见的幂函数的性质	● 了解幂函数解析式的特征，通过描点法和函数的性质画出几个典型的幂函数图像
● 通过观察、总结幂函数的性质，培养学生概括抽象和识图能力，使学生进一步体会数形结合的思想	● 对幂函数图像和性质进行归纳与概括，体验数学概念的形成过程，培养学生的抽象概括能力
● 通过生活实例引出幂函数的概念，使学生体会到生活中处处有数学，激发学生的学习兴趣	● 理解并掌握幂函数的图像与性质，并能初步运用所学知识解决有关问题，培养学生的灵活思维能力

相比较 CN 教师，CE 教师为达成教学目标，仅列举了五个特殊的函数. 他认为"通过五种特殊幂函数的性质和图像的研究，认识幂函数的共同性质和上述每种函数的特殊性质，从而巩固对函数一般性质的认识"(CE-MH-FT).

　2. 对数概念及其运算

《上海课程标准》规定的学习要求是，通过实例引入指数函数的概念，掌握指数函数的性质和图像；经历由指数式提出对数概念的过程，理解对数的意义；掌握积、商、幂的对数的性质；会用计算器求对数；提出问题引起关于换底公式的探求；初步掌握换底公式的基本运用；体会变换思想.(上海市教育委员会, 2004)

《普通高中数学课程标准(2017 年版)》对对数函数的要求：①理解对数的概念和运算性质，知道用换底公式能将一般对数转化成自然对数或常用对数；②通过具体实例，了解对数函数的概念，能用描点法或借助计算工具画出具体对数函数的图像，探索并了解对数函数的单调性与特殊点；③知道对数函数 $y = \log_a x$ 与 $y = a^x$ 互为反函数($a > 0$, $a \neq 1$)；④收集、阅读对数函数的形成与发展的历史资料，撰写小论文，论述对数发明的过程以及对数对简化运算的作用.(中华人民共和国教育部, 2018)

CN 教师和 CE 教师的教学目标如表 6.7 所示，非常有趣地是，由于集体备课，所以 CN 教师和 CE 教师的教学目标是一样的，但是他们对教学目标的理解各不相同.CN 教师在访谈中谈到："本节课教材就一个概念，即对数的概念，主要注意一下字母的取值范围，还有对数恒等式，对数式、指数式之间的互化. 其实这些东西讲起来还是蛮快的，就是练习比较多，前面讲一会儿就开始做练习啦. "(CN-DS-FT)在 CN 教师看来，目标的达成主要是通过"做练习".CE 教师认为："本节课是对数问题的第一课时，考虑到学生在接受新知识时可能存在的疑惑，因此要在对数概念的形成上重点讲解，和学生共同经历由指数式提出对数概念的过程. 由于指数、对数之间存在着互相转化的关系，所以我们可以结合指数的性质特点考察对数中对于底数、真数以及对数的取值范围的要求. "(CE-DS-FT)

表 6.7 CN 教师和 CE 教师对 "对数概念及其运算" 设置的教学目标

CN 教师	CE 教师
● 理解对数的意义，掌握底数、真数、对数的允许值范围	理解对数的意义，掌握底数、真数、对数的允许值范围
● 掌握对数式与指数式的互化，理解对数式中的底数、真数、对数与指数式中底数、幂、指数之间的对应关系	掌握对数式与指数式的互化，理解对数式中的底数、真数、对数与指数式中底数、幂、指数之间的对应关系
● 知道特殊对数的表示方法，会利用计算器计算常用对数值	知道特殊对数的表示方法，会利用计算器计算常用对数值
● 经历由指数式提出对数概念的过程；养成类比、转化的思维习惯	经历由指数式提出对数概念的过程；养成类比、转化的思维习惯

CN 教师将本节课定位成 "做练习"，通过练习强化知识. 而 CE 教师认为作为对数函数部分的第一节课，首先让学生有学习对数的主动性，对数概念的形成和概念的理解是本节课的重点内容. 这也体现了 CE 教师对概念教学的不惜时、不惜力，这也是众多专家教师的共识(章建跃, 2009). 此外，他还表示 "1 的对数为零，底的对数等于 1，这两个概念是难点，很容易记混. 明天课上，我还要向学生强调一下这个问题，让他们结合指数式来理解"(CE-DS-FT).

3. 反函数的概念

由具体事例和逆对应引出反函数的概念，经历探索互为反函数的两个函数图像之间关系的过程，并掌握其关系.(上海市教育委员会, 2004)

CN 教师和 CE 教师的教学目标如表 6.8 所示，两位教师的教学目标无外乎反函数概念的形成与认识，求简单函数的反函数，尤其是反函数定义域的确定. 他们都认为反函数的定义比较长，也比较抽象，学生阅读理解起来会感到有困难，因此重点放在概念的理解上. 但对概念的理解两位教师的态度不同，CN 教师认为"反函数定义的解释比较抽象，学生一开始比较难理解，但是通过后半节课利用例题的讲解来理解反函数的定义，这时学生心中就明朗许多"(CN-FH-FT).

表 6.8 CN 教师和 CE 教师对 "反函数的概念" 设置的教学目标

CN 教师	CE 教师
● 理解反函数的概念，了解原函数与反函数的联系与区别	理解反函数的概念，并能判定一个函数是否存在反函数
● 会求简单函数的反函数	掌握求反函数的基本步骤，并能理解原函数和反函数之间的内在联系
● 初步掌握函数与方程的思想方法，培养学生分析、归纳、抽象概括的能力	通过反函数概念的引入，函数及其反函数图像特征的主动探索，初步学会自主地学习、独立地探索问题
● 利用反函数的对应互逆性，培养学生的逆向思维能力	

CE 教师认为"反函数概念比较抽象, 由于没有一一映射、逆映射等概念的支撑, 学生难以从本质上把握反函数的概念. 其实, 概念中的描述就是求反函数的过程, 使得求反函数问题有法可依, 可以帮助学生体会求反函数步骤的合理性. 求反函数虽有明确的步骤, 主要是解一个方程和求一个值域, 但解的方程类型各不相同. 求解时, 怎样根据条件进行解的取舍, 是学生遇到的难题. 同时, 求函数值域也是多数学生感到困难的课题, 所以求反函数就成为本节的一个难点. 反函数的概念是教学中的难点, 原因是其本身较为抽象, 经过两次代换, 又采用了抽象的符号"(CE-FH-FT). 显然, CN 教师停留在通过操作、练习来增进概念的理解上, 但是, 如果概念都不清楚, 那么做题目只能是一知半解. 而 CE 教师比较强调概念的形成过程, 从他的教学目标中就可以看出来, 目标比较精准、细致, 描摹出整个教学步骤.

6.2　内容组织的知识

本节对内容组织的知识的探究, 主要包括课堂教学内容的组织安排和知识的纵向联系, 采用流程图的方式, 比较三组新手教师与经验教师的课堂教学内容组织安排, 通过访谈获悉所教授的内容是否与学生所学或将学知识广泛关联. 由于内容组织的知识与具体的教学内容有关, 因此本节主要分析三组教师在函数的定义、函数的基本性质和基本初等函数这三个专题上的差异.

这里先简要回顾一下初中、高中阶段函数的内容与要求. 初中阶段, 通过探索实例中的数量关系和变化规律, 了解常量、变量的意义, 了解函数的概念和三种表示方法; 能结合图像对简单实际问题中的函数关系进行分析; 能确定简单实际问题中的函数关系, 并会进行分析; 能确定简单实际问题中函数自变量的取值范围, 并会求函数值; 能用适当的函数表示法刻画简单实际问题中函数自变量的取值范围, 并会求出函数值; 能用适当的函数表示法刻画简单实际问题中变量之间的关系; 结合对函数关系的分析, 能对变量的变化情况进行初步讨论.

结合具体情境体会一次函数、二次函数、反比例函数的意义, 能根据已知条件求它们的表达式; 能画出它们的图像, 根据图像和函数表达式探索并理解图像的变化情况, 通过图像了解函数性质; 体会一次函数与二元一次方程、二次函数与一元二次方程的关系; 会用配方法求二次函数的顶点坐标, 并说出二次函数的有关性质.

高中阶段是在初中学习函数的基础上, 进一步理解函数是变量之间相互依赖关系的反映; 学习用集合与对应的语言刻画函数, 引进抽象符号表示函数; 较全面地学习函数的表示与性质; 强调函数是刻画现实事物变化规律的一种数学模型, 因此强调函数的背景、思想和应用; 强调与方程、不等式的联系, 注重用函数观点理解和解决方程、不等式的有关问题; 通过对指数函数、对数函数、幂函数、三角函数等基本初等函数的学习, 以具体函数为载体, 感受建立函数模型的过程与方法, 体会函数在数学和其他学科中的应用, 学会用函数思想解决简单实际问题. (章建跃, 2011)

这里主要分析人民教育出版社与上海教育出版社这两版高中数学教材(以下分别简称为"人教版"和"上教版")函数内容的编排. 人教 A 版对函数内容的发展主线: 函数的定义→函数的性质(奇偶性、单调性、最值) → 基本初等函数(Ⅰ)(指数函数、对数函数、幂函数) → 函数的应用(解方程、建模) → 三角函数. 上教版对函数内容的发展主线: 函数的概念(函数关系的建立、函数运算) → 函数的基本性质(奇偶性、单调性、最值) → 基本初等函数(幂函数、指数函数与对数函数) → 三角函数. 可见, 函数内容在两版教材中的发展主线基本相同, 仅在三个基本初等函数的编排顺序上略有不同.

6.2.1 专题一: 函数的定义

1. 函数的概念

根据 AN 教师和 AE 教师关于函数的概念教学的课堂观察和文本资料, 整理出教学内容组织图(图 6.1). 通过结合对应的教材内容, 比较 AN 教师和 AE 教师的组织安排, 不难发现两位教师对本节课的组织安排有差异.

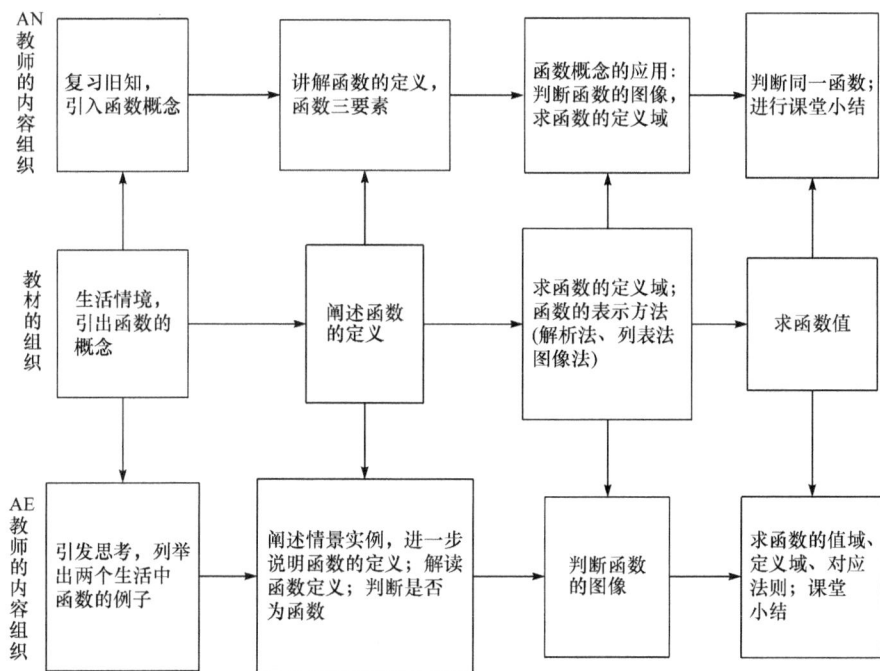

图 6.1 AN 教师和 AE 教师对"函数的概念"的内容组织图

　　AN 教师的教学内容部分沿用了教材的编排顺序与内容来组织教学, 教学内容容量大, 分别阐述了函数的概念、函数的三要素、根据函数概念判断函数的图像、求函数的定义域、判断同一函数. 但是, 教材中出现的函数三种表示方法在其授课中未曾指明. 这就造成学生在判断函数图像的时候, 对于散点图、分段函数的判断出现偏差和混淆.

　　当笔者问及有关教材或教案编排的问题时, 显然 AN 教师没有想过这个问题. 他的回答是, "我们是集体备课的, 就是按照教案上就好了, 也没什么想法的. 经常存在的现象就是上不完课, 这个时间太紧张了, 总在赶进度, 有时候也没有关注学生是否听懂"(AN-HS-FT). AN 教师所说的"上不完课", 一部分原因是他完全照搬教学设计、内容容量大, 没有根据学生和授课的实际情况进行修改、调整.

　　AE 教师在对函数概念深刻理解的基础上, 对内容进行重组, 他采取学生提前预习的教学, 因此先从课后练习题着手引发学生思考, 同时检测学生的预习效果. 教学内容按照提问列举生活中两个函数的例子, 解读函数的定义, 判断是否为函数, 练习判断函数的图像、函数的定义域、对应法则(三种表示方法)、值域, 求函数的定义域来展开, 体现了 AE 教师在内容的组织方面始终围绕概念的理解. AE 教师擅长通过感性函数来理性分析函数的定义.

　　AE 教师对教材和教案的编排都有自己的看法, 他拿出备课组的教案, 数了一下, 一共 4 页 A4 纸, 内容非常多. "教案中有关判断函数的图像和求函数的定义域的部分占了很多篇幅, 这是根本讲不完的. 教案中有关函数概念的引入, 是通过初中学过的解析式得来的, 势必让学生造成函数就是解析式的误解. 这与后面要学的函数关系的建立是有关系的, 函数关系的建立实际上就是把对应法则用解析式表达出来, 解析式只是一种表达方式, 并不是去找到解析式. 函数关系已客观存在, 我们如何用解析式语言把这个关系描述出来, 函数关系的建立就指这个. 因此我对教案进行了调整, 用了大半节课的时间让学生理解函数的概念, 但是函数是讲不清楚的. "(AE-HS-FT)

　　笔者追问, 这里讲不清楚是什么意思. 他回答道: "就是不知道学生是理解还是不理解, 有的时候学生做题目都会做的, 他们噼里啪啦都代进去做, 但具体 $f(x)$ 到底什么意思, 他们可能不懂. 这里 f 是什么, $f(x)$ 是什么, 对学生来说还是不太清楚. "(AE-HS-FT)

　　关于"函数的概念"这节课与前后哪些知识相联系, AN 教师表示"这节课与上一章的不等式有关, 而且高中函数概念与初中函数概念密切相关"(AN-HS-FT). 笔者继续追问是否还有时, AN 教师表示"没有其他内容了"(AN-HS-FT).

　　AE 教师从学生整个的学习过程来看, "函数是中学数学重要的概念之一, 起着承上启下的作用, 它是初等数学和高等数学衔接的纽带. 初中函数强调变量关系, 高中强调对应关系, 通过本章学习函数的概念、基本性质和图像等知识, 为后续章节研究幂函数、指数函数、对数函数、三角函数等打下牢固的基础, 而且本章求函数定义域与值域与前面学过的集合与不等式有关"(AE-HS-FT). AE 教师注重前后知识点的关联, 这一点亦可以从他绘制的概念图中看出.

2. 函数关系的建立

根据 AN 教师和 AE 教师"函数关系的建立"的课堂观察和文本资料, 整理出他们的教学内容组织图(图 6.2).

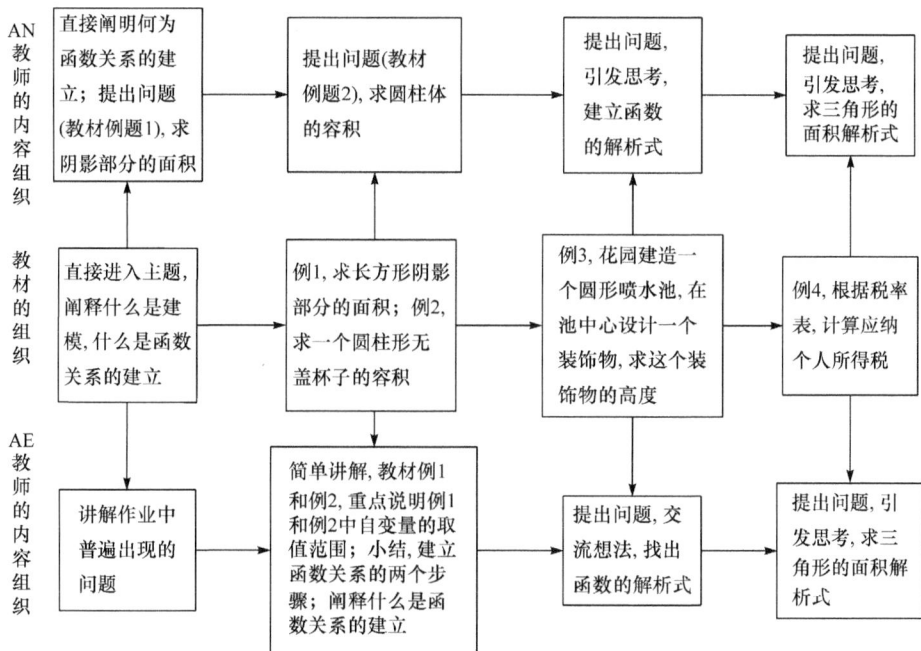

图 6.2 AN 教师和 AE 教师对"函数关系的建立"的内容组织图

通过结合对应的教材内容, 比较 AN 教师和 AE 教师的组织安排, 我们发现两位教师大致遵循了教材的编排. 当笔者问及有关教材或教案编排的问题时, AN 教师认为:

"这部分内容一共有 4 道例题, 例 1 是阴影部分面积, 例 2 是杯子的容积, 例 3 是喷水池水滴的下落, 例 4 是税收的问题. 前两个例题更加抽象一些, 后两个例题更加贴近生活, 联系实际. 后两个例题可以激发学生的学习兴趣, 让学生知道学习数学不仅是学习知识, 而且用这些可以解决生活中的问题. 对于那些认为学习数学一点用也没有的学生来说, 这些例题就是很有力的说明."(AN-JL-FT)

AE 教师对例题的安排跟 AN 教师的观点相同.

对于该专题的纵向联系, AN 教师认为, "在求 x 的取值范围时, 主要与初中的知识相联系, 比如求根公式, 同时也跟实际生活相联系"(AN-JL-FT). AE 教师认为, "这部分内容, 与初中学习的正比例函数、反比例函数、一次函数、二次函数有关, 培养学生用集合与对应的语言刻画函数. 由于这部分内容是从直观到解析、从具体到抽象研究函数的性质, 因此涉及不同背景的几何知识、物理知识、生活常识等, 比如相遇问题、增长率问题等"(AE-JL-FT).

此外在课间与同事交流的时候, AE 教师指出, 对于例题税收问题, 教科书有关 "税率按应纳税收入额的规定"(教材内容如图 6.3 所示)容易给学生造成误解. 他通过查阅税收的官方法律文件《中华人民共和国个人所得税法》发现, 原文件如表 6.9 所示. AE 教师通过查阅税收文件资料, 钻研教材, 发现官方文件的叙述比较容易理解. 他认为: "感觉教材本应该忠实于税收的法律文件, 引用原文件的语言表述, 但最后选用集合语言可能出于数学化的考虑. 上课的时候, 就需要教师帮助学生从集合语言 $(500,2000]$ 中解读出是'超过 500 元至 2000 元的部分'. 在此基础上, 帮助学生读懂、理解题意"(AE-JL-TY).

例 4　小明、小强和小红的爸爸每月工资分别为 1 500 元、2 500 元和 3 500 元, 问他们每月应交纳多少个人所得税.

解　首先要了解与个人所得税有关的背景情况, 例如国家的税法等. 2006 年 1 月 1 日起, 个人所得税法规定:

1. 个人每月的工资薪水收入中, 1 600 元为免税收入, 其余部分为应纳税收入;

2. 税率按应纳税收入额规定如下表 2:

表 2

应纳税收入额(元)	税率(%)
[0,500]	5
(500,2 000]	10
(2 000,5 000]	15
(5 000,20 000]	20
(20 000,40 000]	25
(40 000,60 000]	30
(60 000,80 000]	35
(80 000,100 000]	40
>100 000	45

图 6.3　教材有关所得税的例题

表 6.9 个人所得税税率表(工资、薪金所得适用)

级数	应纳税收入额	税率/%
1	不超过 500 元的	5
2	超过 500 元至 2000 元的部分	10
3	超过 2000 元至 5000 元的部分	15
4	超过 5000 元至 20000 元的部分	20
5	超过 20000 元至 40000 元的部分	25
6	超过 40000 元至 60000 元的部分	30
7	超过 60000 元至 80000 元的部分	35
8	超过 80000 元至 100000 元的部分	40
9	超过 100000 元的部分	45

杜威(2001)认为教学中使用的教材,如果不适合学生自身经验中已经激发出来的兴趣,或者不能引出具有某种意义的问题,则在理智的发展上是百害而无一利的. 这就需要教师尽可能以学生的亲身体验为基础编排处理教材,将传授的知识纳入学生现存的知识系统之中.

从以上两个专题的分析来看,我们发现 AN 教师对教材并没有形成批判性的理解,无法调整或重组较长的教材内容. 他完全按照备课组提供的教案进行教学,似乎没有意识到再次处理、加工教学设计的重要性. 而 AE 教师就显得比较灵活,会根据学生的情况和具体上课的进度来调整,勤于钻研处理教材. 从纵向知识来看,虽然 AN 教师也能关注初中与高中内容知识点之间的联系与衔接,但是多局限于本章的前后章节. 相比之下,AE 教师更加关注所学内容在整个数学知识体系中处于何种地位,有哪些作用,除了关注纵向联系外,还关注不同学科之间的横向联系.

6.2.2 专题二:函数的基本性质

本节通过分析 BN 教师与 BE 教师在函数奇偶性、函数单调性、函数最值三个内容上的表现,来比较她们的内容组织知识. 本研究主要关注教师如何组织数学教学内容、把握逻辑结构关系以及所教内容的纵向联系.

1. 函数的奇偶性

我们以教材中数学内容知识的编排顺序为依据,比较 BN 教师和 BE 教师是如何组织、串联知识点的,两位教师在函数奇偶性的教学内容组织图如图 6.4 所示.

BN 教师的内容组织	展示生活中有关轴对称和中心对称的图片	通过探索4个函数图像的特征，归纳图像之间的共同特征，建立奇函数和偶函数的概念；理解偶函数、奇函数的定义	证明函数的奇偶性；思考奇函数、偶函数的图像特征	练习偶函数、奇函数的简单证明；进行课堂小结
教材的组织	由照片中拱形架构的弧形段导入，引出关于y轴对称的函数图像	通过探究，建立偶函数的概念；偶函数的定义域的特征；偶函数图像特征；例1证明是偶函数	建立奇函数的概念；奇函数定义域的特征；奇函数的图像特征；例2证明是奇函数	练习判断函数的奇偶性
BE 教师的内容组织	展示生活中有关轴对称和中心对称的图片	展示和图像，寻找几何、代数特征；建立偶函数的概念，理解偶函数的定义，探索偶函数的图像特征；证明是偶函数	建立奇函数的概念，理解奇函数的定义，探究奇函数的图像特征	学生小组谈论，列举熟悉的奇函数和偶函数，并进行简单证明；课堂小结

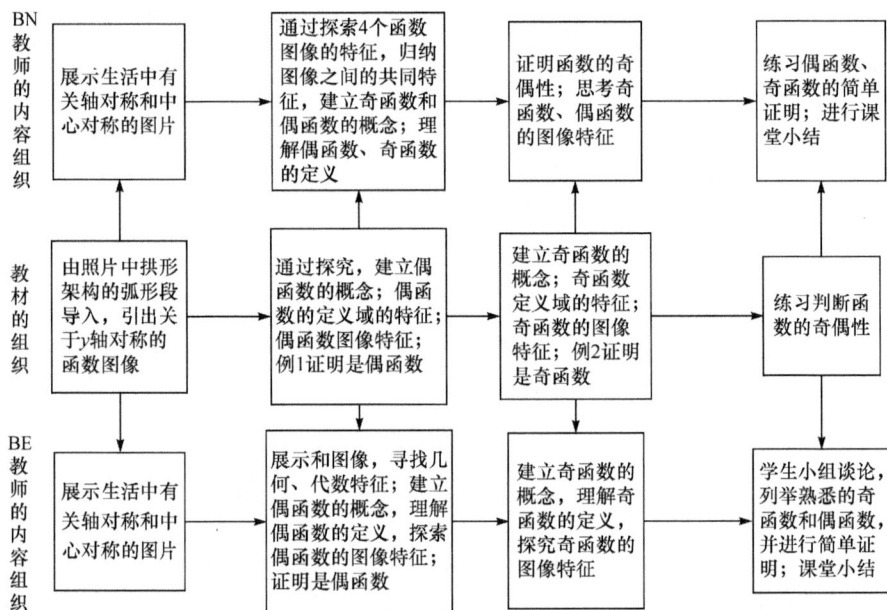

图 6.4　BN 教师和 BE 教师对"函数的奇偶性"的内容组织图

从 BN 教师和 BE 教师的内容组织来看，两位教师的教学内容均包括"对称图形的引入、建立偶函数和奇函数的概念、练习证明函数的奇偶性"这三部分. 但是在建立偶函数和奇函数的概念上两位教师存在差异, BN 教师将这部分分为引入偶函数、奇函数的概念，证明函数的奇偶性和观察图像特征，这里将两个函数放在一起学习定义和图像特征. 而 BE 教师把这部分内容分为偶函数的定义、证明和图像特征，奇函数的定义、证明和图像特征，这里是在掌握偶函数的基础上再学习奇函数. 看似这样的组织安排与教材的安排类似，教师也是先学习偶函数再学习奇函数，但是 BE 教师认为这种做法，是用偶函数的学习经验给奇函数的学习搭建了一个平台，这样"奇函数的学习只要类比着就过来了"(BE-QO-FT).

在知识的横向联系上，BN 教师认为："奇偶性是研究函数性质的第一块内容，与函数概念、图像、定义域、值域有联系，同时与后面的单调性、最值相联系. 奇偶性、单调性合起来就可以求最值了，所以书上把最值放在最后一块来讲，也是有道理的. "(BN-JO-FT)

BE 教师谈到了初高中知识的衔接，她认为："学生在初中已学过一些图像特征，比如中心对称、轴对称、上升、下降，通过以正比例函数、反比例函数、一次函数、二次函数的图像特征为载体，用类比的方法来研究奇函数和偶函数的定义与图像特征. "(BE-JO-FT)在课后反思中，她谈到这一点："本节课关注了课题引入的自然性，先研究函数图像的对称性导入课题，也是偶函数、奇函数概念的一个铺垫. 由初中的函数知识过渡到研究函数的性质, 体现初高中函数知识的衔接. "
(BE-JO-JA)

2. 函数的单调性

根据 BN 教师和 BE 教师的内容组织图(图 6.5), 对两位教师的函数单调性的
教学内容组织进行具体分析.

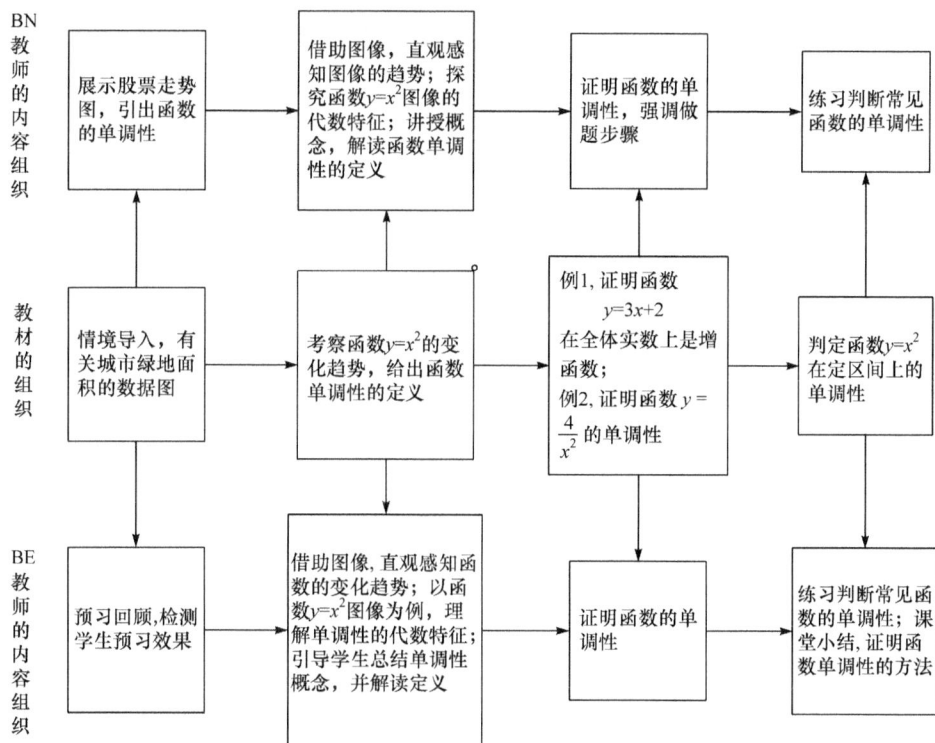

图 6.5 BN 教师和 BE 教师对 "函数的单调性" 的内容组织图

通过结合对应的教材内容, 我们发现 BN 教师和 BE 教师对本节课的内容组
织进行了不同程度的调整. 她们都没有采用教材中给出的 "城市绿地面积" 的引
入问题, BN 教师采用大盘走势图引入, 而 BE 教师通过复习回顾的方式引入, 这
种不同的教学方式将在第 8 章详细说明.BN 教师的教学内容有: 观察三组函数图
像指出图像特征, 给出函数单调性的概念, 概念解读, 证明函数 $f(x) = 3x + 2$ 在
整个实数域上是增函数, 总结一般步骤, 判断函数 $y = x^2 - 2x$ 的单调性并证明,
判断常见函数的单调性. 通过分析 BE 教师的教学内容与编排顺序, 发现其与 BN
教师大致相同, 可能归因于集体备课.

在知识的纵向联系上,BN 教师认为,"函数的定义域、奇偶性、单调性、最值是整个一块内容,为后续研究特殊函数的性质奠定基础"(BN-DD-FT). 在她看来,研究函数的性质,首先求函数的定义域,根据函数的奇偶性画出函数图像,根据单调的趋势看是否存在最值,再通过图像截图找出最值,所以三者前后联系较大.

BE 教师则认为:"函数的单调性起着承前启后的作用. 这里的承前就是,初中数学的许多内容在解决函数的某些问题中得到了充分运用,函数的单调性与前一节内容函数的概念和图像知识的延续有密切的联系;这里的启后就是,函数的单调性与奇偶性、最值,合称为函数的简单性质,是今后研究指数函数、对数函数、幂函数及其他函数单调性的理论基础. "(BE-DD-FT)此外,BE 教师认为函数单调性有着广泛的实际应用,在解决函数值域、定义域、不等式、比较两数大小等具体问题中均要用到. 函数的单调性在中学数学内容中占有十分重要的地位,它体现了函数的变化趋势和变化特点.

3. 函数的最值

根据 BN 教师和 BE 教师的内容组织图(图 6.6),对两位教师函数最值的教学内容组织进行具体分析.

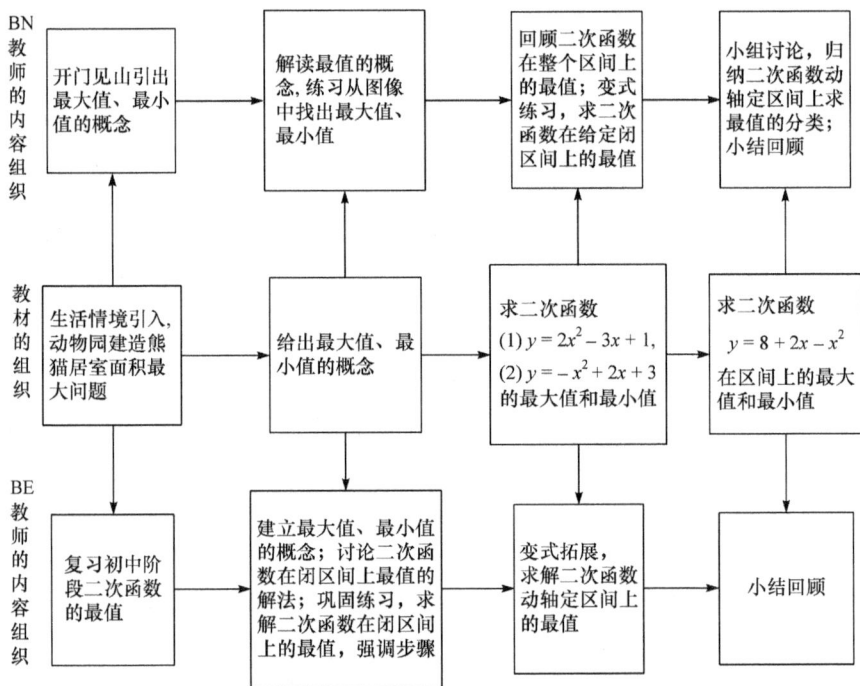

图 6.6　BN 教师和 BE 教师对"函数的最值"的内容组织图

我们发现, BN 教师和 BE 教师仍然延续上一节课的风格, 没有采用教材中给出的引入, 即 "熊猫居室面积最大问题". BN 教师采取开门见山, 直接讲授最大值、最小值的概念; BE 教师通过复习初中二次函数的最值问题来引出最值概念. BN 教师的教学思路为: 解析最值概念, 从图中找出最大值、最小值, 讲解教材中的例 1(求 $y=-x^2+2x+3$, $y=2x^2-3x+1$ 的最值), 总结二次函数在 $\mathbf{R}$ 上求最值的具体情况, 函数 $y=x^2-2x$ 在 5 个定区间上的最值, 变式 $y=x^2-2bx+1$ 在某一定区间上的最值, 小组讨论分类情况, 变式练习 $y=ax^2-2ax$ 在定区间上的最值, 小结.

BE 教师依照教材中的问题将其转换为以下教学顺序: 讲解教材中的例 1 (求 $y=-x^2+2x+3$, $y=2x^2-3x+1$ 的最值), 讲解最值概念, 探究函数 $y=-x^2+2x+3$ 在某一定区间上最值的解法, 学生自编题目、练习, 探究变式函数 $y=-x^2+2ax+3$ 在某一定区间上最值的解法和分类情况, 小结. 从内容组织顺序来看, BN 教师似乎比 BE 教师更为层层深入地对知识点进行深化, 但仔细分析发现, BN 教师的设计具有明显地代替学生思考、降低任务难度的作用. 例如, BN 教师让学生小组讨论获得二次函数动轴定区间求最值的分类方法, 实际上在前一例题求 5 个定区间的最值上, 就为讨论的结果做好铺垫, 降低了任务的水平; 而 BE 教师是在师生共同探究的过程中, 让学生体验分类的方法, 体会由分 3 类到分 4 类的变化. BE 教师对教学环节的设计具有低起点、小坡度的特点, 体现对知识点进行深化、拓展和迁移的教学思维特点.

对于 "函数最值" 的纵向联系, BN 教师认为 "奇偶性、单调性、最值之间是一个不可分割的整体, 不管哪一块内容都与其他两块内容是紧密联系在一起的, 函数最值是里面最精彩之笔"(BN-ZZ-FT). BE 教师认为函数最值主要与二次函数相联系, 是对初中学习二次函数的一个深化. 她还提及 "二次函数在闭区间上的最值问题是近几年高考的热点, 也是重要的题型之一. 因为今天是第一次课, 所以内容的安排上选择求不带任何参数的二次函数在 $\mathbf{R}$ 上以及整个定义域上的最值, 目的是要求每个同学都能理解, 都能做出来"(BE-ZZ-FT).

从知识的联系来看, BN 教师始终强调奇偶性、单调性、最值是一个整体, 即函数的基本性质, 为后续章节研究函数的性质做准备. 而 BE 教师能够对奇偶性、单调性、最值分别阐明它们在初高中知识点之间的衔接中有何作用. 此外, 她还强调函数的基本性质对研究简单的初等函数奠定理论基础. 这一点, 从 5.2 节中 BE 教师所绘制的函数概念图亦能反映出来.

6.2.3 专题三: 基本初等函数

本节分析 CN 教师与 CE 教师在幂函数的基本性质与图像、对数概念及其运算、反函数的概念这三个内容上的表现, 比较他们的内容组织知识.

1. 幂函数的基本性质与图像

我们以教材中数学内容知识的编排顺序为依据, 具体分析 CN 教师和 CE 教师在幂函数上的内容组织图(图 6.7).

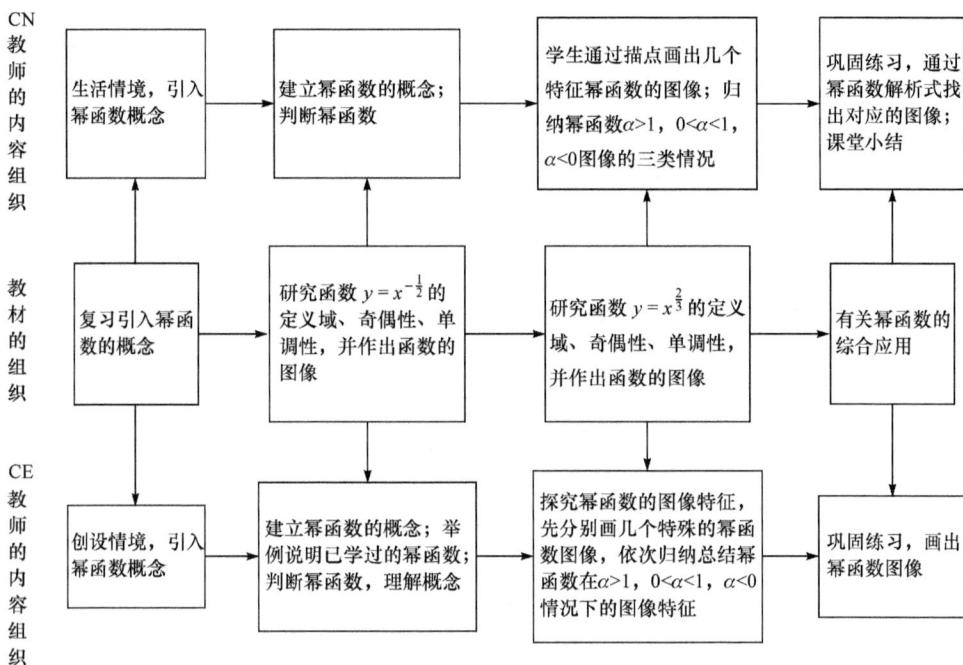

图 6.7　CN 教师和 CE 教师对 "幂函数的基本性质与图像" 的内容组织图

CN 教师采取先画几类特殊的幂函数图像, 通过比较图像特征, 归纳出幂函数 $\alpha>1$, $0<\alpha<1$, $\alpha<0$ 的图像特征, 练习巩固. 但是 CN 教师引导学生学习是围绕教师的教进行的, 教师按部就班地进行讲解, 学生主要是执行教师的指令. 当学生对教师提供的图像做出教师预期的回答(甚至不是教师预期的回答)时, 教师总是通过选择疑问句诱导学生说出答案, 马上进入下一个知识点, 因此学生对幂函数图像的分类出现混淆、不理解的情况. 此外, CN 教师在巩固练习的选择上不够具有代表性, 题量较大, 没有达到以点带面的效果.

CE 教师采取及时归纳的组织方式, 例如, 分析函数 $y=x^2$, $y=x^3$ 的基本性质, 画出函数图像, 比较两个函数图像之间的关系, 归纳出幂函数 $\alpha>1$ 的图像特征; 再分析函数 $y=x^{\frac{1}{2}}$, $y=x^{\frac{1}{3}}$ 的基本性质, 画出函数图像, 归纳出幂函数 $0<\alpha<1$ 的图像特征; 分析函数 $y=x^{-2}$, $y=x^{-\frac{1}{2}}$ 的基本性质, 画出函数图像, 归纳出幂函数

$\alpha < 0$ 的图像特征; 最后, 总结幂函数在第一象限的图像特征, 巩固练习. CE 教师选取几个学生熟悉的幂函数 $y = x^2$, $y = x^3$, $y = x^{\frac{1}{2}}$, $y = x^{\frac{1}{3}}$ 进行描点作图, 从函数的选取上看存在一致性, 为以后学习反函数的图像特征埋下伏笔.

在知识的纵向联系上, CN 教师认为"幂函数是上一章函数的概念、定义域、值域、函数基本性质的一个具体应用, 幂函数还对后面学习指数函数打下伏笔"(CN-MH-FT).

相比较而言, CE 教师的认识比较全面, 他认为"幂函数是基本初等函数之一, 是在学生系统学习了函数概念与函数性质之后, 全面掌握有理指数幂和根式的基础上来研究的一种特殊函数, 是对函数概念及性质的应用. 从教材的整体安排看, 学习了解幂函数是为了让学生进一步获得比较系统的函数知识和研究函数的方法, 为今后学习三角函数等其他函数打下良好的基础. 在初中曾经研究过 $y = x^0$, $y = x$, $y = x^2$, $y = x^{-1}$ 四种幂函数, 这节内容是对初中有关内容的进一步的概括、归纳与发展, 是与幂函数有关知识的高度升华"(CE-MH-FT).

与 CE 教师相比较, CN 教师仅关注到幂函数与前一章节、本章其他内容的关联度. 而 CE 教师还提到幂函数在初高中知识的衔接, 学生经过初中的学习已经了解有理指数幂和根式的基本运算, 也接触过一些简单的幂函数. 他在课上主要研究了六种幂函数 $y = x^2$, $y = x^3$, $y = x^{\frac{1}{2}}$, $y = x^{\frac{1}{3}}$, $y = x^{-2}$, $y = x^{-\frac{1}{2}}$, 其中两种学生比较熟悉. 这种通过复习旧知学习新知的组织方式, 体现了知识安排的环环紧扣和知识的发生、发展过程. 同时, 他还指出, 对幂函数的学习是为了让学生了解系统地研究一类函数的方法.

2. 对数概念及其运算

我们以教材中数学内容知识的编排顺序为依据, 具体分析 CN 教师和 CE 教师在对数概念及其运算上的内容组织图(图 6.8).

通过观察图, 比较 CN 教师、CE 教师的内容组织与教材的组织, 发现 CN 教师和 CE 教师在引例、概念的辨析、例题上等基本都是选用教材中的内容, 所以两位教师的内容组织属于对教材知识内容及编排顺序的部分套用, 其中 CN 教师练习题的容量比较大. 这里 CE 教师比较赞同教材的编排, 他认为"教材的安排也是比较合理的, 通过一个例子引入对数这个概念. 一般我都按照自己的逻辑上课, 不一定全部用教材的内容, 一成不变, 让学生觉得我就是照本宣科. 我有时候也会补充一些内容, 有时候书上没有证明, 没有过程我也会补充进去的"(CE-DS-FT).

CN 教师的内容组织	情境引入，由增长率问题，给出解答，推出对数概念	对数概念辨析	指数式与对数式的互化，会求简单的对数	会用计算器求解对数，证明对数的恒等式，利用结论求解对数值；巩固练习
教材的组织	情境引入，由增长率问题引出对数概念	理解、辨析对数的概念	指数式与对数式的互化，会求简单的对数	会用计算器求解对数
CE 教师的内容组织	情境引入，由增长率问题，引出对数概念；运用对数概念，解决增长率问题	讲解对数概念	例题讲解，指数式与对数式的互化；会求简单的对数；会用计算器求解对数；介绍对数恒等式，利用结论求解对数值	介绍对数恒等式，利用结论求解对数值；巩固练习

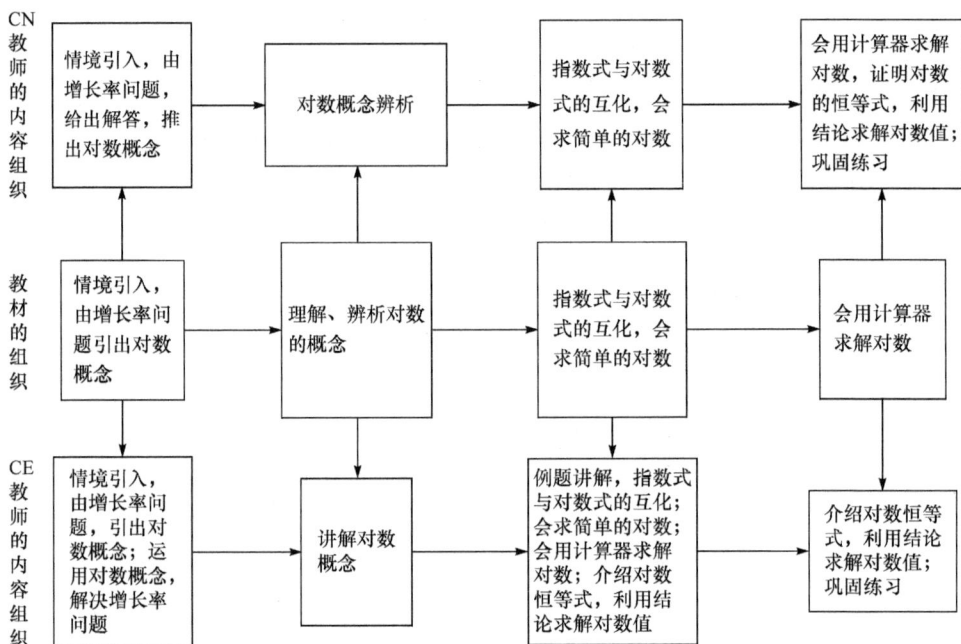

图 6.8　CN 教师和 CE 教师对"对数概念及其运算"的内容组织图

CE 教师对教材有一个整合的过程，认为编排符合本班学情的内容他会采纳，编排不符合本班学情的内容会酌情改编. 这一点，在下一个专题表现更为突出.

从对数概念纵向知识的联系来看，CN 教师和 CE 教师的差别不大，他们都认为"与初中学习的指数运算有关，与指数函数、对数函数、反函数有关"(CN-DS-FT). 也就是说，他们都考虑到初高中知识的联系，即与初中学习过的有理数指数幂和根式建立关联.

3. 反函数的概念

我们以教材中数学内容知识的编排顺序为依据，具体分析 CN 教师和 CE 教师在反函数的概念上的内容组织图(图 6.9).

通过观察图，我们发现 CN 教师的教学内容包括：由路程与时间关系式引出反函数，辨析反函数的概念，求反函数 ((1)$y = 2x + 1$; (2)$y = x^2 (x > 0)$; (3)$y = x^3 - 1$)，以 $y = x^2$ 为例探求反函数存在的条件，判断是否具有反函数，求反函数与巩固练习. CE 教师的教学内容包括：由圆周长公式引出反函数，讲解反函数的概念，以 $y = x^2$ 为例探求反函数存在的条件，求反函数 ((1)$y = 4x + 2$; (2)$y = x^3 + 1$; (3)$y = x^2 + 1 (x \geqslant 0)$)，变式练习求反函数 ($y = x^2 + 1 (x < 0)$; $y = x^2 + 1 (x < -2)$)，探讨原函数与反函数图像之间的关系. 我们发现 CN 教师在内容安排上存在矛盾，

她先让大家求函数 $y = x^2 (x > 0)$ 的反函数, 例题讲解后又让学生求函数 $y = x^2 (x \in \mathbf{R})$ 的反函数. 经过前一个例题的解答, 学生知道 $y = x^2 (x \in \mathbf{R})$ 是没有反函数的, 因此这个教学任务的设置没有起到反例的作用, 没有更好地帮助学生理解反函数存在的条件. 通过仔细分析 CN 教师的教学内容, 她两次出现求反函数的内容, 所有题目都是反函数解析式的定义域与反函数的定义域相同, 无法让学生体会 "反函数的定义域是原函数的值域" 的结论. 相比较而言, CE 教师采取不同的组织顺序, 通过以 $y = x^2$ 为例探求反函数存在的条件, 并进一步让学生体会了 "反函数的定义域是原函数的值域" 的结论. 这一点也涉及教学策略, 将在第 8 章详细说明.

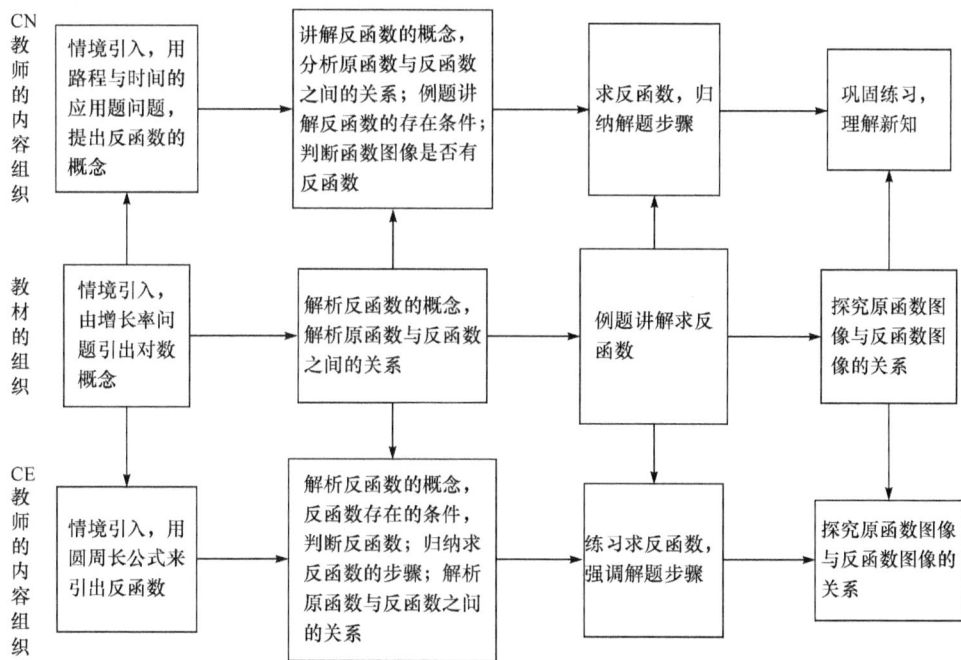

图 6.9 CN 教师和 CE 教师对 "反函数概念" 的内容组织图

此外, 在引入环节上, 教材使用两种温度度量制摄氏度(℃)和华氏度(℉)相互转化, 来引出反函数. 在访谈中教师 CE 提出了不同的见解, "摄氏度换算成华氏度, 这个引入是很自然的. 但是如何根据表格中的数据建立起函数关系式对学生来说比较困难, 而且学生对这两个解析式不太熟悉, 容易给学生在认识上造成不必要的困难, 所以我选用形式差不多、容易理解的圆周长公式, 就很快地引入了" (CE-FH-FT).

我们可以看出, CE 老师是一个善于钻研的教师. 他从自己的教学经历中, 总结出适合学生的授课方法, 结合学生的认知特点和已有的知识对教材进行再加工, 同时这样的处理也体现了内容组织与教学目的相适应.

从知识的纵向联系来看, CN 教师认为,"反函数与前面所学的求函数的定义域、值域、函数的基本性质有关" (CN-FH-FT). CN 教师所说的这些内容都是本节课要用到的知识内容, 说明她对于反函数在整个高中数学中所处的地位没有一个比较清晰的认识. 而 CE 教师明确地指出反函数承上启下的作用, "反函数概念的学习, 紧接在函数的基本性质与指数函数之后. 这一节课不仅与函数的基本概念有着紧密的联系, 还是由指数函数导入对数函数概念、研究对数函数性质的关键环节. 通过对这一节课的学习, 既可以让学生接受、理解反函数的概念并学会反函数的求法, 又可加深学生对函数基本概念的理解, 还可以为随后的对数函数教学和之后的反三角函数教学做好准备, 起着承上启下的重要作用" (CE-FH-FT).

6.3 关于课程知识的讨论

课程知识对于有效地组织课堂教学、提高教学效率与质量是至关重要的. 课程知识是最广泛意义上的教学知识, 指对课程材料的使用、编排, 而且还包含一定的课程理论知识(课程内容、教学目标). 这里, 课程材料范围比较广, 可以是教育部门指定的教学用书, 也可以是教师自己编制的或根据学生特殊需求所设计的素材. 杜威(2001)认为, 教师真正成为社会团体的理智领导者, 首要条件是他对教材具有理智的准备, 他的知识必须比教科书上的原理或任何固定的教学计划更为广博.

6.3.1 教学目标的分析

教学目标是教学实践所要达到的预期效果, 明确教学目标是实现最优化教学的首要条件(许卫兵, 2010). 教师明确教学目标意味着: 明确课程大纲中规定的教学目标是什么; 探索教学目标是如何通过教学内容来实现的; 区分教学目标的层次性; 理解教学目标的系统性; 考虑如何向学生解释这些目标及其学习的价值; 分析教学大纲中给定的教学目标有没有不足或需要完善的地方等(石中英, 2002).

在教学目标的设置上, 新手教师 AN 所编写的教学目标与课程标准中的目标基本一致, 严格遵照集体备课所编制的教学目标. 受其数学教学观的影响, 把教学目标看成一个大问题分解成几个小问题, 通过反复"训练"以达成教学目标. 他将教学目标与教师的教学任务混淆, 任务的完成不一定意味着目标的达成. 例如, "根据已知条件, 建立函数关系式", 这是给出了"任务"而不是要达成的"目标". BN 教师所设置的教学目标, 虽然体现了课程标准中的要求, 但往往是一种"骨架式"陈列, 而不能与具体内容紧密结合. 她在三维目标中的情感、态度、价值观维度上的教学目标,表述脱离内容,抽象、空洞.例如,"培养学生的观察判断、抽象概括能力","使学生养成良好的审美习惯"(表 6.3);"渗透先观察后归纳、先猜想后论证的数学思想,培养学生发现问题、解决问题的能力"(表 6.4);"学会转化与数形结合的思想方法"(表 6.5)等.在制定教学目标时,要根据内容特点,反映当前内容在促进学生数学能力和理性精神的某个角度或层次的目标要求(章建跃,2012). CN 教师所设置的教学目标是集体备课的智慧结晶,符合课程标准中的要求,但在课堂教学对三维目标的落实时有偏差.这主要因为她对数学教学目标的不重视,未投入时间与精力深入思考教学目标,并根据教学目标设计教学环节.

相比新手教师,经验教师表现出较多的自主性.尽管他们按照课程标准来编制教学目标,但会根据学生的需要和具体教学情况作出调整. AE 教师所设计的三维目标与课程标准是相一致的,以落实认知目标为主. AE 教师强调数学的应用性,关注学生学习数学的过程,因此格外强调知识的理解、知识的获得与知识的应用. BE 教师所制定的教学目标更加精准细致,具有可操作性.她比较关注情感、态度、价值观维度,关注教师的德育功能,这与其教学观不无关系. CE 教师也采用集体备课的教学目标,但在充分考虑学生已有的知识基础与学习经验、学科知识的前后联系的基础上,对教学目标进行调整.他制定的教学目标比较精准、细致,能够描摹出整个教学步骤.CE 教师对教学目标的处理方式,与其数学教学观不无关系,他认为学习数学是进行一项试验,即做数学,比较关注数学知识的发展、形成和应用过程.

6.3.2 内容组织知识的分析

内容组织知识是指特定内容的演化历程,其在学科的概念体系与逻辑结构中的位置,以及该概念的生长点及应用.教师在充分研究学生和教学内容的基础上,对教材的内容进行教学法的加工,将数学知识的学术形态转化为教育形态,体现数学知识的发生、发展的脉络及相互间的联系.杜威(2001)认为学生的问题在于教材,教师的问题却在于学生对待教材的心理活动内容.如果教师预先不掌握教材,不精通教材,不加思考就用教材,那么他就不能自由地用全部的时间和注意力去观察和解释学生的反应.

新手教师 AN 在教学内容选择与组织上部分沿用教科书中的素材及编排顺序,过分依赖集体备课的教学设计.教学设计中有大量的课堂练习,AN 教师遵循教案中练习的编排顺序一一呈现给学生,未曾进行精简,出现了"上不完课"的情况. BN 教师能够主动地对教材内容进行不同程度的调整,她在教学中都未采用教材中给出的引入部分,而是采取能够引起学生兴趣的方式引入主题或开门见山直入主题. CN 教师基本沿用教材的编排思路和编排内容来组织教学,呆板地受教科书的束缚, 对于教学内容的组织安排上, 欠周密考虑, 出现教学知识点的遗漏以及例题安排不合理等情况.

与新手教师相比, 经验教师在教学内容选择和组织方面, 比较关注对教材内容的"二次加工", 对新知识点既能进行数学知识体系的内在开发, 又能拓展到现实生活中学生熟悉的相关实例. AE 教师注重对教材内容与备课组教案的钻研, 善于思考教学内容的合理性, 结合学生实际情况对教学内容进行调整, 并把内容拓展到学生可以理解、所熟悉的相关事件上进行有意义的学习. BE 教师对教学内容的组织编排上具有低起点、小坡度的特点, 体现对知识点进行深化、拓展和迁移的教学思维特点. CE 教师与 AE 教师类似, 在了解教材编排顺序与意图的基础上, 能灵活处理教材, 构建教学方案. 他会根据学生的思维能力与学习需求合理地使用教材, 使得教学内容的组织与表达形式更加适合学生的学习与使用.

从知识的纵向联系来看, 新手教师始终强调所教专题与前后章节的紧密联系, 既是前一章的继续, 也为后续章节研究函数的基本性质做准备. 而经验教师则从学生的整个学习过程来看, 所学内容在整个数学知识体系处于何种地位, 有哪些作用, 除了关注纵向联系外, 还关注不同学科之间的横向联系.

第7章 学生理解的知识

在教师的学科教学知识中一个重要的组成部分就是理解学生在学习特定概念时遇到的困难或产生误解的原因(Shulman, 1987)，在 Grossman(1990)看来，这些属于学生理解的知识. 它由学生的经验知识和学生的认知知识组成，它要求教师必须能预测学生可能的想法以及可能遇到的困难. 在举例时，要考虑到学生对此是否感兴趣；布置任务时，要考虑到学生可能给出的几种解答，以及任务的难度对学生而言是否合适；学生回答问题时，倾听学生的解释，领会学生尚不成熟的想法. 前两章从数学学科知识与课程知识两个方面，剖析了新手教师和经验教师的学科教学知识的特征. 本章将解析新手教师和经验教师的学生理解的知识的特征，即教师关于学生对某一主题的理解感到困难的知识，以及消除误解的有效策略.

"青浦实验的新世纪行动"研究成果指出，提高教学效率的奥秘在于了解学生容易理解或误解之处(杨玉东等, 2007). 具体到函数的教学，需要教师能预测哪些内容学生容易理解或错误理解，出现困难的原因以及消除的对策. 函数概念的理解是教与学的一个难点. Clement(2001)对学生的函数定义做过调查，结果显示 35 名学生中仅有 4 名能够给出函数的数学定义，并认识到定义域中的每个元素有且只有值域中的一个元素与之对应. 任明俊和汪晓勤(2007)对高中学生函数概念的认识状况进行调查，发现学生给出了各种各样的函数定义，如函数为变量的对应关系、集合的对应关系、映射、解析式、运算、变量间的依赖关系、图像等. Dugdale(1993)研究指出，学生在理解函数图像上存在困难. Markovits等(1988)研究指出，学生学习函数概念的错误理解有：①函数在整个范围内有一致的对应法则，如认为分段函数不是函数；②函数图像应该是连续的；③函数是一一对应的，即对于每一个的值，只有一个值与之对应，反之亦然. 由上可知，在函数的定义、函数的基本性质和基本初等函数上，都可能存在学生学习的难点.

本章通过一个任务情境问题和课堂上学生出现的具体错误，来分析教师对学生想法的理解，以及教师如何辨析与纠正学生的错误. 本章着重比较三组新手教师与经验教师在函数内容教学中的学生理解的知识，剖析新手教师与经验教师在学生理解的知识方面的特征.

7.1　关于学生理解困难的知识

为了总体比较三组教师对学生困难或错误理解的知识, 笔者对每位研究对象提出相同的假设情境问题:

> 假设情境问题:
> 　　在高中学习函数定义时, 有学生认为: "函数就是 y 随着 x 的变化而变化, "对此您将如何回应?

AN 教师认为: "学生对函数概念的理解还是比较有局限性, 学生可能认为 x 就一直是自变量, y 是因变量. 有时候也可以把 y 看成自变量, x 看成因变量, 或者换成其他的字母. 现在学函数通常给出 x 是自变量, y 是因变量, 学生长久以来就形成思维定势了. "(AN-HS-FT)

实际上, AN 教师所说的 "局限性" 主要关注变量的表征符号, 侧重于究竟是哪个符号来表示自变量或因变量.

AE 教师认为学生的想法一部分是正确的: "这个讲对了一部分, 点明了'对应关系'. 但是, 我们这里的函数变化不是随便变的, 变化多了. 这里的 y, 需要唯一确定. 比方说, $y = \pm\sqrt{x}$, 它也是 y 随着 x 的变化而变化, 但是它对应两个值, 这个就不叫函数. 确实有一些学生这么认为的, 这只是一个大概的意思, 但不准确, 没有抓住函数概念的关键.

当然, 函数概念的表述较为抽象, 学生对于动态与静态的认识比较薄弱, 对函数概念的本质缺乏认识, 对进一步学习函数的图像与性质出现了一定的困难. 初中是用运动变化的观点对函数进行定义, 虽然这种定义较为直观, 但并未完全揭示出函数概念的本质. 但如果用集合与对应的观点来解释, 就十分自然. 因此, 用集合与对应的思想来理解函数, 对于函数概念的再认识就很有必要. 所以我在教学过程中, 用大量的时间给学生机会让他们谈谈生活中函数的例子, 最后又举了很多例子让学生体会什么是函数. "(AE-FT)

我们可以看出, AE 教师首先肯定了学生理解的正确性, 但也提出回答的不完备性. 其关键是怎样的一个对应关系, 把握关键词 "每一个" 和 "唯一确定". 也就是, "对于集合 A 中的数, 不能有的在集合 B 中有数与之对应, 有的没有, 需要每一个都要有. 而且, 在集合 B 中只能有一个与其对应, 不能有两个或者两个以上与其对应" (AE-HS-FT).

我们发现, AE 教师比较关注学生的认知发展情况, 区分了函数定义在初中和高中阶段的本质区别, 抓住关键"集合对应关系"展开概念教学.

BN 教师按照学生不同的年龄水平来看这个问题, 能够清楚地说明学生在初中阶段和高中阶段对函数不同的认识:"首先学生的这个想法肯定是对的, 函数就是反映两个变量之间的对应关系. 当 x 变化的时候, y 是在随着 x 的变化而变化的, 初中(阶段)就是这么讲的. 在高中阶段, 除了强调 x 是个自变量, y 是因变量之外, 着重说明 f 是对应法则. 我跟学生这么解释的, x 在对应法则的引导下能够在另外一个地方找到唯一确定的 y 与之对应. 其实, 高中就强调对应关系, 即 (一个) x 有且只有一个 y 与之对应. "(BN-HS-FT)

在她看来, 学生的认识是完全正确的. 在高中阶段, 需要进一步向学生明确这种变化是怎样的对应关系.

BE 教师与 BN 教师一样, 都肯定了学生的想法, 她认为:"学生的想法是对的. 当时在上(函数的概念)这节课的时候, 复习函数定义时, 有的学生就是这样讲的. 我觉得学生讲对了一部分, 他讲到函数就是两个变量之间的关系, 一个变量在变, 另一个变量也在变. 按照初中的定义, 函数就是 y 随着 x 的变化而变化. 函数定义在当时引入的时候, 课本上的例子就是这样的变量关系. 比如, 出租车问题, 就是两个变量之间的关系. 在高中阶段需要跟学生明确是怎么样的对应关系, 函数可以是一对一, 可以是多对一, 但是不可以是一对多. "(BE-HS-FT)

从 BE 教师的回答来看, 首先她认可这是学生的普遍想法, 并且认为学生的这种想法部分上来说是正确的. 她明确地指出, 这种看法属于初中的函数定义, 到了高中学生学习函数的时候, 就要用对应关系, 而非变量依存.

CN 教师与 AN 教师一样, 拘泥于变量的字母表示:"你要看哪个是自变量, 哪个是因变量了, 我们说函数的定义就是有一个自变量 x, 有一个因变量 y. 自变量就是自己变化的量, 因变量是随着自变量的变化而变化的. 单纯从 x, y 说就不一定的, 要看题目怎么问的. 初中都是 x, y, 但是到高中以后就不一定写成 y 的表达式, 比如其他字母. 所以说, 不是所有题目都说 y 随着 x 的变化而变化, 你要看题目当中变量是怎么设定的. "(CN-HS-FT)

她认为, 判断是否为函数时, 首先要区分何谓自变量, 何谓因变量. 当笔者追问:"如果题目说明 x 就是自变量, y 就是因变量的话, 这句话是否正确呢? "CN 教师肯定地说:"在这样一个前提下学生的理解就正确了. "(CN-HS-FT)可见, 她只是关注学生认识的表象, 没有挖掘学生对该问题理解的本质.

CE 教师指出学生理解的不足:"函数需要有对应的法则, 这个对应法则就是实际上是在变化过程中, x 和 y 按照某一对应法则建立起函数关系, 否则单讲变化就太宽泛了. 函数就是 x 在一个变化范围中, x 变化 y 随之有规律变化的这一类性质, 我们把这类拿出来做函数研究, 这里缺少了对应法则. "(CE-HS-FT)

在他看来, 学生的理解缺少了函数的一个要素——对应法则. 但是从他的解释来看, 他并没有深入分析函数遵从何种对应法则.

7.2 教师应对学生困难的知识

7.2.1 专题一: 函数的定义

1. 函数的概念

【案例 7-1】

师 AN: 第一个图像(图 7.1)是否为函数图像呢?

生 1: 是的.

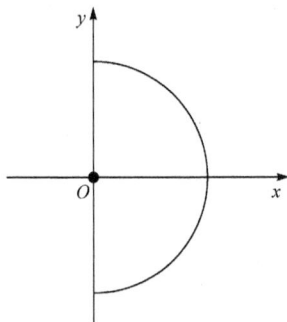

图 7.1 例题示意图

师 AN: 为什么?

生 1: 这就是一个圆, 现在变成了一个半圆.

师 AN: (重复), 你为什么这么想呢?

生 1: 因为圆可以用关系式表示出来, 那么半圆也可以的.

师 AN: 那么你如何用关系式表示出这个半圆呢?

(生 1 没有回答)

师 AN: 好的, 请坐.

(AN-HS-LX)

在生 1 看来, 圆心在原点的右半圆是一个函数的图像, 学生的误解在哪里? 如何消除这一误解呢?

教师 AN 认为: "学生对圆比较熟悉, 在初中几何中就学习过圆, 那么对于熟悉的图像, 而且是平滑的曲线, 他们就会认为是函数图像. 他们对函数图像有一个感官认识, 就是熟悉的图像、光滑连续的图像都是函数图像. 同样, 学生在判断点图的时候也发生错误, 因为点图不常见, 而且是不连续的. 为了解决学生的误解, 这个问题我们可以从不同的角度来消除. 对于右半圆的问题, 可以根据定义, 对每一个 x 有且只有一个 y 与之对应, 转化一下就是用"垂线法"判断垂线与函数图像有且只有一个交点的就是函数图像. 对于第二个问题, 首先要说明函数的几种表示方法, 用列表法表示的函数关系再用图像表达, 就是一些离散的点. "
(AN-HS-FT)

教师 AN 明确地指出学生产生误解的原因, 即熟悉的或连续光滑的曲线就是函数图像. 他指出这一误解是建立在学生对函数图像的感性认识上, 也是学生判断散点图不是函数图像的症结所在. 在他看来, 学生还是没有理解函数的概念, 因此, 需要从函数概念出发来判断函数图像. 但是笔者追问, 除了这里学生容易产生误解外, 在本节课学生还会产生哪些困惑时, 他表示: "暂时还想不出来."
(AN-HS-FT)笔者发现, 在课堂教学中如果学生表现出了困惑, AN 教师才会知道原来学生在这里有问题. 如果学生没有暴露出来, 他也不会预先想到. AN 教师不太了解学生的学情, 这一点在下面这个案例中表现更加明显.

【案例 7-2】

师 AN: 求函数 $y = \sqrt{5-x} + \sqrt{x+2} + (x-1)^0$ 的定义域, 怎么解?

生 2: $5-x \geqslant 0, x+2 \geqslant 0$.

师 AN: $5-x \geqslant 0, x+2 \geqslant 0$, 还有吗?

生 2: 没有了.

师 AN: 没有, 就是这两个, 最后解出来就是 -2 到 5, 是不是这样的呢? 好, 请坐. 有不同的意见吗?

生 3: 还有 $x-1 \neq 0$.

师: 还有 $x-1 \neq 0$, 为什么? 因为零的 0 次方没有意义, 这个知道吗?

群生: 不知道.

师 AN: 不知道, 零的 0 次方没有意义这个没有学过吗?

群生: 没有.

师 AN: 我现在强调一下零的 0 次方没有意义. 好的, 请坐.

(AN-HS-LX)

我们发现, 正是因为 AN 教师不了解学生对于这个专题已经知道了什么, 即多数学生并没有掌握 "零指数幂的底数不能为 0" 这个知识点. 在考察函数的定义域时, 函数的解析表达式必须首先满足使表达式有意义的条件: ①分母不为零; ②偶次根式的被开方的数大于或等于零; ③零指数幂的底数不能为 0. AN 教师先入为主地认为, 学生掌握了以上使得解析式有意义的条件, 让学生自行求解函数的定义域, 才会出现上述的情形.

【案例 7-3】

师 AE: 那么请你举一个生活中的函数例子.

生 2: 我们打篮球的时候, 将篮球扔出去的轨迹. 这个轨迹就是函数.

(AE-HS-LX)

课上生 2 在举生活中函数例子时, 认为把篮球扔出去的轨迹是函数. 那么如何看待她的错误理解呢? 在 AE 教师看来, "其实她的错误理解是有起因的, 因为教材上在讲水珠问题的时候就讲过轨迹问题. 书上说'喷出的每一滴水珠, 都经历了由低向高、由高到低的抛物线状的轨迹, 然后滴入水池'. 其实, 函数是在后面这句话里, 即任何一个时刻, 都有一个特定的刻度. 学生只是看了前一半, 也不能说她理解是错误的, 只是词不达意. 她心里面是知道的, 可能讲不来. 我后来又让她翻开书看函数的概念, 主要是理解概念, 抓关键词: 两个变量, 唯一确定, 对应关系, 就可以了"(AE-HS-FT).

教师 AE 能找到学生错误理解的出处, 且找出原因是对教材的理解上有偏差. 但他表示为了消除学生的误解, 就是"理解概念, 抓关键词". 关于这个问题在 9.1.1 节还会谈到.

为了加深学生对函数概念中"x 在某个实数集合内"的理解, 教师 AE 分别举了两个实例, 一个是学号与期中成绩的对应关系, 另一个是电影票与座位的对应关系. 对于第二个例子, 学生感到比较困惑的原因, 他认为:"在学生看来, 这两个事情实际上是一样的, 主要是因为电影票与座位存在一一对应的关系. 我举这个例子的目的是, 让学生理解函数就是研究数集的, 要称之为函数首先将电影票数化. 这类题目学生一般不会碰到的, 考试不会考这种问题的, 实际上就是强调函数的定义——这里的 x 是属于实数集的. "(AE-HS-FT)

在他看来, 他所举的例子旨在说明函数定义的某一个关键点, 比如为了让学生明白函数不一定就是解析式, 他举例 $y = \sqrt{1-x}$, $x \in \varnothing$. 这里 x 取值范围是空集, 虽然是一个解析式, 但不能称之为函数. 他在讲函数定义的时候, 就是在"抠字眼". 在这三行定义当中, 首先要注意"x 是属于实数集合", 强调"唯一确定性", 抓住函数的两个要素——定义域与对应法则.

2. 函数关系的建立

例题: 设 α , β 是方程 $x^2 - 22x + m = 0\,(m \in \mathbf{R})$ 的两实数根, $S = |\alpha| + |\beta|$, 把 S 表示成 m 的函数.

解: 根据题意,
$$\Delta = 22^2 - 4m \geqslant 0 ,$$
所以 $m \leqslant 121$, 其中 $\alpha + \beta = 22$, $\alpha\beta = m$.

① 当 $m < 0$ 时, α , β 为异号,
$$S = |\alpha| + |\beta| = |\alpha - \beta| = \sqrt{(\alpha - \beta)^2}$$
$$= \sqrt{(\alpha + \beta)^2 - 4\alpha\beta} = 2\sqrt{121 - m};$$

② 当 $m \geqslant 0$ 时, α , β 为同号,
$$S = |\alpha| + |\beta| = |\alpha + \beta| = 22.$$

综上,
$$S = \begin{cases} 22, & 0 \leqslant m \leqslant 121, \\ 2\sqrt{121 - m}, & m < 0. \end{cases}$$

例题的解法中, 学生对于理解 $|\alpha| + |\beta| = |\alpha - \beta| = \sqrt{(\alpha - \beta)^2}$ 存在困难. 造成学生不明白的原因, AN 教师认为: "这些问题主要涉及绝对值的定义, 学生对绝对值的知识掌握得不扎实, 可能之前对绝对值接触得比较少. $|\alpha - \beta| = \sqrt{(\alpha - \beta)^2}$ 这一步学生还是比较清楚的, 因为前几节课上, 让学生判断同一函数的时候, 经常会遇到这一类问题. 只不过现在是反过来应用一下的, 我觉得这个是没什么问题的. 可能存在疑问的是前面那一步 $|\alpha| + |\beta| = |\alpha - \beta|$, 这个我又单独讲了. 感觉你把它讲得很细的话, 没什么讲头的, 就是需要自己去理解. "(AN-JL-FT)

在 AN 教师看来, 学生存在困惑就是因为他们自己学得不牢固, 对绝对值的定义认识不够透彻, 这些问题也没有深讲的必要, 还是需要学生自己去理解.

无独有偶, 上述疑惑在 AE 教师看来, "教材在这里有个脱节, 学生一般知道 $|a| + |b| \neq |a + b|$, $|a| + |b| \neq |a - b|$, 但并不知道让上述等式成立的条件, 即 $|a| + |b| = |a + b|$ 成立, 条件是 $a \cdot b > 0$. 这类题目在前面的真假命题判断中出现过, 学生可以判断, 但不会自己把这个结论想出来. $|\alpha| + |\beta| = |\alpha - \beta|$ 这个结论学生没有学过, 也没有做过类似的题目, 所以让他们想出来就很困难, 这也是初中的东西. 如果学生学过这个结论, 这个题目一下子就能做好"(AE-JL-FT).

我们可以看到, 同一个问题两位老师的观点是不同的. AN 教师认为学生对绝对值知识没有学好, AE 教师则认为是初高中知识的衔接没有做好, 如果学生在初中学习了这个等式就不会出现问题.

7.2.2　专题二: 函数的基本性质

1. 函数的奇偶性

【案例 7-4】
师 BN: 函数 $y = 0$ 的奇偶性是怎样的?
生 1: 这是一个既奇又偶的函数.
师 BN: 为什么?
生 1: $y = 0$ 的图像与 x 轴重合.
师 BN: 与 x 轴重合, 难道就能说明是既奇又偶的函数?
生 1: 取一个值代进去, 就能说明它是奇函数.

(BN-JO-LX)
这节课上, 某学生在判断函数 $y = 0$ 的奇偶性时, 说只要取一个值代到解析式中就可以了, 你怎么看学生的回答? BN 教师认为: "这是一般学生最容易犯的错误, 所以我才反复强调这个问题. 因为, 他没有理解定义中'任意'的意思. 学生认为, '任意'就是随便选取几个值代入, 其实不然. 有时候去别的学校听课, 老师也是讲得非常清楚, 但让学生上黑板做课堂练习的时候, 很多学生还是会出现这个问题, 因为 $f(-1)=f(1)$, 所以是偶函数. 为了消除学生这种错误, 我在概念解读这个环节, 出了一个思考题'如果一个函数满足 $f(-1)=f(1)$, $f(-2)=f(2)$, 那么它是不是一个偶函数?'在解读定义的时候, 就把它讲清楚."(BN-JO-FT)

可见 BN 教师知道学生对奇偶性概念中的"任意性"存在误解, 课上通过概念解读这个环节希望能够在课堂上消除学生的误解.

课上让学生思考: 如果奇函数 $f(x)$ 在原点有意义, 那么函数 $f(x)$ 是不是一定过原点? 有学生提问, 偶函数是否有类似的性质, 即偶函数 $f(x)$ 在原点有意义, 那么 $f(x)$ 是否一定过原点? 怎么看学生的问题, 教师又是如何回应的呢?

BN 教师认为: "他这个问题提得特别好, 显然他进行了思考. 我还是从定义出发, 让他去理解定义. 因为 $f(x)$ 是一个偶函数的话, 对定义域内所有的值都有 $f(-x)=f(x)$ 成立, 如果代 0 进去, 就是 $f(0)=f(0)$, 从这个等式中无法解出来 $f(0)$ 等于多少, 这个式子是恒成立的. 所以说, $f(x)$ 在原点有意义的偶函数不一定过原点的. 这里所有的东西, 都要让学生回归到定义去. 所有的题目不一定都做过的, 很多做不出来的题目就需要从定义去想, 它的定义是什么?"(BN-JO-FT)

我们可以看出, BN 教师比较关注学生对概念的理解, 把可能给学生带来困惑的问题都融入概念解读中, 一环套一环地深入分析, 来理解奇函数、偶函数的定义.

BE 教师亦非常了解学生的误解点, 与 BN 教师不同, 她将这个易错点以例题解答的形式呈现给全班学生:

> 例题: 证明函数 $f(x)=2x^4-3x^2$ 是偶函数.
> 学生的解答如下:
> 因为
> $$f(-1)=2\cdot(-1)^4-3(-1)^2=-1$$
> $$f(1)=2\cdot 1^4-3\cdot 1^2=-1$$
> $$f(-1)=f(1)$$
> 所以 $f(x)$ 是偶函数.

对于上述学生的解答, BE 教师认为:

"实际上, 学生对定义理解不透彻. $f(-x)=f(x)$ 是对定义域内任何一个 x 都是成立的, 而他认为只要任意一个成立就可以了. 这说明他对定义理解的片面性. 在奇偶性证明的过程中从定义入手, 让学生体会两点(定义域关于原点对称和任意性)缺一不可; 但是如果不是(奇函数或偶函数)的话, 这两点之间只要有一点不满足即可. 尤其是第一点不满足, 定义域不关于原点对称, 学生一看就看出来了; 如果第二点不满足的话, 学生需要找到一个反例即可, '抓一只蚊子'出来就可以. "(BE-JO-FT)

BE 教师能够一下子抓到学生的误解点, 通过以例题的形式讲解, 提早将学生的疑惑亮明、解决.

为了加深学生对定义中关键点(定义域关于原点对称)的认识, 她特地在课上让学生判断 $y = x^2$, $x \in (-\infty, 1) \cup (1, +\infty)$ 是否为偶函数. 正如 BE 教师所料, 学生出现了不明白或讲不清楚的问题, 在 BE 教师看来, "这个问题学生很容易出错, 其实这种错误有时超出我们的想象. 我们看, 这个定义域是对称的, 但不是关于原点对称, 说明学生对原点对称不理解. 对于学生来说, 原点对称就是符号形式上的对称. 在他的头脑概念中, 把重点放在(对称)两个字上, 而忽视了定语'关于原点的'对称"(BE-JO-FT).

可见, BE 教师比较了解学生, 知道学生的易错点在哪里, 困惑在哪里.

2. 函数的单调性

在这节课上与函数的奇偶性一样, 学生在证明函数单调性时也会出现以偏概全的问题, 我们来看两位教师对以下学生的解答是如何理解的.

证明: 函数 $y = \dfrac{2}{x+1}$ 在 $x \in (-\infty, -1)$ 的单调性.

学生的解答如下:

因为

$$-2 > -3$$
$$f(-2) = -2$$
$$f(-3) = -1$$
$$f(-3) > f(-2)$$

所以函数在 $(-\infty, -1)$ 上是减函数.

对于学生证明函数单调性的过程, 你怎么看呢?

"学生肯定会出现问题的, 这个跟函数奇偶性出现的问题是一样的. 课上解读概念的时候, 我出了一道思考题: 如果 $f(2) > f(1)$, 这个函数是不是一定是增函数? 通过这个例析, 让学生自查自己的学习效果. 我还是通过概念的解析来消除学生的误解. 在课上之所以强调步骤, 实际是为了规范格式, 这个步骤就是对定义中关键词的精细化. 表面上强调步骤, 实际上还是对定义中关键词的进一步掌握. "(BN-DD-FT)

在 BN 教师看来, 学生肯定会出现类似的错误, 产生错误的原因是对定义的理解不透彻. 她提出通过强化步骤促进学生对概念的理解, 达到学习的目标.

在这里, BE 教师的处理方式与上一节函数奇偶性类似, 即将易错点以例题解答的形式呈现给学生. 对于上述学生的错误, BE 教师认为就是学生对概念中的"任意性"不理解造成的. "在给定区间上的任何 x 都要成立, 学生以为是任意一个点, 两个点或有限个点成立. 实际上, 这里的'任意'既不是无限, 也不是无穷, 而是所有. 当然为了让学生明白这个问题, 我们还是从定义出发."(BE-DD-FT)她还指出, 函数的单调性是函数中比较容易理解的性质, 学生也容易产生共鸣, 能够从图像上判断上升还是下降, 但还是会存在认知困难: 如何用准确的数学符号语言去刻画图像的上升与下降, 这种由形到数的转变对高一学生来说比较困难; 单调性的证明, 这是学生在函数内容中首次接触到的代数论证内容, 而学生在代数方面的推理论证能力是比较薄弱的. 这就需要老师通过引导解决学生的困难.

3. 函数的最值

例题: 求函数 $f(x) = x^2 - 2bx + 1$ 在区间上 $[0,3]$ 上的最值.

一个学生的解答过程片段:

在 $b > 3$ 的情况下, 当 $x = 0$ 时, $f(x)_{\max} = f(0) = 1$

当 $x = b$ 时, $f(x)_{\min} = f(b) = 1 - b^2$

如何看学生的解答呢? BN 教师认为: "学生将端点值代入计算, 是比较正常的现象. 这里有初中学习的影子, 学生会背口诀'二次函数开口向上, 有最大值; 开口向下, 有最小值.'学生根深蒂固的思想是在抛物线的最低点处取到最小值. 学生拿到某一闭区间上的题目, 他们肯定会从整条抛物线的角度去考虑, 会忽略区间的作用. 因此, 我只让学生画出抛物线的一部分和对称轴. 为了让学生理解这个问题, 首先让学生画图, 观察图像, 找出最低点和最高点. 其次, 分析最大值和最小值的概念. "(BN-ZZ-FT)

针对学生类似的错误,BE 教师有不同的看法, 她认为: "这类错误要分情况来看, 如果学生的解答过程旁边有草图, 说明学生可能笔误, 是不需要特别讲解的; 如果学生的解答过程没有草图, 说明学生对这个最值的问题没有理解, 简单地认为代入端点值计算即可. "(BE-ZZ-FT)

同一类型的题目, 两位教师有不同的处理方法. BN 教师通过强调步骤、告诉做题方法来让学生理解这个问题, "首先让学生画图, 观察图像, 找出最低点和最高点. 其次, 分析最大值和最小值的概念"(BN-ZZ-FT).

BE 教师对这个问题的分析更加理性一些, 能区分学生对这个问题的回答是存在误解还是一时疏忽.

我们发现两位教师都能直接找到学生容易出现困难或误解的地方, 并在设计教案的时候就考虑到这个因素. BN 教师把学生的误解点融入 "解读概念" 这个环节, 需要经过再三强调; 而 BE 教师直接将学生的错解以例题的形式出现, 直接亮明、指出错误.

7.2.3 专题三: 基本初等函数

1. 幂函数的基本性质与图像

CN 教师和 CE 教师在引入幂函数概念后, 无一例外地都采用了判断幂函数的教学环节. 如下问题:

例题: 判断下面函数是幂函数的有

(1) $y = x^{-2}$;　　　 (2) $y = 2x^2$;

(3) $y = 2x$;　　　　 (4) $y = x^0$;

(5) $y = x^2 + 2$;　　 (6) $y = -x^3$.

大部分学生认为 $y = 2x^2$ 是幂函数, 你怎么看学生的回答? CE 教师认为: "这是学生的一个盲点, 由于 x^2 是幂函数, 学生自然而然地认为 $2x^2$ 也是幂函数. 从幂函数的形式上来看, 式子 $y = x^\alpha$ 前面没有写 1, 那么学生就默认前面是可以加系数的. 我知道学生可能在这里出现困惑, 之所以没有在介绍幂函数定义时就直接跟学生讲这里的系数是 1, 是因为这样讲反而印象不深刻. 我就采取在例题中给出某个具体的解析式让学生去判定, 通过分析解析式的形式特点, 让学生判断幂函数, 更有利于学生对幂函数的理解. " (CE-MH-FT)

在 CE 教师看来, 学生的这个错误属于正常现象, 而且设计该例题的目的就是为了让学生辨析幂函数, 加深对幂函数概念的理解. CN 教师则认为, "学生没有理解幂函数的定义, 这时仅需要强调一下幂函数前面没有常数即可, 不用在这个问题上多花时间" (CN-MH-FT). 从 CN 教师的回答来看, 显然她没有发现这是学生学习幂函数时容易出现的一个误解点.

此外, 两位老师在谈到本节课的难点时, 都提到由于幂函数作图分类情况多, 性质归纳困难. CE 教师提到, 当两个函数图像放在同一直角坐标系内, 学生就有可能产生混淆. 他认为这跟学生的认知特点有关, "对刚进入高中半个学期的学生来说, 虽然具备一定的分析和解决问题的能力, 逻辑思维也初步形成, 但不够冷静、深刻, 思维具有片面性、不严谨的特点, 对问题解决的一般性思维过程认识比较模糊" (CN-MH-FT).

2. 对数概念及其运算

CN 教师和 CE 教师在介绍对数概念之后, 通过设计对数式与指数式的互化来加深学生对对数概念的理解. 我们看一下这个问题:

> 例题: 把下列指数式写成对数式:
>
> $$(1)\ 2^{-5} = \frac{1}{32}.$$
>
> 学生的解答:
>
> $$\log_{-5} = \left(\frac{1}{32}\right)^2.$$

学生出现错误, 你怎么看学生的解答呢? 在 CN 教师看来, "可能是刚讲完概念, 就让学生做练习, 部分学生还未完全掌握对数的概念. 为了帮助他们理解, 告诉他们指数的底数换到对数上还是底数, 这里面需要有一个适当的记忆方法"(CN-DS-FT).

CN 教师认为将指数式化成对数式, 是通过形式上的记忆, 需要找到底数、指数、幂相应的位置. 而 CE 教师认为, "指数式与对数式的互化实际上就是对数概念的应用. 什么是对数呢? 如果有 $a^b = N$, 那么数 b 叫做以 a 为底的对数, b 需要由 a 和 N 来表示, 记作 $b = \log_a N$. 所以, 指数式化对数式是正用概念, 为了帮助学生消除误解需回归概念来理解"(CE-DS-FT).

CE 教师班上的学生不太会做 $8^x = \frac{1}{2}$, 对于学生不会做的原因, BE 教师认为: "这是指数方程的问题, 学生不会做的原因主要是对基本原理不理解, 基本功不扎实. 教学中, 通过引导学生将式子的两端化成同底, 比如 8 化成以 2 为底的对数, $\frac{1}{2}$ 也化成以 2 为底的对数. 根据指数的性质, 如果底数相等, 则指数也相等, 就可以计算了. "(CE-DS-FT) CE 教师认为, "学生在学习过程中遇到困难是正常现象, 对这个概念的正确理解也不是一节课两节课就形成了的, 它是随着时间的推移, 慢慢形成的, 并非是一蹴而就的. "(CE-DS-FT) 在 CE 教师看来, 知识是一个不断积累、逐渐丰富的过程, 不是 "一蹴而就" 的.

3. 反函数的概念

> 例题: 求函数 $y = x^2 (x > 0)$ 的反函数.
> 学生得到反函数是 $y = \sqrt{x} (x \geqslant 0)$.

学生在求反函数的时候, 通常根据得到的反函数解析式来求定义域, 你怎么看学生的回答呢? CN 教师认为: "课上我跟学生强调很多次, 千万不要直接求反函数解析式的定义域, 应该求原函数的值域. 但是, 有学生问: '目前遇到的题目中的原函数的值域与求反函数解析式的定义域答案是一样的.'这时, 我会告诉学生有特例的情况. "(CN-FH-FT)

当笔者追问这个特例是什么时, CN 教师表示, "去年有做过一个题目, 原函数的值域与反函数解析式的定义域不一样的情况, 具体是怎么样的, 现在想不起来了"(CN-FH-FT).

CE 教师认为: "这节课的一个难点就是求反函数的定义域, 这个时候有些同学比较容易脱离反函数的概念, 单求反函数解析式的定义域, 这个同学就属于这种情况. 原因是学生不理解什么是反函数, 不了解原函数与反函数之间的关系. 原函数的定义域是反函数的值域, 原函数的值域是反函数的定义域, 这句话学生都会说, 但是没有真正理解这句话的涵义. 通过剖析定义, 让学生明白不能直接从解析式求函数的定义域. 我的做法就是在两种情况下求函数 $y = x^2$ 的反函数, 一个是当 $x \geqslant 0$ 的时候, 还有一个是当 $x > 0$ 的时候. 通过变化原函数的定义域, 让学生明白虽然反函数的解析式都是 $y = \sqrt{x}$, 但由于原函数的值域在变, 即反函数的定义域也在变, 而非单看反函数解析式的定义域. "(CE-FH-FT)

可见, 对于学生的困难或者误解点, CN 教师通过再三强化让学生记忆相关的概念或解题步骤, 把教学当作机械记忆; CE 教师则通过变式教学, 通过概念的解析让学生从概念的理解上消除误解.

7.3　关于学生理解的知识的讨论

有效的教学设计即教学要分析学生的思维, 分析学生应该做什么、能够做什么和怎样做才能实现教学目标(章建跃, 2007). 可见在教师教学知识的领域里, 学生理解的知识是不可或缺的重要组成部分. 本章从教师理解学生困难的知识与如何应对学生错误理解这两方面, 比较新手教师与经验教师有关学生理解的知识. 杜威(2001)认为人类是通过推断和理解, 通过判断事物之间的内在联系而获得知识, 这样就经常出现错误的领悟、错误的理解、错误的设想, 误解和错误经常来源于意义的不确定性. 从认知心理学来看, 学生掌握概念的难易顺序是, 识别概念优于说明概念的特征, 对概念外延的掌握优于对概念内涵的掌握. 一般来说, 本质属性越多的概念, 越容易形成; 非本质属性越多, 概念越难形成(朱文芳, 1999). 函数概念的学习包含两个本质属性——集合和对应法则, 以及一些非本质属性, 如定义域、值域、变量等. 因此, 函数概念是难点, 也是易错点.

在领会学生有关函数定义的尚不成熟的想法时, 新手教师与经验教师表现不同. 新手教师AN指出学生理解的局限性, 但仅指出学生定义的符号表征, 关注函数概念的非本质属性变量, 究竟是哪个符号来表示自变量或因变量. 而 BN 教师从学生认知发展的角度指出学生想法的正确性, 初中阶段是变量的对应关系, 高中阶段是集合的对应关系. 这说明, BN 教师比较了解学生的认知过程与发展过程. 无独有偶, CN 教师与 AN 教师一样拘泥于变量的符号表示, 对学生想法的本质把握不到位, 仅关注学生认识的表象, 没有挖掘学生对函数概念本质属性的理解.

与新手教师相比, 经验教师都认可学生的想法部分是正确的, 侧重对学生年龄阶段的认识, 比如他们通常采用"初中""高中""初中阶段""高中阶段"等字眼来阐述他们对学生的认识. AE 教师首先肯定了学生理解的正确性, 但也提出回答的不完备性. 她认为学生对函数定义的理解, 需要区别初中、高中阶段, 抓住关键"集合对应关系"展开概念教学. 他指出, 高一学生的思维水平还处于辩证思维不成熟的阶段, 与函数概念的运动、变化、联系的特点不适应, 学生建立函数概念势必存在很多障碍. BE 教师认为, 该生的这种想法具有一定的普遍性, 且部分上是正确的, 因为该生的理解属于初中的函数定义, 到了高中学生学习函数的时候, 就要用对应关系, 而非变量依存关系. CE 教师在肯定学生想法的基础上, 指出其缺少了函数的一个要素——对应法则.

在预测学生的错误理解以及如何应对上, 新手教师与经验教师的表现有很大不同. 新手教师无法准确预测学生可能出现的错误理解或困难, 往往抓不住突破困难的关键点. AN 教师不太了解学生的学情, 没有在头脑中形成学生可能出现的误解或者不明白之处, 不能预测学生可能出现的困惑. 只有在课堂教学中学生暴露出来困难点, 他才知道学生在这里的认知上存在问题. 面对学生的误解时, AN教师大多将问题归咎于学生掌握知识不扎实, 通过强调解题方法来应对学生的困难, 如用垂线法判断图像是否是函数图像. BN 教师教学的过程中, 通过"预学单"提前获悉学生的误解和困难所在, 把可能给学生带来困惑的问题都融入"概念解读"环节中, 通过强化做题步骤达成教学目标. CN 教师无法预知学生的困难或者误解点, 仅通过强化记忆相关的概念或解题步骤来消除误解.

经验教师比较了解学生的学习情况, 能够准确预测学生可能遇到的困难以及不理解的原因, 并针对问题提出比较有效的策略. AE 教师非常了解学生, 能够知道学生出现错误的原因并通过辨析概念消除学生的误解, 在课堂教学中, 会根据学生的情况和具体上课的进度来调整教学, 促进理解. BE 教师非常了解学生, 知道学生的易错点在哪里, 困惑在哪里. 她能够一下子抓到学生的误解点, 并通过诊断性例题进行分析讲解, 提早将学生的疑惑亮明、解决. CE 教师在课堂教学中能够提前预知学生的困惑点, 从学生的认知特点剖析导致困难的原因. 他采用变式教学, 不直接纠正学生的错误而采用形式协商的方式, 让学生自己修正回答.

第8章 效果反馈知识

反馈是教师对学生言语表现做出的反应,是教师话语中极其重要的内容. 本章研究的教师反馈,是指教师在指定学生回答或学生自愿回答后,对学生的反应做出的回应. 在课堂中,教学反馈主要以"教师提问—学生回答—教师点评"(initiation-response-evaluate, IRE)或者"教师提问—学生回答—教师反馈"(initiation-response-follow-up, IRF)的模式为主. 教师反馈是形成性评价的重要载体,有助于提高学生求知的自主能力,有助于发展学生的高层次学习技能(翟俊卿, 2013). 在数学教学系统中,教师的反馈信息有利于学生在学习数学中进行自我控制、自我判定、自我纠偏,可以帮助学生不断完善自己的数学思维品质,不断改进学习数学的方法,提高学生数学学习的效能(文晓宇, 2007). 同时,这些反馈信息亦有利于教师形成教学系统的有序性,并针对学生学习数学的实际情况,改进教学控制方法或教学策略,使其整体功能大于局部功能之和,提高教师教学效能. 本章将从教师的反馈策略方面解析新手教师和经验教师效果反馈知识的特征与差异.

8.1 反馈策略的认知

8.1.1 专题一:函数的定义

本节主要分析新手教师 AN 与经验教师 AE 关于函数定义专题的 8 节课,近360 分钟,即对课堂录像中师生问答部分的书面文字进行分析. 为了进一步分析AN 教师和 AE 教师在反馈话语上的表现情况,笔者根据前面的编码方法(参见4.4.2 节)将教师的应答言语分为:内容反馈、形式反馈和主题反馈,并在此基础上进行细分. 反馈话语的编码采取二次编码,一致性达到 81%,最后得到反馈形式的频数结果,如表 8.1 所示.

表 8.1 AN 教师和 AE 教师反馈频数与百分比

	内容反馈				形式反馈				主题反馈			
	直接肯定	直接否定	重复补充	总数	明显纠错	形式协商	重铸	总数	主题评论	追问	启发	总数
AN	9	2	27	38	3	7	2	12	0	12	5	17
	13.43%	2.99%	40.30%	56.72%	4.47%	10.45%	2.99%	17.91%	0	17.91%	7.46%	25.37%
AE	5	1	31	37	1	9	4	14	1	11	10	22
	6.85%	1.37%	42.46%	50.68%	1.37%	12.33%	5.48%	19.18%	1.37%	15.07%	13.70%	30.14%

　　本节首先统计反馈话语的类型, 分析 AN 和 AE 两位教师数据的特点, 并提取相关的教学片段进行深入分析与探讨. 由表 8.1 可以看出, AN 教师和 AE 教师在内容反馈、形式反馈、主题反馈上频数差异不大. 但通过分析三个部分所占百分比, 发现新手教师 AN 的内容反馈占大多数, 占总数的 56.72%, 形式反馈占总数的 17.91%, 主题反馈占总数的 25.37%. 我们再看经验教师 AE 在三类反馈的百分比, 分别是 50.68%, 19.18%, 30.14%. 可以看出, 经验教师和新手教师使用最多的反馈策略都是内容反馈.

　　对 AN 教师各类课堂言语反馈进行深入分析, 发现频数最高的是重复补充, 达 27 次, 占总反馈的 40.30%; 其次是追问, 12 次, 占 17.91%; 居第三位的是直接肯定, 9 次, 占 13.43%; 主题评论反馈最低, 0 次.

　　可见, 在 AN 教师的数学课上, AN 教师通过不断重复补充学生的话语, 使得互动得以继续. 重复仅能起到吸引学生的注意力, 但对学生的语言输出无实质性的改变. 教师过度使用补充反馈, 在某种程度上阻碍了学生的思维发展, 教师补充学生的言语不可能提供有用的信息输入, 从而减少了数学思维输出的机会. 根据表 8.1 显示, 追问是 AN 教师较多使用的反馈策略. 教师适时地追问, 可以引发学生进一步的话语输出, 引起学生及时的话语反应. AN 教师较常用的另一反馈策略是直接肯定, 在课堂记录中发现, AN 教师直接肯定的言语通常是 "好" "好的". 这表明 AN 教师在语言的灵活性掌握方面还有待提高.

　　在 AE 教师的各类课堂言语反馈中, 频数最高的是重复补充, 达 31 次, 占总反馈的 42.46%; 其次是追问, 11 次, 占 15.07%; 居第三位的是启发, 10 次, 占 13.70%; 直接否定、明显纠错、主题评论反馈最低, 均只有 1 次, 占 1.37%.

　　可见, 在 AE 教师的数学课上, AE 教师亦是通过重复补充学生的回答, 使得师生交流得以继续. 教师这样做的原因, 可能是为了强化关键内容, 便于其他学生听懂. 研究者对重复反馈的看法褒贬不一, 有研究者认为引用学生的语言是对学生的一种肯定, 是学生比较喜欢的反馈方式; 也有研究者认为课堂上教师不要重复学生的答案 (杜朝晖等, 2007). AE 教师的追问反馈、启发反馈所使用的频数低于重复补充问题, AE 教师通过调整提问方式与节奏, 帮助学生自主地监控和调整自己的学习.

　　以上分析得知, 与 AE 教师相比, AN 教师大量地使用内容反馈中的重复补充与直接肯定.

【案例 8-1】

师 AN: 你想想, 哪里出错了? 是不是解不等式的时候, 漏了一个解呢?

生 4: 是的.

师 AN: 好, 请坐.

(AN-HS-LX)

在案例 8-1 中，教师 AN 在得到学生的回答后，进行直接肯定，并示意让学生坐下. 在此类回答中，教师的提问通常是一种选择式的问句，将答案隐含在问题中提示给学生.

【案例 8-2】

师 AN：你看它的定义域是什么？是有限集，还是无限集？

生 5：有限集合.

师 AN：好的，有限集合. 它的定义域上有 7 个点，每个点有一个纵坐标.

(AN-SH-LX)

在案例 8-2 中，教师首先用"好的"来肯定学生回答的正确性，以重复学生的话语"有限集合"作为回应. 之后，阐释了原因，因为"它的定义域上有 7 个点，每个点有一个纵坐标."此外，由于课堂信息量很大，教师需要抓住关键信息，并且标注它们，通过重复再现等方式引起学生注意. 强调关键信息，能较好地引导学生的思维流向，从而有益于教学目标的达成. 案例 8-3 更能体现这一点.

【案例 8-3】

师 AN：(① $f(x)=1, g(x)=x^0$；② $f(x)=\left|x^2-1\right|, g(x)=\left|x-1\right|$) 第①题中的 $f(x)$ 和 $g(x)$ 是同一函数吗？

生 6：不是同一函数.

师 AN：不是同一函数，为什么？

生 6：第二个式子的 $x \neq 0$.

师 AN：也就是说它们的什么不一样？

生 6：定义域.

师 AN：定义域不一样. 第一个式子的定义域是 **R**. 第二个式子的 $x \neq 0$. 如果定义域都不一样的话，我们就说不用再看对应法则了，所以说它不是同一函数. 再看第②题是同一函数吗？

生 6：不是.

师 AN：不是，为什么？

生 6：对应法则不一样.

师 AN：定义域一样，定义域都是 **R**，但是对应法则都是不一样的，所以不是同一函数. 好的，请坐.

(AN-HS-LX)

上述片段是教师引导学生思考判断同一函数的方法. 对于学生的回答，该教师用到了大量的重复，这起到了强调关键特征的作用. 通过重复帮助学生加深对判断同一函数方法的理解，如：学生回答函数 $f(x)=1, g(x)=x^0$ 的定义域不同时，教师重复并拓展"第一个式子的定义域是 **R**. 第二个式子的 $x \neq 0$"；学生回答函

数 $f(x)=|x^2-1|$, $g(x)=|x-1|$ 的对应法则不同时，教师重申第一步判断定义域，即 "定义域一样，定义域都是 R，但是对应法则都是不一样的". 通过再三强调，使学生对判断同一函数的方法有一个整体的了解，进而为学生解决后续题目做准备.

在分析中，笔者发现两位教师很少采用直接否定学生的回答的做法，针对这个问题两位教师的看法是一致的，即上课的对象都是高中生，教学最好适应学生的心理特征.

AN 教师认为，"由于高中学生比较敏感，不可以批评他们. 他们也知道自己是做错还是做对了，对于做对的学生，我肯定是要表扬的，这样可以让学生更加主动地回答问题；而对于做错的学生，我一般也不说他们做错了，会叫另一个学生来补充回答，他们就知道自己做错了" (AN-HS-FT).

AE 教师更从教师的德育功能来看这个问题，"我从来不直接批评学生，因为他们已经是高中生了. 我认为这个牵涉到德育教育，数学教育不是数学教学，教育本来就有德育功能的，所以需要讲究方法策略" (AE-HS-FT).

8.1.2　专题二：函数的基本性质

本节主要分析 BE 教师和 BN 教师关于函数基本性质专题的 12 节课，近 540 分钟，即对师生问答部分分析教师反馈的类型和比例，主要对文本数据进行了描述性统计. 笔者对反馈话语的类型进行编码、统计，结果见表 8.2. 反馈话语的编码采取二次编码，一致性达到 85%.

表 8.2　BN 教师和 BE 教师反馈频数与百分比

	内容反馈				形式反馈				主题反馈			
	直接肯定	直接否定	重复补充	总数	明显纠错	形式协商	重铸	总数	主题评论	追问	启发	总数
BN	10	4	59	73	7	14	5	26	6	23	14	43
	7.04%	2.82%	41.55%	51.41%	4.93%	9.86%	3.52%	18.31%	4.22%	16.20%	9.86%	30.28%
BE	16	0	40	56	0	9	6	15	5	29	6	40
	14.41%	0	36.04%	50.45%		8.10%	5.41%	13.51%	4.50%	26.13%	5.41%	36.04%

通过比较内容反馈、形式反馈、主题反馈频数所占百分比，发现 BN 教师的内容反馈占总数的 51.41%，形式反馈占总数的 18.31%，主题反馈占总数的 30.28%. 我们再看经验教师 BE 的百分比，三项百分比依次是 50.45%, 13.51%, 36.04%. 与前两位教师相同，BE 教师和 BN 教师使用最多的同样是内容反馈，但主题反馈策略的使用的频数有所增加.

对 BN 教师各类课堂言语反馈进行深入分析，发现频数最高的是重复补充，达 59 次, 占总反馈的 41.55%; 其次是追问, 23 次, 占 16.20%; 居第三位的是形式协商、启发, 均 14 次, 均占 9.86%; 直接否定最低, 4 次, 占 2.82%.

由以上分析可见, 在 BN 教师的课堂上, 她经常重复学生的话语, 进行师生互动, 完成教学目标. 同时, 追问也是 BN 教师较多使用的反馈策略. 教师适时地追问, 可以引发学生进一步思考, 深入问题实质. 此外, BN 教师较常用形式协商与启发反馈. 要求形式协商, 就是请学生再次说明, 教师进一步协商, 能更有效促进学生自我修正错误. 同样, 启发反馈也可以起到促进学生自我修正、调整学生学习的作用.

在 BE 教师的各类课堂言语反馈中, 频数最高的是重复补充, 达 40 次, 占总反馈的 36.03%; 其次是追问, 29 次, 占 26.13%; 居第三位的是直接肯定, 16 次, 占 14.41%; 直接否定、明显纠错的反馈策略最低, 均 0 次.

可见, 在 BE 教师的课堂实践中, BE 教师亦是通过重复学生的回答, 开展师生对话, 以达成教学目标. BE 教师的追问反馈所使用的频数低于重复学生话语, 教学中 BE 教师对学生的回答表现出极大的兴趣, 就进一步追问, 然后用同义重复的手法确认学生所说的内容. 此外, BE 教师常使用直接肯定的反馈策略. 反馈语不仅仅是对学生话语的应答与评判, 还是学生信息输入的一个重要来源, 在组织课堂教学和学生数学学习过程中起着至关重要的作用. 因此, 当学生回答完问题后, 教师应给予不同的评价反馈语, 而不是简单的肯定, 要提升反馈语的丰富性. 此外, BE 教师没有进行直接否定与明显纠错反馈. 笔者听课时发现, 针对学生回答中出现的小错误, 教师通常采取避免纠错, 因为这种处理方式可以保护学生学习的积极性.

由以上分析得知, 除了内容反馈之外, BN 教师与 BE 教师在主题反馈上的比例也很大. 主题反馈不是教师强调的核心内容, 也不是纠正学生的错误, 而是教师围绕学生回答的内容进一步评论或追问, 进而激发学生思考. 与内容反馈所提出的问题不同, 主题反馈上教师的提问常是参考性问题, 以此来引发学生的回答. 由表 8.2 可见, 在追问反馈上, BE 教师比 BN 教师用得要多.

【案例 8-4】

师 BE: 我现在要请同学求这个函数 $f(x) = -x^2 + 2x + 3, x \in [-2, 0]$ 的最值. 那你们说说看, 这个题目应该怎么做?

生 1: 从图像知道它有最大值.

师 BE: 为什么? 你为什么说它有最大值?

生 1: 因为三次项系数 a 是 -1, a 是小于零的.

师 BE: a 是小于零的.

(BE-ZZ-LX)

在案例 8-4 中, 教师用 "为什么? 你为什么说它有最大值? " 表明教师对学生的回答表现出极大的关注，就此进一步追问是最大值的原因．当学生回答后，又用内容的重复反馈确认学生所说的内容，并向学生传递了对其回答的肯定．

通过对两位教师的追问进行分析发现，追问的常用语主要分为三类：第一类是"还有呢？""和……(拖音)""是……(拖音)"，用以暗示学生补充完善原来的回答；第二类是"你怎么想的？""为什么？"等，用于追问应答的依据，目的在于引导学生对问题进行更深入细致的探究，或要求学生对自己的应答做进一步的解释和说明，或有助于教师了解学生的思路，为下一步引导学生做准备；第三类是，"下一步？""然后呢？"等，询问学生个人对该问题的看法和可能的做法．请看下面的教学片段．

【案例 8-5】

师 BN：函数 $y = x^2$，$x \in (0, 1)$ (是否为偶函数)，它是一个什么样的函数呢？

生 2：不是．

师 BN：不是，原因是什么？

生 2：因为……

师 BN：首先，不是什么函数？

生 2：不是偶函数．

师 BN：不是偶函数，是不是奇函数？

生 2：不是．

师 BN：也不是奇函数，原因呢？

生 2：因为它……(停顿)，它是不关于原点对称的．

师 BN：什么是不关于原点对称的？

生 2：定义域．

师 BN：定义域不关于原点对称，$x \in (0, 1)$ 不关于原点对称，所以它一定不是一个偶函数，也一定不是一个奇函数．

(BN-JO-LX)

在案例 8-5 中，教师用"不是什么函数？""是不是奇函数？""什么是不关于原点对称的？"来反馈学生的回答，提示学生补充原来的回答，将回答进一步完整化．在这段话语中，她也两次问了"原因"，让学生对回答是偶函数还是奇函数进行说明，实际上是强化判断函数奇偶性的步骤．

此外，我们看到两位老师都运用了主题评论，就是在给学生反馈的时候融入了个人主观的评论，或者自己的个人评价，能够极大地激发学生的学习热情．比如案例 8-6.

【案例 8-6】

师 BN：请告诉我，什么是增函数？什么是减函数？

生 3：在某个区间上，$x_1 < x_2$，都有 $f(x_1) < f(x_2)$，它就是增函数.

师 BN：好的，同样地请给出减函数的定义.

生 3：在某个区间上，$x_1 < x_2$，都有 $f(x_1) > f(x_2)$，它就是减函数.

师 BN：你请坐，刚才生 3 很熟练地把这段话都说出来了，我都背不出来，很厉害.

(BN-DD-LX)

BN 教师让一个学生复述单调增函数和单调减函数的定义，在学生回答正确之后，教师说出了自己的想法，与同学一起分享自己的体会"我都背不出来，很厉害"，让同学感到非常自豪，这比简单地说一声"很好"作用要大很多.

8.1.3 专题三：基本初等函数

本节主要分析新手教师 CN 与经验教师 CE 关于基本初等函数专题的 10 节课，近 450 分钟，即对师生问答部分分析教师反馈的类型和比例，主要对文本数据进行了描述性统计. 反馈话语的编码采取二次编码，一致性达到 80%，具体分析结果如表 8.3 所示.

表 8.3　CN 教师和 CE 教师反馈频数与百分比

	内容反馈				形式反馈				主题反馈			
	直接肯定	直接否定	重复补充	总数	明显纠错	形式协商	重铸	总数	主题评论	追问	启发	总数
CN	18	0	25	43	3	16	2	21	0	18	5	23
	20.69%	0	28.73%	49.42%	3.45%	18.39%	2.30%	24.14%	0	20.69%	5.75%	26.44%
CE	20	0	27	47	2	11	8	21	0	14	15	29
	20.62%	0	27.83%	48.45%	2.06%	11.34%	8.25%	21.65%	0	14.43%	15.47%	29.90%

通过比较内容反馈、形式反馈、主题反馈频数所占百分比，发现 CN 教师的内容反馈占总数的 49.42%，形式反馈占总数的 24.14%，主题反馈占总数的 26.44%. 我们再看经验教师 CE 的百分比，三项百分比依次是 48.45%，21.65%，29.90%. 与前面四位教师相同，CE 教师和 CN 教师使用最多的也是内容反馈，同时发现形式反馈和主题反馈的使用频数也很大，其中形式反馈都在总数的五分之一以上.

对 CN 教师各类课堂言语反馈进行深入分析，发现频数最高的是重复补充，达 25 次，占总反馈的 28.73%；其次是追问与直接肯定，均 18 次，占 20.69%；居第三位的是形式协商，16 次，占 18.39%；直接否定、主题评论最低，均 0 次. 可见，CN 教师在数学教学时，采用重复补充学生的回答，使得师生沟通交流，来进行课堂教学. 教师追问与直接肯定也是 CN 教师使用较频繁的反馈策略. 教师适时地追问，控制学生注意力的指向，引导学生思维的操作. CN 教师常用直接肯定的言语，如"好""好的"，在评价语言的多样性方面还有待提高.

在 CE 教师的各类课堂言语反馈中，频数最高的是重复补充，达 27 次，占总反馈的 27.83%；其次是直接肯定，20 次，占 20.62%；居第三位的是启发，15 次，占 15.47%；直接否定、主题评论最低，均 0 次.

可见，CE 教师在数学课上也是通过重复学生的回答，使得师生交流顺利进行. 教师这样做的原因，可能是为了强化关键内容，便于其他学生听懂. CE 教师的直接肯定所使用的频数低于重复学生回答，CE 教师通过简单肯定地应答学生，给予反馈. 同样，教师启发反馈可以促进学生自我修正，拓展数学思维.

以上分析得知，相比前面四位教师，CN 教师与 CE 教师在形式反馈上的比例较大. 形式反馈分为明显纠错、形式协商和重铸. 由表 8.3 中的统计频数就可以看出来，在形式反馈中，形式协商反馈发生的次数比较多，CN 教师比 CE 教师的百分比要大.

【案例 8-7】

师 CN：我们现在看一下这道题. 给你 10 个函数，10 个图像(见附录 6，CN 关于"幂函数"的基本性质与图像的教学设计)，请将它们一一对应起来. 我们先看第一个函数 $y = x^{-\frac{1}{4}}$. 生 1.

生 1：因为是 $-\frac{1}{4}$ 次方，$k < 0$，所以是双曲线.

师 CN：双曲线形的有几个啊？

生 1：三个.

师 CN：三个，哪三个？

生 1：B, C, I(图 8.1～图 8.3).

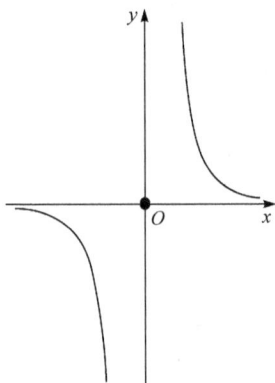

图 8.1　练习题中的 B 图　　　　　　图 8.2　练习题中的 C 图

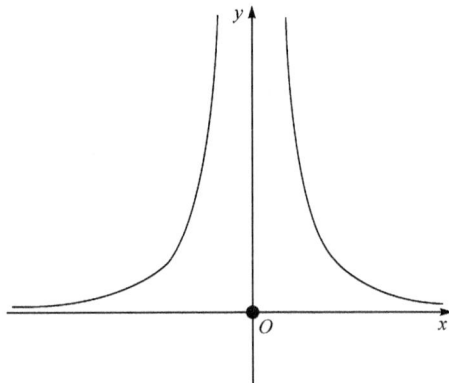

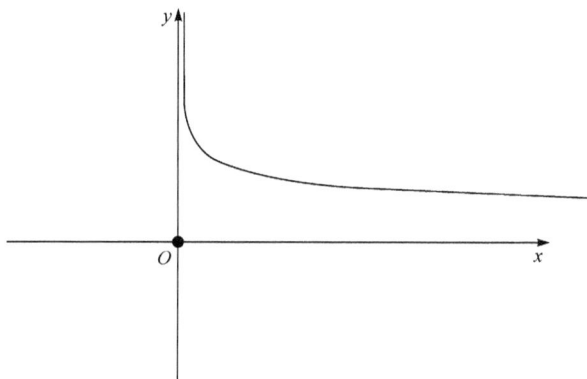

图 8.3　练习题中的 I 图

师 CN：第一步，我们可以直接看出 $k < 0$，所以说，第一象限的图像肯定是双曲线，那么从 B, C, I 三个里面选，然后再看什么？

生 1：然后再看定义域.

师 CN：定义域？

生 1：哦，奇偶性.

师 CN：那么这是奇函数还是偶函数啊？

生 1：既不是奇函数也不是偶函数.

师 CN：非奇非偶，是吧？那么，这三个图像中应该是哪一个？

生 1：是 I.

师 CN：选 I，对吧？请坐.

(CN-MH-LX)

这个片段是关于 CN 教师教幂函数，通过幂函数的解析式选择幂函数的图像，学生刚学完如何根据幂函数的解析式画出函数图像的步骤，但是没有一下子完全掌握. 对于画幂函数的第二个步骤，学生回答看函数的定义域，教师通过升调问"定义域？"来暗示错误，学生立刻意识到应该是考虑函数的"奇偶性". 教师通过协商，给学生进一步的启发，最后达到学生能够自我修正的目标.

【案例 8-8】

师 CN：大家看一下，k 不管是在 -1 到 0 之间，还是等于 -1，还是比 -1 小，它们在第一象限的图像画出来是不是类似的啊？

群生：是.

师 CN：所以 $k < 0$，还要不要继续分啊？

生 2：我觉得要分的.

师 CN：要分吗？

生 2：分的.

师 CN：要不要分？

生 2：不用分.

师 CN：分还是不分？

生 2：对于正数情况下，那个 k 值不是要分的嘛？

(师 CN 露出疑惑表情)

师 CN：现在是在说第一象限啊. 第一象限内，指数是 –1 到 0 之间、–1 或小于 –1 的数，第一象限内的形状是类似的吧？

群生：类似.

师 CN：所以说，就单单第一象限而言，这个 $k < 0$ 不用分的.

在案例 8-8 中，教师总是通过选择疑问句诱导学生说出答案，学生猜测教师的目的，教师没有对学生进行有效的反馈，因此学生对幂函数图像的分类出现混淆、不理解的情形.

【案例 8-9】

师 CN：第二题 $y = x^2 (x > 0)$，它的反函数是什么？这个是很简单的是吧？换一下位置就可以了. 一步步来.

生 3：$x = \sqrt{y}$.

师 CN：负的有没有？

生 3：没有.

师 CN：为什么没有？开根号照理来说，开平方应该是正负都有的，那么为什么没有？

生 3：$x > 0$.

师 CN：$x > 0$，所以说我们只要 $x = \sqrt{y}$. 好了，然后我们再写成 $y = \sqrt{x}$，那么定义域是什么？

生 3：大于 0.

师 CN：大于等于 0？

生 3：大于 0.

师 CN：大于 0 是怎么来的？

生 3：因为 $x > 0$.

师 CN：因为原函数的值域.

生 3：嗯，值域.

师 CN：值域是大于 0，是不是大于 0 啊？$x > 0$，x^2 是大于 0 的，所以说它的值域是大于 0 的，那么原函数的值域大于 0，所以反函数的定义域就是大于 0 的.

(CN-MH-LX)

在案例 8-9 中，教师明知学生在求解反函数的定义域上出现了问题，但只是用重铸方式将正确的形式重复一遍.

从表8.3中我们可以看出, 两位老师不太采用明显纠错的办法, CN 教师在讲课的时候仅进行了 3 次直接纠错.

【案例 8-10】

师 CN: 在黑板上画的一个草图(图 8.4), 跟大家画的是一样的吧? 可以看出, 它的奇偶性是什么?

生 4: 单调的.

师 CN: 是奇偶性.

生 4: 奇.

师 CN: 奇函数, 对吧?

(CN-MH-LX)

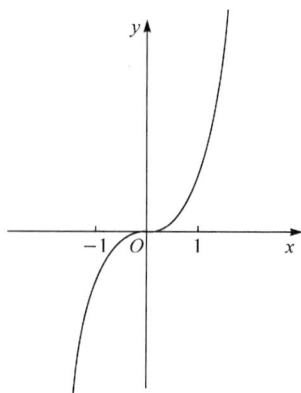

图 8.4

教师让学生判断函数 $y = x^3$ 的奇偶性, 由于奇偶性是上一章 "函数的基本性质" 中所学过的内容, 学生可能有些混淆 "单调性" 和 "奇偶性" 这两个抽象的概念, 第一次没有判断正确, 教师直接纠正为需要判断奇偶性. 以上我们发现, 在师生问答的过程中两位老师更多的是使用形式协商和重铸. 因为这两种方式能够比较好地引发学生思考, 而又不中断师生之间的交流.

8.2 关于效果反馈知识的讨论

教师的反馈评价知识在数学教师专业发展标准中都得到了充分的体现, 在标准的专业实践范畴下都有详尽的规定. 有力的、恰当实施的反馈评价能给教师、学生提供有关学生表现及学生对学习目标的实现程度的重要信息(周淑琪, 2014). 可见在教师教学知识的领域里, 效果反馈知识是重要组成部分. 本章从教师课堂教学中的言语反馈入手, 比较新手教师与经验教师关于效果反馈知识的特点与差异.

表 8.4 为新手教师与经验教师在内容反馈、形式反馈和主题反馈三种反馈类型上出现的频数. 由表可见, 新手教师与经验教师在每节课中都较多地使用内容反馈, 而形式反馈和主题反馈使用相对较少. 从反馈策略的比重来看, 新手教师与经验教师均采用多元化的反馈方式, 而非单一反馈方式. 因为单一的反馈方式在一定程度上影响师生交流的质量, 也不利于调动学生的学习积极性.

表 8.4 新手教师和经验教师反馈的平均频数

	内容反馈	形式反馈	主题反馈
新手教师	51.33	19.67	27.67
经验教师	46.67	16.67	30.33

　　在数学教学中，新手教师与经验教师的反馈均表现为擅长使用内容反馈，但深入分析发现其在内容反馈的分类上略有差异. 新手教师在内容反馈类型中，更多地运用重复补充与直接肯定. 具体表现为，他们一般对学生的回答进行重复补充或直接给一个简单的肯定，对学生的学习活动并无指导意义，不利于学生进行自我调整、自我控制. AN 教师通过重复补充学生的回答，虽然使得师生交流得以顺畅发展，但大量使用重复反馈，一定程度上阻碍了学生的数学思维发展，减少了数学思维输出的机会. CN 教师较常用直接肯定来回应学生的回答，使用单调的言语，如"好""好的"，在一定程度上抑制学生的积极性. 新手教师在形式反馈中，较多运用形式协商反馈策略，如 BN 教师请学生再次说明，通过再一次表述能更有效地促进学生自我修正错误.

　　与新手教师相比，经验教师在内容反馈类型中，也较多地运用重复补充与直接肯定，但是直接否定比新手教师运用得要少. 在主题反馈类型中，经验教师善于运用追问、启发. 经验教师通过追问，使得学生自我调节，补充完善原来的回答，并且引导学生对问题进行更深入细致的探究，为下一步学习打下基础. 同时，经验教师通过启发反馈激发学生积极地思考问题，推动学生对问题发表自己的见解，学生在课堂中感受到教师的推动而激发了极大的学习动机. 笔者在观察中还发现，经验教师较好地注意反馈的适时性，留下一定长度的"第二等候时". "第二等候时"指在学生回答问题后到教师反馈之间的时间间隔. 也就是说，学生回答后，不急于反馈，留一定时间. 因为学生在回答问题时，由于紧张，其语言难以及时准确地外显思想，可能使其回答不完善，回答问题后的轻松和顿悟可能使其能及时补充、完善自己的回答.

第9章　教学策略知识

策略是人们为了实现目标所采取的方案，教学策略是教师为实现教育目标、完成教学任务所采用的方法和措施. 教师在教学的过程中会面对种种问题：对于这一课题，学生先前的知识经验有哪些是可以运用的？怎么帮助他们形成新旧知识的联系？需要采用什么方式呈现内容？运用什么手段来激发他们的学习动机？怎样才能把内容讲清楚？如何使得所教内容适合每个学生的教育需求与个体偏好？教师会根据自己的教学经验和对学生的理解选择最适宜、最有效的方法进行教学. 本章将从教学呈现方式与处理策略方面来解析新手教师和经验教师的教学策略知识的特征. 在教学的呈现方式上，比较新手教师与经验教师对同一数学概念或性质的呈现方式，以及该呈现方式的优势与不足；在教学的处理策略上，比较新手教师与经验教师对同一例题的处理方式，并且判断该处理方式能否促进学生的理解.

9.1　教学呈现方式的知识

9.1.1　专题一：函数的定义

在"函数的概念"教学中，AN 教师和 AE 教师的教学环节基本按照"引入—新授—例题—练习—小结"进行，而 AE 教师是从检测预习效果来引入教学的. 他们在函数概念的引入环节使用了不同的教学策略. AN 教师通过列举两个实例，即自由落体运动的公式 $s = \dfrac{1}{2}gt^2$ 和一次函数的例子 $y = 3x + 9$，引出函数概念.

【案例 9-1】

师 AN：在我们的日常生活中，处处都存在一个量与另外一个量之间的对应关系. 比如说在物理课上，我们学过自由落体运动，是不是？

群生：是.

师 AN：自由落体运动是哪个量与哪个量之间的关系？主要是考虑物体的位移与时间之间的关系. 这种关系是在某一个特定的时刻，存在着对应的一个位移，如果用数学关系式表示，是什么呢？

群生：$s = \dfrac{1}{2}gt^2$.

(师 AN 在黑板上写下公式)

师 AN：这里 g 取 10m/s^2，也就是一个常数. 那么我们通过这个关系式会发现，位移 s 随着时间的变化而变化. 通过这个关系式，我们还可以研究它的图像. 那么这个图像画出来是什么样的呢？

群生：抛物线.

师 AN：是一条抛物线的一半. 我们在物理学中，学过了位移与时间之间的关系. 那么我们在初中也学习过一些量与量的对应关系，你们说有哪些？

群生：正比例函数.

师 AN：那么我就随便写一个正比例函数，比如 $y = 3x + 9$. 这是一个一次函数，正比例函数应当没有常数项. 这里是哪个量与哪个量之间的对应关系？

群生：y 与 x 之间的对应关系.

师 AN：也就是 x 每一个值，y 都有唯一的值与之对应. 这种从一个量之间的取值到另一个量之间的取值，就是我们所说的函数关系. 那么抽象出来就是函数的概念，大家把书翻到 53 页.

(AN-HS-LX)

可以看出，AN 教师采取复习引入的方式让学生学习函数的概念. 他自己也是这么说的，"一上课，我就用自由落体运动的公式和一次函数的例子来让学生回想起在初中学过的函数概念. 我想通过以旧引新的方式，让学生学习高中的函数概念"(AN-HS-FT). AN 教师把教学看成单纯传授知识，知识是静态的、客观的. 他这种让学生坐在固定的座位上，静听讲解和记诵书本的做法，只能使学生全然处于消极被动状态，抑制学生的理智活力.

AE 教师采取先让学生课前预习，课上进行针对性教学的方式. 课上，教师通过让学生回答课后练习 3.1 中的第 1 小题举生活中有关函数的实例，借此掌握学生对函数概念的理解，再剖析函数概念.

【案例 9-2】

师 AE：我们把书翻到 53 页，今天开始第 3 章的学习. 昨天要求同学们将"函数的概念"这一节内容预习一下，今天我们就把函数概念交流一下.

(教师在黑板上写下"函数的概念")

师 AE：我们先看课后练习，请同学起来说一下. 第一个问题举两个生活中的函数例子，并用合适的方式表示这两个函数. 生 1.

生 1：重力和物体的质量.

(教师在黑板上写下"重力"和"质量")

师 AE：请描述一下他们之间有怎样的关系.

生 1：物体的质量发生变化，那么重力也将随之变化.

师 AE：也就是说，当物体的质量确定时，它的重力也随之确定，而且是唯一确定的。所以，重力是质量的一个函数。那么怎么来表示呢？

生 1：$G = mg$。

师 AE：重力用英文字母 G 来表示，质量用字母 m 来表示，那么就是 $G = mg$ (教师在黑板上写下公式)。这里的 g 我们叫做什么呢？

群生：重力加速度。

师 AE：这个重力加速度，它是一个常数。那么这里 m 的取值范围如何呢？应该是大于零的。这是一个函数，请再举一个例子。

生 1：速度。

(教师在黑板上写下"速度")

师 AE：这里需要有两个量，不能单讲速度。还需要一个变量，你说是什么呢？

生 1：时间。在速度一定的情况下，路程随着时间的变化而变化。

师 AE：那么这里的速度就是一个常量，时间是一个变量，还有一个变量是什么？

生 1：路程。

(教师在黑板上写下"时间""路程")

师 AE：这里的速度是一个定值，随着时间的流逝，路程就会增加，就会变化。不同的时间点上，就会有不同的路程。而且，我们可以看到一旦时间取定之后，这个路程的值也是可以唯一确定的，在速度为常数的情况下。那么这个函数我们如何来表达呢？如果我们令速度是 v_0，路程是 s，时间是 t，那么如何表达呢？

生 1：$s = v_0 t$。

(教师在黑板上写下公式)

师 AE：这里 t 的取值范围是什么呢？是不是也应该是大于零的呢？好的，你请坐。我们再请一个同学举两个例子，生 2。

生 2：生活中出租车的例子。

师 AE：就是路费与行驶的路程之间的关系。我们坐出租车，坐上车了以后我们就把计程器打开，按照走的路程来付车费。路程不同，你所付的车费也不同，路程一定了以后，大家所付的钱都是一样的。所以我们说，车费也是随着路程的确定而唯一确定的。那么怎么来表达呢？

生 2：路程在 3 公里以内，就是起步价 12 元，如果超过三公里，就以每公里 2.4 元累加计算。

(教师在黑板上写下车费、路程)

师 AE：这个关系比较复杂，是一个分段函数，书上有没有这个例子呢？

群生：有的。

师 AE：我们打车的时候，有这个起步费，上海的出租车起步价是 12 元，三公里之内，哪怕是说坐一公里也是 12 元．但是超过三公里之后呢，是按照每公里一定的价格来计费的．这也是一个函数关系，即车费和路程之间的关系．这个是书上的例子，那么请自己举一个例子．

生 2：我们打篮球的时候，将篮球扔出去的轨迹，这个轨迹就是函数．

师 AE：我们来一起看看什么叫函数？就是在一个变化的过程中，要有两个变量．轨迹不是函数，轨迹只是一条曲线．我们来看一下，书上怎么说的呢？(学生翻开书看)在某个变化过程中，有两个变量．篮球扔出去这个过程是一个变化的过程，如果你要讲函数，这里必须两个变量．哪两个变量呢？

生 2：篮球离开地面的高度．

师 AE：对的，篮球离开地面的高度，这是一个量，篮球离地面的距离越来越大，到达顶点之后，篮球离地面的高度又减小了(教师用手比划篮球上升的样子)．那么还有一个量是什么呢？

生 2：时间．

师 AE：篮球运动的过程与时间有关，所以在每一个时刻点上，都有唯一确定的高度．从篮球扔出去到它着地这个时间段里面，我们随便取一个时间点，那么都有一个唯一确定的高度和它对应，所以这两个量之间是一个函数关系．好的，请坐．

(AE-HS-FT)

以上两位教师都是通过实例来让学生理解函数的定义，但是教学策略却有明显的差别．AN 教师所举的两个例子都是用解析式表达的，容易给学生一种误导认为函数就是解析式．我们可以看出两个例子并没有起到促进学生理解函数定义的作用，而是一种"摆设"，最后教师通过诵读书上的定义而结束了对函数概念的介绍．AE 教师通过让学生举生活中有关函数的实例，能够更好地反映出学生对函数的理解．通过分析学生所举的实例，AE 教师一再强调理解概念需要注意的关键点：找两个变量、区分常量与变量、变量之间的唯一确定性．尤其案例 9-2 中，学生错误地认为函数就是轨迹，AE 教师给出了回应，这一点已在案例 9-2 中进行了分析．对每个例子，他还让大家思考自变量在实际背景下的取值范围，这为后面讲函数定义域埋下伏笔．他认为例子的作用除了让学生理解函数的定义之外，还要让学生明白"解析式也不一定是函数，函数也不一定用解析式来表达"(AE-HS-FT)．

9.1.2　专题二：函数的基本性质

在"函数的单调性"教学中，BN 教师和 BE 教师的教学内容和教学环节大致相同．在引入环节，两位教师有明显的不同．BN 教师是通过一个大盘增长率走势图(图 9.1)引出这节课的．

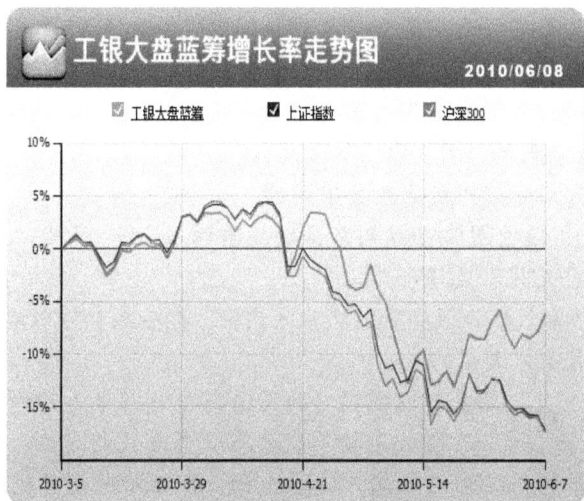

图 9.1　大盘走势图

BN 教师："先来看一下这样的一个图,大盘增长走势图. 同学们一看到这个就来兴趣了. 那么你看这个图像,弯弯扭扭地,有的往上走,有的往下走. 那么如何分析呢? 这肯定是一个复杂的函数,一个分段函数,有时候增,有时候减. 你要学会看懂这个函数,你就要学好今天的这堂课——函数的单调性. 那么,这么复杂的一个函数我们肯定不能一开始就研究它,对吗? 所以我们今天从简单函数的单调性入手去研究."(BN-DD-LX)BN 教师通过一张图来引出这节课的主要目标,就是研究函数上升或下降的趋势.

而 BE 教师通过提问的方式由学生交流预习这节课的收获.

【案例 9-3】

师 BE:昨天我们预习了函数的单调性,接下来我想请同学回忆一下,通过预习你学到了什么?

生 4:我学到了有单调增函数和单调减函数.

师 BE:你学到了有两类函数,一类是单调递增函数,一类是单调递减函数.

那么,怎么样的函数叫做单调递增函数,怎么样的函数叫做单调递减函数?

生 4:对于任意的在定义域内的函数,如果 y 随着 x 的增大而增大,就是单递增函数. 如果 y 随着 x 的增大而减小,就是单调递减函数.

师 BE:好的,请坐. 那么这个定义是否正确,我们一会可以通过复习回顾来验证一下. 除此之外,我们通过预习还学会什么?

生 5:区间 I 叫做函数的单调区间.

师 BE:区间 I 称为单调区间. 这里,请大家思考一个问题,就是刚才生 4 讲到的定义域,生 5 讲到的单调区间,那么请大家思考这样一个问题,单调区间是不是就是定义域, 定义域是不是就是单调区间呢? 今天我们带着这样的问题进入课堂. 好的, 请坐, 还有吗? 生 6.

生 6: (站起来, 低下头没有回答.)

师 BE: 通过昨天的预习, 你还知道什么?

生 6: 根据图像可以判断函数的单调性.

师 BE: 好的, 通过图像可以判断函数的单调性. 好, 请坐. 总归有点收获的, 还有没有同学有补充呢? 生 7.

生 7: 任取的两个数必须要在定义域之内的. 有些函数可以看它的图像, 它一半是单调增, 一半是单调减的.

师 BE: 好的, 有些函数可以根据它的图像得知它一半是增的, 另一半是减的. 其实我们通过预习, 大家已经对函数单调性有一个大致的了解. 那么至于了解到什么程度, 从同学的回答来看问题还是很大的. 因为我明显发现大家的表达不够规范.

(BE-DD-LX)

同样是新课题的引入, 两位教师采取不同的教学策略. BN 教师通过呈现一张股市大盘增长率的走势图, 引起学生的极大兴趣, 为了研究这种复杂的股票走势图, 首先要学习简单函数的单调性, 从而引出课题. 这种运用图片、图形、模型来引入新课的方法比较常见, 最大的作用就是激发学生的学习兴趣. BE 教师在讲"函数的奇偶性"时也是通过一些对称的彩色图片引入课题, 本节课依然延续之前的风格. 而 BE 教师则采用师生交流预习收获的方式进入课题, 同样是引入环节, 但是 BE 教师起到了两个作用, 通过提问让学生"热身"和检测学生的预习效果. 教师通过学生的回答, 发现学生对增、减函数的认识停留在一种趋势上, 即"y 随着 x 的增大而增大, 就是递增函数. 如果 y 随着 x 的增大而减小, 就是递减函数". 她还发现学生不太明白单调区间与定义域之间的关系, 对定义的表述还不够规范等. 在交流的过程中, 教师知道学生的误解或困惑出现在哪里, 在上课时给予针对性地解决.

9.1.3 专题三: 基本初等函数

通过分析, 我们发现 CN 教师和 CE 教师的教学环节基本一致, 是按照"引入—解析概念—例题讲解—练习"进行教学的. 他们都不约而同地运用了教材上的例子来引入对数概念, 但是采用了截然不同的教学策略. 下面我们先看 CN 教师的教学过程, 她先提出问题并在黑板上简要地记录, 问题如下:

> 假设 2002 年我国国民生产总值为 a 亿元, 如果每年平均增长 8%, 那么经过多少年国民生产总值是 2002 年时的 2 倍?

CN 教师按照求解应用题的一般方法, 先设出未知数, 再列出方程:

$$2a = a(1 + 8\%)^x,$$

化简为 $2 = 1.08^x$. 在得出上述方程后, 教师引导学生通过求解 x 来引出对数的概念.

【案例 9-4】

师 CN: 这就是我们这节课要讲的内容, 我们可以通过对数把解 x 求出来, 就是 $x = \log_{1.08} 2$, 这个形式我们给它一个名称叫做对数.

(教师在黑板的左上角写上"对数")

师 CN: $2 = 1.08^x$ 我们可以写成 $x = \log_{1.08} 2$, 注意这里下面是 1.08, 那么这里也是 1.08, 1.08 是底.

(教师用手指着 $2 = 1.08^x$)

师 CN: 我们再把它写成一般式, $a^b = N$ 写成对数形式应该是怎么样的呢? 是怎样的呢?

(教师在黑板上写出 $a^b = N$)

群生: $b = \log_N \cdots\cdots$, $b = \log_a \cdots\cdots$

师 CN: 这个下面到底是 a, 还是 N?

群生: a.

师 CN: 是 a, 就是 $b = \log_a N$, 大家注意字母的位置关系, 这个时候我给 b 一个名称就叫做对数.

(CN-DS-LX)

从上面这个教学片段发现, CN 教师先定义特殊的 $x = \log_{1.08} 2$ 为对数, 再强调指数式 $2 = 1.08^x$ 到对数式 $x = \log_{1.08} 2$ 字母的位置关系, 进而要求学生推出一般式 $a^b = N$ 的对数形式. 这种由特殊到一般的教学方法, 不太适用于初次接触对数概念的学生, 学生还没有弄清楚为什么 $x = \log_{1.08} 2$, 较易混淆什么是对数. 显然, CN 教师把增长率的例子处理成给出定义对数概念的例子. 其实不然, 这里增长率的问题只是提出问题, 即遇到已知底数和幂的值, 求指数怎么办? 就需要运用对数概念来解决, CE 教师就是按照这样的思路进行教学.

【案例 9-5】

师 CE: 今天我们要用到新的内容. 我们举一个例子. 比如说, 2002 年我们国家的国民生产总值是 a, 每年的增长率是 8%, 那么过了一年, 到 2003 年的时候, 我们来看看总值是多少? 生 1.

生 1: $a + a \times 8\% = a(1 + 8\%)$.

(教师在黑板上写出 $a + a \times 8\% = a(1 + 8\%)$)

师 CE: 那么再经过一年, 04 年呢? 生 2.

生 2：平方，就是 $a(1+8\%)^2$.

(教师在黑板上写出 $a(1+8\%)^2$)

师 CE：那么一直到 x 年呢？

生 2：$a(1+8\%)^x$.

(教师在黑板上写出 $a(1+8\%)^x$)

师 CE：请坐. 好. 那么我们看一下，如果我说经过多少年以后，是 2002 年的总值的两倍？那么 $a(1+8\%)^x$ 应该等于多少？

师和生：$2a$.

(教师在黑板上写出 $a(1+8\%)^x=2a$)

师 CE：这个式子我们经过化简以后，就是 $1.08^x=2$.

(教师在黑板上写出 $1.08^x=2$)

师 CE：我们看一看这个式子的特点，已知它的底，还有幂，现在求它的指数.

(CE-DS-LX)

接着，CE 教师讨论了一下这类题目的特点，指出如果可以化成同底的，就可以直接求出来，但是这个式子不能化成同底的形式. "那么我们如何来求 x 呢？如何来表达呢？所以我们今天就是来学习已知底、已知幂，如何来表示这个指数." (CE-DS-LX)由此给出了对数的概念，并让大家根据对数的概念来表示增长率问题中的 x. 经过 CE 教师这样的教学处理，学生首先明白对数是为了研究哪一类问题的，即已知底和幂，求底数的问题，由指数引出对数，并且应用对数的概念来解决增长率的问题. 这样的教学有一种"水到渠成"的感觉. 正如章建跃(2007)所言，每一个数学概念，从它产生的背景、形成过程、应用以及与其他概念的联系看，都是水到渠成、浑然天成的，不仅合情合理，而且很有人情味.

9.2　教学处理策略的知识

9.2.1　专题一：函数的定义

在函数关系的建立这堂课上，AN 教师和 AE 教师的教学任务大致一样，对 4 道例题(见附录 6, AN 教师关于"函数关系的建立"的教学设计，AE 教师关于"函数关系的建立"的教学设计)进行教学，且大都采用语言和板书来说明解答过程. 但是，对 4 道例题的处理方式上两位教师截然不同. AN 教师采取先读题，分析题意，再列出方程，最后指出需要找出自变量的取值范围. 在求定义域的过程中，完全采取自问自答、教师讲授的方式. AN 教师对 4 道例题都重点讲解，但没有针对学生理解的特点进行主次区分.

AE 教师认为前两道例题是教材中的例题, 学生通过预习已经消化吸收了, 因此简单地说了一下解答过程. 重点阐述, "函数关系式的建立, 实质上就是把 x 看作是已知数去求 y"(AE-HS-LX). 在求定义域的过程中, 教师通过师生互动由学生分析如何求自变量的取值范围, 充分调动学生学习的主动性. 有了前两道例题做铺垫, 教师总结建立函数关系的两个步骤, 来展开例 3 和例 4 的教学工作.

9.2.2　专题二: 函数的基本性质

1. 函数的奇偶性

在函数的奇偶性这堂课上, 从 BN 教师和 BE 教师的课堂环节来看, 两位老师均经历了"对称图形的引入—建立偶函数、奇函数的概念—练习证明函数的奇偶性—小结回顾"这样的 4 个环节. 但是一个明显的差异是, BN 教师在"建立偶函数、奇函数的概念"中主要分三步: 引入偶函数、奇函数的概念, 证明函数的奇偶性, 观察图像特征, 这里将两个函数放在一起学习定义和图像特征. 而经验教师 BE 在"建立偶函数、奇函数的概念"中主要分两步: 偶函数的定义、证明和图像特征, 奇函数的定义、证明和图像特征, 这里是在学习掌握偶函数的基础上学习奇函数. BE 教师先学偶函数再学奇函数的做法, 是用偶函数的学习经验给奇函数的学习搭建了一个平台, 这样"奇函数的学习只要类比着就过来了"(BE-JO-FT).

下面, 我们再来看两位老师对同一道例题采取的不同的教学策略:

> 证明: 函数 $f(x) = 2x^4 - 3x^2$ 是偶函数.

在证明之前, BN 教师在黑板上强调了证明偶函数的步骤: 第一步, 定义域关于原点对称; 第二步, 对任意的 $x \in D$ 都有 $f(-x) = f(x)$. 证明的过程是由学生口述, 教师在黑板上板演.

【案例 9-6】

师 BN: 要证明这是一个偶函数, 第一步(怎么做), 我们找一个同学叙述一下, 生 4.

生 4: 确定关于原点对称.

师 BN: 确定谁关于原点对称?

生 4: $f(x) = 2x^4 - 3x^2$.

师 BN: 确定它关于原点对称? 第一步, 确定谁关于原点对称?

生 4: 定义域.

师 BN: 嗯, 定义域, 你要说清楚. 好, 这个函数它的定义域是什么?

生 4: **R**.

师 BN: **R**, 定义域是 **R**, D 正好等于一切实数, 那么这个 **R** 是不是关于原点对称啊? 我希望你以后做题把这个判断过程写上去, $\mathbf{R}$ 是关于原点对称的. 好, 继续.

生 4: 然后的话……

师 BN: 第二步?

生 4: 对任意的 x 属于 $\mathbf{R}$.

师 BN: 唉, 很好, 任意的 x 属于 $\mathbf{R}$, 怎样? 我们要去算它的 $f(x)$, $f(-x)$. 首先, 我们来算一下 $f(-x)$, 它等于什么呢?

生 4: $f(-x)$ 等于.

师 BN: 说明框里面填了什么?

生 4: $-x$.

师 BN: $-x$, 所以代进去是什么?

生 4: 嗯, 2, 括号, $-x$.

师 BN: $-x$ 的?

生 4: 4 次方.

师 BN: 4 次方.

生 4: 减去, 3, 括号, $-x$ 的平方.

师 BN: 最后的结果是?

生 4: $2x^4 - 3x^2$.

师 BN: 减 $3x^2$ 的平方, 再来看一下它的 $f(x)$ 等于什么?

生 4: $2x^4 - 3x^2$.

师 BN: $2x^4 - 3x^2$, 这两个, 观察一下, 什么关系?

生 4: 相等.

师 BN: 相等, 所以我们可以得到?

生 4: $f(-x) = f(x)$

师 BN: $f(-x) = f(x)$, 好, 我们来看一下, 这里几个关键的点, 好, 生 4 说得很好啊! 第一个, 任意的 x 属于定义域, 我们得到了这个情况, 说明这个 $f(x)$ 是一个偶函数.

生 4: 偶函数.

师 BN: 是吧, 很好. 所以, $f(x)$ 是一个偶函数. 好, 再来回顾一下, 我们要判定一个函数是偶函数的基本步骤: 第一步, 一定要去看它的定义域是不是关于原点对称, 再根据这道题的思路, 一步一步下来, 是非常清楚的.

(BN-JO-LX)

从例题的讲解来看, BN 教师在证明前、证明中、证明后三次强调做题步骤, 将证明过程形式化.

下面我们来看同一道例题,BE 教师是如何讲解的.

【案例 9-7】

(师 BE 先在黑板上写下例题)

师 BE：对于这道例题,我们有很多学生是这样证明的.

(她在黑板上写下学生的证明过程, 如下)

$$
\begin{aligned}
&\text{证明：}\\
&f(-1) = 2(-1)^4 - 3(-1)^2 = -1\\
&f(1) = 2 \cdot 1^4 - 3 \cdot 1^2 = -1\\
&f(-1) = f(1)\\
&\text{所以 } f(x) \text{是偶函数}
\end{aligned}
$$

师 BE：函数 $y = f(x)$ 是偶函数. 我们来判断一下, 他认为这个是偶函数, 是对还是错?

群生：错.

师 BE：好的, 错在哪里? 生 2 说说看, 错在哪里?

生 2：因为没有写出函数的定义域.

师 BE：好! 生 2 认为没有写出函数的什么?

生 2：定义域.

师 BE：定义域. 那么生 2 说说看这个函数的定义域是什么呢?

生 2：x 是属于 **R**.

师 BE：很好, 定义域是 **R**, 还要干什么, 定义域我写好了.

生 2：要满足关于原点对称.

师 BE：很好, 请坐! 生 2 发现了他没讲定义域, 它满足条件当中的一个, 它没满足两个, 非常好! 生 3.

生 3：我觉得它取的是一个数, (用一个数)来代表 $f(-x) = f(x)$ 在定义域内成立的.

师 BE：这个式子可以在多少个地方成立? 几个地方?

生 3：一个.

师 BE：是吧? 好! 请坐. 好! 生 3 马上发现了, 它不是什么成立?

师和生：恒成立.

师 BE：是不是? 对不对?

生 3：对.

师 BE：它是某一个地方成立了, 对不对? 你能不能说它是偶函数啊?

生 3：不能.

师 BE：我要的是什么成立?

生 3：恒成立.

师 BE：那么有的同学说了，没关系的，我接下来试啊，$f(-1)$，$f(-2)$，$f(3)$，$f(4)$，试到老，也不行的，因为这里的定义域是 **R**. 那么显然这种证明是对的，还是错的?

(教师指着黑板上的证明过程.)

群生：错的.

师 BE：接下来我们看一下如何证明这个函数是偶函数.

(BE-JO-LX)

我们看出 BE 教师对于偶函数的证明，采取"迂回"的策略，先抛出一个错误的解答，通过判断对错、找到错误的原因，来让学生明确证明偶函数的基本方法，最后提出问题如何证明该函数是偶函数，让学生带着问题来听课，比直接强调做题步骤效果更好.

2. 函数的最值

在函数的最值这堂课上，分析 BN 教师和 BE 教师的课堂环节(图 6.6)，他们有四个环节相同，即"建立最大值、最小值的概念—求解二次函数在给定闭区间上的最值—求解二次函数动轴定区间上的最值—小结回顾". BE 教师多了一个复习回顾，其实这一环节与 BN 教师的"回顾二次函数在整个区间 **R** 上的最值"内容相同，也是教材中的一道例题(求下列二次函数的最大值或者最小值: (1) $y = 2x^2 - 3x + 1$; (2) $y = -x^2 + 2x + 3$). 看似两位教师的教学环节是一样的，其实不然，她们在对二次函数在闭区间上最值的教学处理上明显不同.

BN 教师提出本节课主要学习在某一个闭区间上求函数的最大值和最小值，在黑板上写下题目:

> 求函数的最值: $y = x^2 - 2x$.
> $(1) x \in [-2, 1]$; $(2) x \in [2, 3]$; $(3) x \in [-1, 2]$;
> $(4) x \in [0, 3]$; $(5) x \in [-1, 3]$.

写好题目之后，BN 教师对全班学生说："听清楚我的要求，你在做题目的时候，第一步，画图；第二步，根据区间范围来截图；第三步，看图；第四步，写结果."(BN-ZZ-LX)她又叫了 5 个同学上黑板来做题.

我们发现在做题之前，BN 教师已经告诉学生解这类题目的基本步骤. 根据老师强调的步骤，5 个同学都做对了. 但是这样的教学处理，却压缩了学生思考的空间，使得学生将这类题目模式化. 下面，我们再看 BE 教师是如何处理的.

BE 教师让同学研究函数 $f(x) = -x^2 + 2x + 3$ 在给定闭区间上的最大值和最小值.

【案例 9-8】

师 BE：现在求 $f(x) = -x^2 + 2x + 3, x \in [-2, 0]$ 的最值，那你们说说看，这个题目应该怎么做？生 8.

生 8：从图像知道它有最大值.

师 BE：为什么？你为什么说它有最大值？

生 8：因为 a 是小于零的.

师 BE：a 是小于零的.

生 8：然后再根据它的定义域可以把它的最小值代进去.

师 BE：把它的最小值代进去. 什么意思？我听不懂.

生 8：就是 $x = -2$ 代进去.

师 BE：好，把 $x = -2$ 往里代. 是吧？当 $x = -2$ 的时候，$f(x) = -(-2)^2 + 2(-2) + 3 = -5$，是不是这个意思啊？这是 $f(x)$ 的什么值？

生 8：最小值.

师 BE：为什么是最小(值)？给定区间情况下，你现在说把 $x = -2$ 往里面代，得出来这个值是 -5，然后你说这个值是最小值，你进一步解释一下，为什么是最小值？好，请坐. 生 9.

生 9：然后你还要算一下当 $x = 0$ 的时候，刚才那个不一定是最小.

师 BE：(老师指着黑板上的 -5)它不一定是最小. 那咱们再算一下当 x 等于什么？

生 9：0.

师 BE：等于 0 的时候，然后 $f(x) = -0^2 + 2 \times (0) + 3 = 3$，比较 -5 和 3.

生 9：$-5 < 3$.

师 BE：所以 3 是最大值，-5 是最小值？好，请坐. 对不对？是不是把这两个值往里面代，然后比较一下，哪个大，哪个就是最大值，哪个小，哪个就是最小值呢？

群生：不是.

师 BE：不是啊？还是有问题啊？生 10.

生 10：还是要看对称轴.

师 BE：还是要看对称轴是吧？还是要配方是吧？我们再配一次. $f(x) = -(x^2 - 2x + 1 - 1) + 3 = -(x - 1)^2 + 4$，是吧？然后呢？配方配好以后干什么？

生 10：画出它的大致的图像.

师 BE：哦，还要画出它的大致的图像. 它的大概的图像我就画在这里.

(老师在黑板上画出图像，如图 9.2 所示)

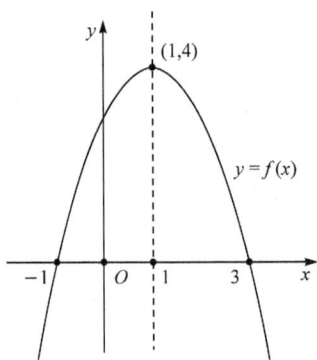

图 9.2 示意图

怎么画大概图像？你看它的对称轴是 1，顶点坐标是 $(1, 4)$，开口方向向哪？

群生：下.

师 BE：开口向下，它跟 x 和 y 都有什么点？

生 10：交点.

师 BE：一般情况我们是希望大家把图作出来，因为这样，你既然要画图就尽量把图画得精确一点，为什么呢？因为最近我们在求单调区间里的单调性时都涉及这个问题，你画的图比较准确，单调区间就比较明确，接下来我们说说看，我们要画它的图像，我们一步一步地来. 当什么等于 0？

生 10：x.

师 BE：当 $x = 0$，y 等于多少？

生 10：3.

师 BE：图像跟 y 轴的交点坐标是什么？

生 10：$(0，3)$.

师 BE：$(0，3)$. 那么 y 呢？当什么等于 0？

生 10：y.

师 BE：当 $y = 0$ 时，我们马上就会发现 $-x^2 + 2x + 3 = 0$，然后有 $(x - 3)(x + 1) = 0$ 推出 x 等于多少？

生 10：3 或者 -1.

师 BE：3 或者 -1. (老师在图上标出点 $(0，3)$，$(3，0)$，$(-1，0)$)这样画的图相对比较标准. 然后呢？

生 10：然后根据它的定义域.

师 BE：它的定义域是什么？

生 10：$[-2，0]$.

师 BE：$[-2，0]$. (老师在图像上标出定义域对应的一段图像)图像是抛物线的一部分是吧？开的还是闭的？

生 10：闭的.

师 BE：然后呢？

生 10：然后从图像上看出.

师 BE：哦，看出来.

生 10：当 $x = 0$ 时，取最大值 3，当 $x = -2$ 时，取最小值 -5.

师 BE：好的，请坐.

(BN-ZZ-LX)

　　从上述教学片断我们发现, BE 教师通过先后与三个同学交流, 找到了求二次函数给定区间的一般步骤. 但是从生 8、生 9 的回答, 暴露了一些同学的典型错误, 即认为求给定闭区间上函数最值的方法就是把闭区间端点值代入即可. 通过生 10 的回答, 教师纠正学生的错误做法, 探讨应先配方画出函数图像、标出定义域内的部分图像(即截图)、看图、得出结果. 虽然这与 BN 教师再三强调的做题步骤相同, 但所不同的是学生经历了发现求最大值的过程. 经过 BE 教师此番讲解之后, 很多同学知道二次函数在给定闭区间内的一般步骤, 同时也消除了学生的一些误解, 这为后面展开巩固练习铺平了道路.

　　对于例题的讲解, 两位老师采取不同的处理方式, BN 教师总是在学生做题目之前, 强调解这类题目的基本步骤. 这样的教学处理, 虽然提高了学生做题的正确率, 但是却压缩了学生思考的空间, 使得学生做题就是按照步骤完成. 而 BE 教师则循循善诱, 将学生的错误暴露出来, 并且与学生一起探究解题的步骤, 使得学生经历了发现的过程.

　　此外, 笔者发现 BN 教师与 BE 教师在教学的过程中, 经常使用类比策略来讲一些数学概念或问题. 他们认为"便于学生理解", 同时也可以"活跃课堂气氛, 防止学生出错". 例如, 提到举"反例"就运用一个类比, 要说明"上海 B 中没有蚊子"这句话是错的, 你怎么办? 抓一只就可以啦. BE 教师说, "以前我们讲反证法的时候, 就提到这个比喻, 有人说'上海 B 中没有蚊子, 你怎么办? '学生说: '抓一只蚊子给他看. '这是学生自己说的. 通过这个生动的打比方, 学生就能够理解" (BE-ZZ-FT). 同时 BE 教师颇有体会地谈到这个"蚊子"的例子, 归功于教研活动. "当时我们教研活动的时候, 大家一致反映在讲反例问题用这个例子效果最好, 基本上每个人都用这个例子. 它的作用就是使数学生活化" (BE-ZZ-FT).

　　BE 教师说自己在课堂上会经常使用一些口诀、类比或俏皮话来帮助学生记忆, 并列举了有关恒成立问题的实例. "一个函数小于 m 恒成立, 那么我就问'为了说明我们班人人都比姚明矮, 怎么办呢? '学生说: '找班里最高的跟姚明比', 他们就能理解需要找函数的最大值跟 m 比较. 类似, 函数大于 m 恒成立, 如果你告诉学生需要拿函数的最小值跟 m 比, 学生肯定不理解什么意思. 但是你说, '要保证全班都及格怎么办呢? '他们说: '最低分都及格.'从学生的实际生活入手, 便于学生理解, 同时也降低了理解的难度. 数学语言比较抽象, 而学生的认知水平与教师的认知水平是不一样的, 所以需要用一些类比来解释说明." (BE-ZZ-FT)

　　对于课堂上使用类比, BE 教师有自己的体会, "数学比较抽象, 我在读书的时候, 有些东西时间长了就忘记了. 但是如果一些经典的比喻、俏皮话, 我就会记住的. 学生也一样的, 哪怕是在学生容易犯错的问题上, 给一个题目起一个'学生的名字', 学生都会记得很牢, 很有意思. 有的时候, 办公室其他教师随口说的顺口溜、打油诗, 我都用心记下来. 在课堂上, 经常用到教学中, 起到很好的教学效果"(BE-ZZ-FT). 可见, BE 教师认为类比、打比方的运用有助于学生记忆, 防止犯错, 同时对于教学也有一定的帮助.

在访谈中, 笔者发现 BN 教师在讲比较两个函数之间的大小关系时, 称做差法为"傻瓜法". 她认为, "傻瓜法, 一来对这个方法的记忆会比较好一些, 二来可以调动学生的积极性. 当时我们在讲不等式一章的时候, 对于不等式的证明我们一直是用做差法来证明, 告诉学生做差法无论什么情况只要是比较大小, 它都适用, 但不一定是最简单的, 所以就说这是一个傻瓜都会去做的方法, 那么就叫做傻瓜法. 所以在比较大小的时候, 简单的方法想不出来, 怎么办呢? 就用傻瓜法"(BN-DD-FT).

BN 教师关于类比的方法有很多, 比如在讲含有绝对值函数的图像时, 就是用手势"Yeah"来形象地说明这类函数的特征, 同时也称此类图形为"Yeah"图. 她认为: "此类图形别的教师可能称之为 V 型图, 但是还有些刻板. 如果我用'Yeah'图, 这个手势学生日常生活中天天都会用到, 方便记忆. 还有, 你在说'Yeah'的时候, 学生很开心, 非常愉悦的环境下把这个问题学会了. 我发现后面让学生作图的时候, 学生就说'Yeah'图, 就说明这种说法可能刺激到学生, 活跃气氛."(BN-DD-FT)

BN 教师提到基本不等式的时候, 用框加框大于等于两倍的根号下框乘以框, 即 $\Box+\Box \geqslant 2\sqrt{\Box\Box}$, 而不是用 $a+b \geqslant 2\sqrt{ab}$. 为什么用这种方法讲基本不等式, 她认为, "因为学生不太清楚字母 a,b 的含义, 其实就像一个赋值区间一样, 可以给它赋值. 但学生并不这么认为, 在他们看来 a 就是 a,b 就是 b, 学生看到 a 就觉得是一个数. 我一直就是教框和框, 只要符合条件都能填进去, 比较便于学生掌握运用. 比如说题目 $x+\dfrac{1}{x-2}$, 求它的最值. 用基本不等式学生都会解的, 这里就是减去一个 2 再加上一个 2, 但最后写当且仅当的时候, 学生容易写成 x 等于 $x-2$, 最后我要求学生把框画出来, 看看到底是谁等于谁, 这样子的话就不会错."(BN-DD-FT)我们发现, BN 教师运用类比起到活跃课堂气氛、防止学生出错的作用的同时, 还能够加深学生的印象.

笔者还发现, 在 B 校两位老师的课上经常会让学生小组讨论, 探究问题. 对此 BN 教师的看法是, "学生积极回答问题, 跟我们学校课改还是有关系的, 学校比较注重学生的讨论和表达等. 学生遇到难题了, 让他们讨论, 他们是有东西讨论的. 我讲完这道难题了, 我让他们讨论, 或者说一帮一的形式让他们讨论, 因为有的人听得懂, 有的人听不懂, 再讲下一题肯定不行的, 这个时候, 他们都是有动机的, 所以他们都是能够讨论出来"(BN-ZZ-FT).

我们发现 BN 教师在课上经常使用 PPT, 她认为: "PPT 的作用就是加快课堂进度, 当上课题目比较多的时候, 比如一节课可能需要 5 道或 6 道题目, 老师抄题比较浪费时间,就会选择用 PPT."(BN-ZZ-FT)她不赞同用 PPT 演示如何作图, "在黑板上用手画给学生看,是一个动态的演示过程,如果把图画好,用 PPT 一张 一张放映会比较没有感觉,也不容易理解"(BN-ZZ-FT).

从 BN 教师的回答中,我们发现她认为 PPT 就像一块事先写好题目的小黑 板,需要的时候拿出来用一下,并没有发挥多媒体真正的功能. 而 BE 教师的课 上很少用到 PPT, 她认为 PPT 教学不利于学生的思考. 在黑板上板书,教师一边 写,学生一边思考,"可能当时没有理解的学生,在我板书的过程中慢慢理解了" (BE-ZZ-FT).

由于高中阶段的数学内容比较抽象,但是"函数这部分内容比较强调数形结 合的思想,但是我希望学生能够自己动手画出来,对于一些动态的图像可以用 PPT 演示,增进学生的理解"(BE-ZZ-FT).

9.2.3 专题三: 基本初等函数

1. 幂函数的性质与图像

从教学环节上看, CN 教师和 CE 教师基本按照"引入—建立幂函数概念—探 究幂函数图像特征—练习—小结"五个基本环节. 两位教师在建立幂函数的概念 环节上具有明显差异: CN 教师将此环节分为两步,引入幂函数概念之后,立即进 行幂函数辨析的练习,这里的练习似乎是为了让学生更好地理解幂函数的概念.

经验教师 CE 分为三步,引入幂函数概念,列举特殊的幂函数,判断幂函数. CE 教师为了让学生更好地理解幂函数的概念,在黑板上列举了 4 个特殊的幂函 数(如 $y=x^0$, $y=x$, $y=x^2$, $y=x^{-1}$),并写出它们的定义域,画出图像,这为后 续环节研究其他幂函数的图像打下伏笔,同时将学生初中已经学过的旧知与本节 课的新知建立联系. 可见同样是建立幂函数的概念,经过 CE 教师的教学处理之 后就成了一个承上启下的关键教学环节.

2. 反函数的概念

通过分析我们发现, CN 教师和 CE 教师主要经历了"情境引入—解析反函数 概念—练习求反函数"三个环节,此外 CE 教师还探究了原函数图像与反函数图 像的关系. 他们在讲授反函数存在的条件时,都选用了同一道例题来说明是否有 反函数,但是采取了不同的教学策略.

CN 教师在黑板上写出 $y=x^2$ $(x \in \mathbf{R})$,让大家求这个函数的反函数. 当学生 说它的反函数是 $y=\pm\sqrt{x}$ 时,教师让大家翻书看反函数的定义,注意"一个 y 只有 一个 x 与之对应,现在这个解析式 $y=x^2$,一个 y, 两个 x 与之对应,所以这个函 数没有反函数"(CN-FH-LX).CN 教师通过反函数的定义,得出一个函数有反函数的条件是, 原函数是一一对应的. 下面我们再看 CE 教师.

同样, CE 教师通过 $y = x^2$ 这个函数让大家理解反函数的定义, 他让大家求 $y = x^2$ 的反函数. 当得出反函数是 $x = \pm\sqrt{y}$ 时, 教师引导学生根据函数的定义判断 x 关于 y 的关系式 $x = \pm\sqrt{y}$ 是否为函数关系, 从而得出函数 $y = x^2$ 是否有反函数. CE 教师提醒大家注意, 确定 x 关于 y 的关系式是原函数的反函数之前, 需要判别 x 关于 y 的关系式是否为函数关系. CE 教师继续追问, "如果要使得 $y = x^2$ 有反函数, 请你加个条件?" 有学生提议, "在 $x > 0$ 的情况下, $y = x^2$ 有反函数". 教师讲解求 $y = x^2$ $(x > 0)$ 反函数的过程中, 教师强调解题步骤, 同时将求反函数定义域的问题也说明了, 即强调不能把反函数解析式的定义域当作反函数的定义域. 因为 $y = x^2$ $(x > 0)$ 的反函数是 $f^{-1}(x) = \sqrt{x}$, 单从解析式来看, 学生很容易认为它的定义域是 $x \geqslant 0$, 但是反函数的定义域是原函数 $y = x^2$ $(x > 0)$ 的值域, 即 $x > 0$, 所以反函数是 $f^{-1}(x) = \sqrt{x}$ $(x > 0)$. 此问题在 7.2.3 节中也谈到了. 我们看到刚开始 CE 教师与 CN 教师的教学类似, 但后面经过 CE 教师变式教学处理, 这道例题成为阐释反函数概念、求反函数步骤、求反函数定义域的最佳题目.

此外, C 中学两位教师在教学的过程中也运用了 PPT. 对于课上运用 PPT 教学, CN 教师认为"这样使得上课进度加快, 比如说画图就通过放映几张片子完成, 可以画得很快. 如果自己在黑板上画的话, 需要先画数轴, 接着取点、描点一个一个完成, 太浪费时间了. 当然我不是所有的图像课都用 PPT 的, 因为制作课件太麻烦, 比较花时间". CN 教师表示, "对于只有文字和数学公式, 而没有图像的数学教学内容, 用 PPT 速度快一些. 在教学过程中, 题目不用抄, 解题的题量也可以大一些, 特别是习题课. 但有一个缺点就是, 学生看过以后容易忘记. 比如在课上我提问一个女生, 她就回答不上来. 就是因为在 PPT 总结性质的那页翻过去了, 她没有参照就回答不上来. 由于刚学这部分内容, 学生在做题目的时候都需要参照课本, PPT 就是讲完了就翻页, 没有考虑到学生能否接受"(CN-FH-FT).

CE 教师认为, "应用了 PPT 教学, 主要是时间问题, 这样加快进度. 这部分内容主要围绕函数的图像, 我黑板上画呢, 画得不那么简便, 也没有那么清晰. 所以我采取先让学生自己画图, 根据所画的图像归纳函数特征, 然后再让他们来看 PPT 上的图像, 这样印象比较深刻一些. 另外他们画的不标准的话, 我可以让他们对照 PPT 上的图, 发现问题"(CE-FH-FT).

以上我们发现, 两位教师都认同 PPT 有加快授课进度, 加大课堂知识容量, 增多授课内容的特点. 他们与 BN, BE 两位教师相同, 对教育技术的应用仅是附加式的, 而未真正地融入课堂教学中去.

9.3　关于教学策略知识的讨论

教学策略是教师在充分研究教材和了解学生的基础上, 为达成教学目标而采用的教学方案和措施. 教学策略知识与课程知识、学生理解的知识一样, 对于有效地组织课堂教学, 提高教学效率与质量是至关重要的(刘清华, 2005).

在同一数学概念的呈现方式上, 新手教师大多采用"样例教学", 就是用例题教学替代概念的形成、归纳的过程, 认为应用概念的过程就是理解概念的过程. 殊不知没有概括过程必然导致概念理解的不足, 没有理解的应用势必导致盲目地应用. AN 教师呈现两个物理学的样例(自由落体运动的公式 $s = \frac{1}{2}gt^2$ 和一次函数的例子 $y = 3x + 9$), 引出函数概念. AN 教师所举的两个例子都是用解析式表达的, 容易给学生一种误导, 认为函数就是解析式, 而且所举样例并未起到促进学生理解函数定义的作用, 是一种"摆设". 通过大量的教师"独白式"话语得出函数概念, 但枯燥冗长的话语既没能使学生消化, 也不能引起学生兴趣. BN 教师是通过把函数的单调性比作股票大盘的走势图, 引起学生的极大兴趣, 但这无助于学生对单调性概念的理解. CN 教师给出指数是未知数的样例($2 = 1.08^x$), 直接生硬地给出对数的概念, 较易混淆, 无益于对数概念的理解.

相比较新手教师, 经验教师采取样例与解释相结合的方式呈现概念. AE 教师运用样例与解释的方式, 让学生列举生活中有关函数的实例, 并在此所举例子的基础上进一步解释、剖析函数概念. AE 教师更多地把话语权留给学生, 自己在关键处抛出话题, 对学生进行适时地点拨. BE 教师以解释的呈现方式, 通过问答形式与学生交流, 起到诊断学生困惑、促进学生理解概念的作用. CE 教师给出指数是未知数的样例, 讨论了这类题目的特点, 指出学习对数的必要性, 再给出对数概念. 经过 CE 教师的解释, 学生首先明白对数是为了研究哪一类问题的, 同时促进其对对数概念的理解.

对于同一例题的处理方式, 新手教师大多采用"步骤+注意事项"式的教学. AN 教师对 4 道例题的处理方式千篇一律, 皆采取强调做题步骤和一个注意事项的模式, 即读题、分析题意、列出方程, 注意找自变量的变化范围. 同样, BN 教师也强调证明函数奇偶性的步骤以及注意事项, 即第一步, 定义域关于原点对称; 第二步, 对任意的 $x \in D$ 都有 $f(-x) = f(x)$. 此外, BN 教师上课比较贴近学生的生活, 关注与学生的交流, 在教学中总是能运用一些学生的语言来说明数学问题, 比如"Yeah"图. 在她看来, 这样运用类比、事例可以活跃课堂气氛, 有效地刺激学生的神经, 防止学生出错. CN 教师在教学时, 忽略知识的获得过程, 反而重视知识的练习应用，往往采取"前面讲一会儿，就开始做练习"的教学方式．此外，他不赞同运用类比、隐喻或者口诀进行教学，认为这样会误导学生，比较容易记混．

　　与新手教师相比，经验教师在教学策略方面，注重启发学生思维，以若干个典型例题为载体，引导学生展开分析例题的属性、抽象概括共同的本质属性、归纳得出数学结论等思维活动；同时，渗透数学学科研究概念的思考过程和方法，精心设置问题情境引导学生对知识点的灵活应用和迁移．AE 教师在 4 道例题上的处理，是以前 2 道例题做铺垫，由学生归纳总结出建立函数关系的步骤，再展开后 2 道例题的教学．他注重针对性教学，根据学生个体情况进行因材施教．BE 教师注重例题的深加工，通过正例、反例让学生更准确地把握概念的细节，形成用概念作判断的"操作步骤"的同时，建立相关概念的联系．BE 教师能灵活地运用一些形象的类比、示例，帮助并便于学生理解，降低难度．她深信，"一个好例子胜过一千条说教"．CE 教师对概念理解比较深刻，能够引导学生通过例题的变式，多角度理解和辨析概念．他以学生为中心，善于从学生的实际出发，创设学生主动合作的学习条件，在知识学习中渗透学科思想和研究方法，擅长使用提问、类比、示例等方法进行教学．

第 10 章　学生对教师学科教学知识的观点

本章主要用问卷调查的研究结果来论述学生对授课教师学科教学知识的观点. 这些数据, 主要是为了获得学生对教师学科教学知识的观点的一个整体情况. 它们除了有助于我们了解当前高中生对在职数学教师的一些观点之外, 也为第 5 章至第 9 章的案例研究提供了一些背景和依据. 下面分别阐述三对新手教师与经验教师的问卷调查结果.

10.1　学生对新手教师与经验教师的观点

学生调查问卷分成五个部分: 问题 1—7 涉及教师的数学知识, 问题 8—14 涉及课程知识, 问题 15—21 涉及学生理解的知识, 问题 22—28 涉及效果反馈的知识, 问题 28—35 涉及教学策略的知识.

本问卷采用 Likert 五级量表的方式, 让学生通过阅读题意对教师教学发表意见, 选择代表该事件发生频率的数字选项. 五个选项分别为: "1 从未发生""2 很少发生""3 有时发生""4 经常发生""5 总是发生". 问卷统计时, 按照上述选项分别赋值 1 分、2 分、3 分、4 分、5 分. 笔者以数学内容知识(KM)、课程知识(KC)、学生理解的知识(KSU)、效果反馈的知识(KF)和教学策略的知识(KIS)五个部分为单位来计分, 由各部分各题得分合计得出结果. 最后获得的数据, 利用 SPSS18.0 统计软件进行描述性统计以及 T 检验分析. 下面分析说明三所学校学生对新手教师和经验教师的观点.

10.1.1　学生对 AN 教师和 AE 教师的观点

由于 A 校的两位教师分别带两个平行班, 因此调查的学生样本比较多, 共有 143 人. 根据问卷在五个维度的得分比较, 得到表 10.1 关于学生对 AN 教师与 AE 教师观点的比较分析, 以呈现出两位教师的学科教学知识详细面貌. 由表 10.1 的数据中, 我们可以发现 AN 教师的观点中, 数学内容知识得分最高($M = 4.15$, SD = 0.58), 其次是课程知识($M = 3.77$, SD = 0.72), 而效果反馈的知识最低($M = 3.21$, SD = 0.55). 经验教师 AE, 则在数学内容知识($M = 4.53$, SD = 0.47)和学生理解的知识($M = 4.23$, SD = 0.51)两个维度上得分最高.

表 10.1　学生对 AN 教师与 AE 教师观点的比较分析

维度	AN 教师(72 人)		AE 教师(71 人)		t
	M	SD	M	SD	
KM	4.15	0.58	4.53	0.47	−4.318***
KC	3.77	0.72	4.09	0.58	−2.921**
KSU	3.73	0.63	4.23	0.51	−5.133***
KF	3.21	0.55	3.35	0.53	−1.610
KIS	3.38	0.68	3.72	0.55	−3.256**
整体	3.65	0.54	3.98	0.43	−4.092***

*表示 $p < 0.05$；**表示 $p < 0.01$；***表示 $p < 0.001$；M 表示均值，SD 表示标准方差，表 10.2～表 10.10 同此.

　　依各题的平均得分而言，学生对 AN 教师($M = 4.15$)和 AE 教师($M = 4.53$)的数学内容知识感受频率都在"经常发生"以上，显示学生经常认为教师的学科知识是丰富的，值得肯定的；两位教师的效果反馈知识得分都较低，表明学生认为教师课堂积极评价较少. 由表 10.1 的资料呈现出，学生对于两位教师的学科教学知识在整体的得分上达到显著差异水平($p < 0.001$). 在五个维度中，数学内容知识、课程知识、学生理解的知识和教学策略的知识都达到显著差异($p < 0.01$)，其中仅效果反馈的知识未达到显著差异水平，而且在五个维度上的得分都表现出 AE 教师比 AN 教师高.

10.1.2　学生对 BN 教师和 BE 教师的观点

　　B 校的 BN 教师带两个平行班，BE 教师带一个班，学生样本共有 117 人. 我们可以看出表 10.2 关于学生对 BN 教师与 BE 教师观点的比较分析，以呈现出 B 中学两位教师学科教学知识的整体情况. 由表 10.2 的数据，我们可以发现，新手教师 BN 的课程知识得分最高($M = 4.15$，SD $= 0.66$)，而效果反馈的知识得分最低($M = 3.37$，SD $= 0.57$)；经验教师 BE 的数学内容知识得分最高($M = 4.46$，SD $= 0.43$)，而效果反馈的知识得分最低($M = 3.90$，SD $= 0.49$). 依各题的平均得分而言，学生对 BN 教师的内容组织知识的感受($M = 4.15$)，都在"经常发生"以上，显示学生经常肯定教师关于教材的纵向联系和内容编排方面的知识；教师的"效果反馈的知识"($M = 3.37$)得分较低，显示学生认为教师课堂积极评价较少. 然而跟 BN 教师比较而言，BE 教师的数学内容知识、课程知识、教学策略的知识都在"经常发生"以上. 表 10.2 的资料显示，学生对于两位教师的学科教学知识在整体的得分上达到显著差异水平($p < 0.01$). 在五个维度中，数学内容知识、效果反馈的知识和教学策略的知识都达到显著差异($p < 0.05$)，而且五个维度中有 4 项 BE 教师比 BN 教师得分要高.

表 10.2　学生对 BN 教师与 BE 教师观点的比较分析

维度	BN 教师(75 人)		BE 教师(42 人)		t
	M	SD	M	SD	
KM	3.79	0.54	4.46	0.43	−7.404***
KC	4.15	0.66	4.26	0.62	−0.898
KSU	4.04	0.66	3.95	0.56	0.766
KF	3.37	0.57	3.90	0.49	−5.055***
KIS	3.99	0.73	4.23	0.49	−2.151*
整体	3.87	0.55	4.16	0.42	−3.230**

10.1.3　学生对 CN 教师和 CE 教师的观点

C 中学的 CN 教师和 CE 教师都只带一个班, 学生样本共有 59 人. 学生对 CN 教师和 CE 教师观点的比较分析如表 10.3 所示. 根据表 10.3 的数据, 我们可以发现, 新手 CN 教师的数学内容知识得分最高($M = 4.19$, SD $= 0.50$), 其次是课程知识($M = 3.74$, SD $= 0.68$), 而效果反馈知识最低($M = 3.22$, SD $= 0.57$); CE 教师在数学内容知识方面得分最高($M = 4.30$, SD $= 0.65$), 与 CN 教师相同, 也是效果反馈知识最低($M = 3.25$, SD $= 0.48$).

表 10.3　学生对 CN 教师与 CE 教师观点的比较分析

维度	BN 教师(33 人)		BE 教师(26 人)		t
	M	SD	M	SD	
KM	4.19	0.50	4.30	0.65	−0.738
KC	3.74	0.68	3.66	0.69	0.426
KSU	3.62	0.51	3.90	0.37	−2.359*
KF	3.22	0.57	3.25	0.48	−0.259
KIS	3.56	0.66	3.63	0.50	−0.409
整体	3.66	0.49	3.75	0.39	−0.707

就平均得分而言, 学生对 CN 教师($M = 4.19$)和 CE 教师($M = 4.30$)的数学内容知识的感受, 都在 "经常发生" 以上, 表明学生对教师数学知识的认可. 与前两对教师相同, 学生对两位教师的效果反馈的知识得分都最低, 表明学生认为教师课堂积极评价较少. 表 10.3 还说明, 学生对于两位教师的学科教学知识在整体的得分上未达到显著差异水平($p > 0.05$), 其中仅学生理解的知识达到显著差异水平($p < 0.05$), 但在四个维度上都表现出 CE 教师比 CN 教师得分要高.

10.2　学生对新手教师与经验教师的总体认识

我们将上述数据综合统计,从整体上看新手教师和经验教师在五个部分的表现,这有助于了解学生对新手教师和经验教师学科教学知识的总体认识,如表 10.4 所示.

表 10.4　学生对新手教师与经验教师观点的比较分析

维度	新手教师(180 人)		经验教师(139 人)		t
	M	SD	M	SD	
KM	4.01	0.58	4.47	0.50	-7.611^{***}
KC	3.92	0.71	4.06	0.64	-1.819
KSU	3.84	0.65	4.08	0.52	-3.689^{***}
KF	3.28	0.57	3.50	0.57	-3.475^{**}
KIS	3.67	0.75	3.86	0.58	-2.539^{*}
整体	3.74	0.54	3.99	0.44	-4.546^{***}

表 10.4 显示新手教师和经验教师在五个维度上的表现情况,可以看出新手教师和经验教师在数学内容知识、学生理解的知识、效果反馈的知识、教学策略的知识上呈现显著性差异. 为了更加清楚说明新手教师和经验教师在每个题目上的具体差异,故根据各个维度逐项说明情况.

10.2.1　学生对新手教师与经验教师的"数学内容知识"的观点

我们先看学生对新手教师和经验教师的"数学内容知识"观点,按照具体题目列出得分的平均值以及 T 检验分析,如表 10.5 所示.

表 10.5　学生对新手教师与经验教师"数学内容知识"观点的比较分析

题号	新手教师(180 人)		专家教师(139 人)		t
	M	SD	M	SD	
1	3.294	1.694	4.727	0.646	-10.410^{***}
2	3.994	0.9944	4.396	0.848	-3.807^{***}
3	4.161	1.052	4.612	0.747	-4.280^{***}
4	4.106	1.000	4.389	0.889	-2.629^{**}
5	4.411	0.9323	4.612	0.717	-2.170^{*}
6	3.833	1.116	4.050	1.065	-1.756
7	4.239	0.8930	4.482	0.8711	-2.437^{*}

由表 10.5 可知，在 7 道题目中有 6 道题目达到显著性差异水平($p < 0.05$). 这 6 道题目是："问题 1. 数学老师掌握他/她所教的内容""问题 2. 数学老师能够把所教的数学知识讲清楚""问题 3. 数学老师了解数学概念或法则的历史过程""问题 4. 数学老师能够为学生选择恰当的学习内容""问题 5. 数学老师知道学生所提数学问题的答案""问题 7. 数学老师了解整个数学知识结构和发展方向".

其中，仅"问题 6. 数学老师解释说明数学知识对实际生活的作用"未达到显著性差异，而且两类教师的得分上均处于同类题目较低水平. 究其原因，笔者针对课程内容的部分进行分析，发现应该是与课程内容有关. 因为高中函数知识皆较抽象，脱离生活实际，虽然在"函数关系的建立"一节中有部分内容与实际生活有关，但毕竟所涉及的内容有限，故学生认为教师没有说明数学知识在实际生活中的作用，导致问题 6 的得分不高.

10.2.2 学生对新手教师与经验教师的"课程知识"的观点

学生对新手教师和经验教师的"课程知识"观点如表 10.6 所示，新手教师和经验教师在"课程知识"上整体没有达到显著差异水平. 下面我们分析在具体题目上的差异.

表 10.6 学生对新手教师与经验教师"课程知识"观点的比较分析

题号	新手教师(180 人)		专家教师(139 人)		t
	M	SD	M	SD	
8	4.056	1.142	4.482	0.8107	-3.897^{***}
9	3.906	1.066	3.992	1.053	-0.729
10	3.900	1.052	4.043	1.049	-1.207
11	3.589	1.152	3.576	1.090	0.105
12	3.600	1.136	3.576	1.063	0.196
13	3.939	1.003	4.237	0.9135	-2.74^{*}
14	4.472	0.8285	4.532	0.8789	-0.626

由表可知，在此维度中仅"问题 8. 数学老师让学生清楚地了解学习目标"和"问题 13. 数学老师能够妥善处理好课堂环境"，新手教师与经验教师达到显著性差异水平($p < 0.05$)，其余各题目都未达到. 此外，还发现在问题 11 和问题 12 中经验教师的分数略低于新手教师. 在"问题 11. 数学老师营造课堂气氛来提高学生学习兴趣"上，新手教师比经验教师的表现要好. 这与 Van Driel 等(2002)的研究发现类似，新手教师对教学具有高度热忱且师生间互动良好. 有关"问题 12. 数

学老师准备额外的教学材料"分数降低的原因, 笔者针对新手教师与经验教师的备课教案、文本材料进行分析后, 发现经验教师的上课内容紧紧围绕课本, 布置的作业也是与教材配套的练习题, 很少给学生下发额外资料. 在访谈中, AE 教师认为"学生只要把课本上基本的知识搞懂、会做就可以了, 其实其他的资料都是重复训练, 因此我很少准备额外的学习资料."(AE-JL-FT)

10.2.3 学生对新手教师与经验教师的"学生理解的知识"的观点

在学生理解的知识上, 新手教师与经验教师达到显著性差异水平, 学生对各个题目的回答如表 10.7 所示.

表 10.7 学生对新手教师与经验教师"学生理解的知识"观点的比较分析

题号	新手教师(180 人)		经验教师(139 人)		t
	M	SD	M	SD	
15	4.144	0.9162	4.050	0.9350	0.901
16	3.572	1.083	3.964	0.8715	−3.58***
17	3.450	1.064	3.633	0.9336	−1.61
18	3.967	0.9740	4.223	0.9012	−2.41*
19	3.583	1.162	4.065	0.8359	−4.30***
20	4.072	1.052	4.367	0.6718	−3.04**
21	4.089	0.9762	4.259	0.7356	−1.78

由表 10.7 可知, 一共有 4 道题目达到显著性差异水平($p < 0.05$), 其中有"问题 16, 数学老师在上课之前, 知道学生会存在哪些学习困难""问题 18. 数学老师能够清楚地知道某一数学题对数学的难易程度""问题 19. 数学老师了解学生做错题目的原因""问题 20. 数学老师布置的作业题, 帮助学生加深对所学内容的理解". 但在其他 3 道题目上, 得分基本达到"经常发生"的频率(除问题 17 之外), 显而易见学生对于教师在学生理解的知识方面, 认为经验教师比较了解学生的学习情况.

我们发现对于"问题 17. 数学老师在上课时进行小组探究、讨论活动", 经验教师的平均分比新手教师的略低. 因此对六位教师的课堂活动进行深入分析, 将数学课堂活动分为教师讲授、师生问答、学生探究、学生练习, 重点分析六位教师在上述课堂各类活动的发生次数. 六位教师课堂活动发生的累计次数如表 10.8 所示.

表 10.8　课堂活动发生的累计次数

	AN	AE	BN	BE	CN	CE	合计
教师讲授	8	13	29	18	14	18	100
师生问答	6	10	28	20	8	14	86
学生练习	4	2	7	8	12	14	47
学生探究	0	0	4	2	0	0	6
合计	18	25	68	48	34	46	239

由表 10.8 可知, 六位教师的数学课堂上次数发生最多的活动是教师讲授, 其次是师生问答, 仅有教师 BN 和教师 BE 的课上发生学生探究. 在学生练习和学生探究两类活动中, 新手教师比经验教师活动发生的次数略高, 这就比较好理解问题 17 的得分结果. 从表中我们可以发现, 除了 B 校两位教师之外, 其他两所学校讲授相同专题的经验教师比新手教师运用更多的教学活动. 我们发现, 新手教师 BN 表现尤为突出, 她是累计课堂活动最多的教师, 而且她的课上经常开展学生探究活动, 学生分小组讨论题目或者消化教师新讲解的内容. 原因何在呢? 这与 B 校开展的课改不无关系. BN 教师在访谈中提到, "学校搞教学改革, 转变模式, 采取先讨论再展示, 或者先展示再讨论. 我个人感觉很好, 给学生更多的主动性, 学生也积极思考了"(BN-ZZ-FT).

10.2.4　学生对新手教师与经验教师的"效果反馈的知识"的观点

在 10.1 节中, 我们发现六位教师均在效果反馈的知识部分得分率最低. 但是, 新手教师与经验教师在该部分达到显著差异, 学生对各个题目的回答如表 10.9 所示.

表 10.9　学生对新手教师与经验教师"效果反馈的知识"观点的比较分析

题号	新手教师(180 人)		专家教师(139 人)		t
	M	SD	M	SD	
22	1.928	0.9918	1.942	1.134	−0.121
23	4.111	1.002	4.022	1.080	0.765
24	3.539	1.225	3.338	1.207	1.460
25	3.756	0.9131	3.799	0.9569	−0.408
26	3.839	1.053	4.072	1.019	−1.997*
27	2.722	1.129	3.259	1.138	−4.196***
28	4.061	1.026	4.072	0.9603	−0.096

由表 10.9 可知, 仅"问题 26. 数学老师用不同的方法(提问、讨论、课堂练习、作业), 来了解学生是否掌握所学内容""问题 27. 数学老师对学生的回答不直接给出对错, 而是让其他学生对此评价、给出解释"达到显著性差异水平($p < 0.05$), 但其他题目经验教师比新手教师得分略高(除问题 23、问题 24 之外). 我们发现, 问题 27 虽然具有显著性差异, 但是得分在"很少发生"或"有时发生"的频率上, 说明课堂上一般都是老师直接给予评价. 值得注意的是, "问题 22. 数学老师在学生的作业本上写一些评语"基本上是"从未发生"或"很少发生", 说明教师一般都不采取这种办法评价学生的作业.

10.2.5 学生对新手教师与经验教师的"教学策略的知识"的观点

学生对新手教师和经验教师的教学策略的知识观点, 按照具体题目列出得分的平均值以及 T 检验分析, 如表 10.10 所示.

表 10.10 学生对新手教师与经验教师 "教学策略的知识" 观点的比较分析

题号	新手教师(180 人)		经验教师(139 人)		t
	M	SD	M	SD	
29	4.022	0.9970	4.302	0.8311	-2.670^{**}
30	3.883	1.032	4.144	0.9968	-2.270^{*}
31	3.778	1.175	3.712	1.023	0.522
32	3.772	1.204	3.878	0.9888	-0.859
33	4.006	0.9831	4.230	0.8708	-2.126^{*}
34	3.728	1.108	4.158	0.8703	-3.887^{***}
35	2.483	1.424	2.568	1.611	-4.91

由表可知, 在此维度中"问题 29. 数学老师用恰当的例子来讲解有关的数学概念""问题 30. 数学老师用学生熟悉的比喻、类比来解释数学概念""问题 35. 数学老师用案例演示、证明来阐释主要概念""问题 34. 数学老师运用多种方法把数学知识转化成为学生可以理解的知识"达到显著差异水平($p < 0.05$), 而问题 32、问题 35 虽未达到显著性差异水平, 但是得分均有增加. 可见学生认为专家教师在"教学策略的知识"维度上表现良好. 同时, 我们发现"问题 31. 数学老师在上课时进行小组探究、讨论活动"经验教师的平均分比新手教师的均分略低. 这与笔者案例研究的结果一样, 经验教师很少开展学生探究的教学活动. 值得注意的是, "问题 35. 数学老师采用多媒体或信息技术(如 PPT)来上课"题目基本处于"很少发生"和"有时发生"频率之间, 这与笔者案例研究所发现的结果类似, 教师很少采用PPT教学, 并且对多媒体教学运用的水平处于最低水平, 即"电子黑板".

10.3　小　　结

通过上述对调查问卷的数据分析的考察，初步得到了学生对教师学科教学知识的基本观点，现将数学分析的结论总结如下：

(1) 新手教师与经验教师在数学内容知识、学生理解的知识上有极其显著差异，在教学策略的知识、效果反馈的知识上呈现显著性差异。

(2) 新手教师与经验教师在课程知识上无显著差异。

此外，通过 10.1 节学生对每组新手教师和经验教师观点的分析，三位新手教师在得分较高的前两部分知识上存在一定的相似性。其中，AN 教师在数学内容知识和课程知识上得分较高，BN 教师在课程知识和学生理解的知识上得分较高，CN 教师在数学内容知识和课程知识上得分较高。这里，我们发现 AN 教师和 CN 教师类似，得分较高的前两种皆是数学内容知识与课程知识。再分析经验教师，AE 教师在数学内容知识和学生理解的知识上得分较高，BE 教师在数学内容知识和课程知识上得分较高，CE 教师在数学内容知识和学生理解的知识上得分较高。此时，我们居然发现 AE 教师和 CE 教师类似，均分较高的前两位皆是数学内容知识与学生理解的知识。经验教师的分组(AE 与 CE)与新手教师的分组(AN 与 CN)完全一样。

究其原因，可能与 B 中学最近开展的课堂教学改革有关，使得 BN 教师与 BE 教师在学生理解的知识与课程知识上有所裨益。这次课堂教学改革，其最为突出的特点在于它是"以预学习突破的独立学习"。具体来说，包括以下两个方面。

第一，每个学生具体指导不同阶段的进步目标，并且事先分清易学能懂与难学未懂的内容。通过预学习，学生能指导下一节课或者下一个单元自己要达到怎样的学习目标，同时在一个过程中，学生能够将要学的内容进行清楚的区分，知道哪些内容是自己看看都能懂的，哪些内容是自己看了还不懂的。

第二，在具体措施上，采用了预学单制度。所谓预学单，就是教师为帮助学生达到学习目标所设计的一个预学习导引单。上课前设计"预学单"，没有预学单，教师不能上课，这是 B 中学一条硬规定。课前，教师会设计好一张"预学单"，发到学生手中。例如，数学教师上"函数的基本性质"前，预学单上要求学生自学函数概念、定理，做小练习，提出问题，教师上课前要批改预学单。这样的课程教学举措，使得教师在上课之前必须认真研读教材，把握教学内容的编排，同时在编制预学单的过程中，需要预测学生可能出现的易难点。这项教学活动极大地丰富了教师的课程知识与学生理解的知识。

第 11 章　学科教学知识的习得与提升

学科教学知识被视为揭示了教师与学科专家之间、新手教师与经验教师之间的区别，体现了教师专业的独特性. 为了让学生更好地学习数学知识，新手教师与经验教师对问题的处理方式有差异. 例如，运用怎样的方式去思考；需要了解哪些知识是学生应该掌握的；用什么方式让学生理解某个概念；应该建立怎样的模型帮助学生理解数学知识. 为了帮助教师习得学科教学知识，有必要对新手教师与经验教师的学科教学知识进行更为全面的审视，从而在两者之间找到一条发展路径.

11.1　新手教师与经验教师的学科教学知识

立足新手教师与经验教师的教学实践，通过对他们在高中数学函数部分的典型课例中的数学内容知识、课程知识、学生理解的知识、效果反馈的知识和教学策略的知识的剖析比较，发现六位教师的学科教学知识各有千秋，他们在数学内容知识、课程知识、学生理解的知识、效果反馈的知识和教学策略的知识上具有某些共同特征. 现分别对新手教师、经验教师学科教学知识的各构成要素进行如下总结.

11.1.1　新手教师的学科教学知识

1. 数学内容知识

新手教师的数学课堂教学是以教师为中心的知识传递与技能训练，教师起带动引导作用. 新手教师认为数学教师就像"篮球教练、思维训练师、乐团指挥"，是具有专业能力的指导者，为学生传经送宝，使其获得新的知识与技能. 这样看似是师生之间彼此交流的过程，但是从"纠正他们的错误""进行指导""训练他们思维""给学生一个正确的指向""教师指挥得好"等言语发现还是教师处于主导作用，学生是被动的知识接受者，笼罩在以教师为中心的阴影中. 教师是设计者与指挥家，按照教师设计的活动配合着，由教师牵引达成学习目标.

新手教师在数学的学习观上惊人地相似，一致认为"学习数学就像做拼图游戏"一样，全体倾向于问题解决型. 这与 Ernest(1989)论及的"问题解决型"数学学习信念类似，"问题"是数学的心脏，通过解决问题来达到掌握知识、提高能力之效. 新手教师认为，数学学习就是在任务的驱动下，让学生自己通过观察、验证、归纳、分析而解决问题，摸索规律，把没有规律变成有规律可循.

新手教师主要以表层化理解数学核心内容知识. 新手教师的数学内容知识是根据教材对相关数学概念的界定进行表层化理解，缺少对概念的内涵、背景、相关概念和概念的发生发展过程的本质理解. 新手教师多停留在变量的角度认识函数，缺乏从集合的角度认识函数，无法准确地阐述函数概念发展经历的三大阶段："变量说""对应说""关系说". 新手教师对于函数的本质缺乏深刻认识，没有弄清楚初中函数定义与高中函数定义之间的区别与联系，出现了在阐释概念的时候"照着课本诵读函数概念"的现象；对主题知识的结构体系比较单一，无法准确把握概念的体系与逻辑结构，以及该知识点的生长点及应用，在广度和深度上都没有达到知识的网络化，且对相关知识的整合程度较低.

2. 课程知识

新手教师设置的教学目标基本是集体备课所编制的教学目标的沿用或套用，或是"骨架式"陈列，缺少与具体内容的紧密结合，表述脱离内容，抽象空洞. 在实施教学目标时，新手教师出现过分依赖教学设计，对教材并没有形成批判性的理解，无法调整或重组较长的教材内容，完全按照备课组提供的教案进行教学，似乎没有意识到再次处理、加工教学设计的重要性. 新手教师还把教学目标与教师的教学任务混淆，错把教学任务的完成理解成教学目标的达成.

新手教师在教学内容选择和组织方面不擅长加工，呆板地受教科书的束缚，是数学教材或集体备课的"搬运工"，具体表现为授课照搬教材或完全遵循集体备课的教学设计. 在知识的纵向联系上，新手教师没有对特定内容进行体系化综合，不擅长对相关知识点进行上位概念的追溯和下位概念的关联，无法准确把握知识产生发展的脉络及现实意义.

3. 学生理解的知识

新手教师不了解学生情况，无法准确预测学生可能出现的错误理解或困难，往往抓不住突破困难的关键点；对学生产生错误的原因归结为对定义的理解不透彻，并通过强化步骤促进学生对概念的理解，把认知理解的教学任务当作机械记忆，反复操练.

4. 效果反馈的知识

新手教师擅长使用内容反馈，其中又以重复反馈居多. 这类反馈中，教师所提的问题通常是展示性问题，即教师都已经知道答案的问题，提问的目的不是向学生获取信息, 而是检查学生知识技能的掌握情况, 因此教师只需根据学生回答的正误做出反应. 反馈的具体表现为, 对学生的回答进行重复或直接给一个简单的肯定, 对学生的学习活动并无指导意义, 不利于学生进行自我调整、自我修正.

5. 教学策略的知识

新手教师运用单一的教学策略. 新手教师大多采用"样例教学"模式进行概念教学, 就是用例题教学替代概念的形成、归纳的过程, 认为应用概念的过程就是理解概念的过程. 殊不知没有概括过程必然导致概念理解的不足, 没有理解的应用势必导致盲目的应用. 在例题的处理方式上, 新手教师采用"步骤+注意事项"式的教学, 即例题的讲解方式上皆采取强调做题步骤和一个注意事项的模式, 即读题、分析题意、列出方程、注意事项.

6. 其他发现

从第 5 至 9 章对这六位教师的案例研究与调查分析中, 我们可以看到三个新手教师个体之间存在差异. 分析发现, AN 教师和 CN 教师在学科教学知识五个要素的擅长性上表现出相似性. 因此, 我们将 AN 教师与 CN 教师划为一组, 与 BN 教师进行差异分析.

AN 教师和 CN 教师对数学核心概念的理解比较粗浅, 对函数概念的理解是从变量角度出发的, "函数就是两个变量之间的对应关系"(AN-HS-FT), "在自变量 x 的变化过程中, y 按照某一个法则做出相应的变化"(CN-HS-FT). 同样是新手教师的 BN, 则对函数概念有着深刻的认识. 她指出初中阶段的函数, "就是 y 随着 x 的变化而变化, 一个 x 对应一个 y"(BN-HS-FT); 高中阶段的函数, "本质就是两个集合之间一一对应的关系, 只需强调对应关系"(BN-HS-FT). 她甚至指出学生在理解函数概念上的误解, 即学生普遍认为对应法则就是解析式. 她针对学生这个难点, 在教学时采取框图来解决学生的误解.

AN 教师和 CN 教师不太了解学生的误解或困难, 即使学生出现错误也不知道造成这样解答的原因. 而 BN 教师能够预先知道学生对概念理解可能存在的误解, 课上通过概念解读这个环节消除学生的误解, "为了消除学生这种错误, 我在概念解读这个环节, 出了一个思考题"(BN-JO-FT). 在假设情境问题上, CN 教师与 AN 教师都拘泥于变量的字母表示,"有时候也可以把看成自变量, 看成因变量"(AN-FT),"你要看哪个是自变量, 哪个是因变量"(CN-HS-FT). 他们只是关注学生认识的表象, 没有挖掘学生对该问题理解的本质. BN 教师明确表示学生的认识是完全正确的, 但是到了高中阶段的学习, 教师需要进一步向学生明确这种变化是"(一个) x 有且只有一个 y 与之对应"(BN-HS-FT).

在 CN 教师与 AN 教师课上都不经常使用类比、打比方等方式,"口诀只是让学生记忆,而且那么多口诀需要记忆的,如果忘记了学生就不会做题目了,所以我个人还是比较强调概念的理解"(CN-FT). BN 教师善于运用类比,如"傻瓜法""Yeah"图,"天天都会用到,方便记忆",可以"活跃气氛",防止学生出错,还能加深学生的印象.

11.1.2　经验教师的学科教学知识

1. 数学内容知识

经验教师的数学课堂教学以学生为中心,教师起辅助角色. 经验教师更多地认为自己是诊断学生的病因、培育学生发展、构建学生未来的人,把学生看作有不同教育需求的个体,尊重学生的个体差异,帮助他们学习和成长. 尽管每位教师的定位不同,但"医生""园丁""工程师"均凸显教师的道德感与责任意识. 从中国传统儒学来看,教学是一种德行生活,教师是"道德家"(魏建培,2010). 教学活动是一种内在的德行努力,教学中充斥着各种道德事件,而教师作为道德的主体,其言行承载着道德意义,引导学生成为真正的人. 教师所做的一切都紧紧围绕学生,教学活动的开展是建立在学生已有的认知发展水平和已有的知识经验基础之上,机智地回应学生个体独特的教学需求.

在数学学习上经验教师倾向于建构主义. 经验教师更多地认为学习数学就是"建造房子",也有人认为就像"进行一项实验",这与 Dionne(1984)提出的"建构主义"学习观类似,就是把数学看成一个建构的过程,由现实的经验建立法则及公式,找到不同概念之间的关系. 经验教师强调数学的应用性,关注数学知识的发生、发展、形成以及应用过程. 还有一个共同特征就是关注学生的个体差异,将学生的特点与需要作为自己教学工作的首位,关注怎样的教学才能对每个学生起作用,让每个学生获得发展.

经验教师主要结构化、体系化地理解数学核心内容知识. 经验教师的数学内容知识是对相关数学概念进行深刻理解,能够了解概念的内涵、背景、相关概念和概念的发生发展过程. 经验教师抓住函数概念的核心——对应关系,并从集合的角度认识函数的对应关系,指出初中与高中函数概念是如何发展演变的,能够把握函数知识的来龙去脉. 这一点在《学生观问卷调查》中也得到印证,在"第7 题. 数学教师不太了解整个数学知识结构和发展方向"上,经验教师与新手教师的得分具有显著性差异. 经验教师对于函数概念的本质具有深刻、细致地认识,能够了解函数知识发展方向和初高中数学知识结构体系. 经验教师知识的结构体系比较完整,从深度上能够联系与函数相关的概念性很强的知识点,从覆盖的广度上能够联系起那些与函数概念相似的或概念性较弱的内容,且对相关知识的整合程度较高, 能有效防止知识支离破碎.

2. 课程知识

经验教师设置的教学目标更加精准、细致, 有可操作性. 经验教师制定的教学目标比较具体, 能够描摹出整个教学步骤, 关注知识的理解、获得与应用过程. 经验教师按照课程标准来编制教学目标, 但会根据学生的需要和具体教学情况做出调整, 表现更多地自主性与灵活性. 经验教师比较关注目标中的情感、态度、价值观维度, 这与其教学观不无关系. 经验教师更关注教师的德育功能.

经验教师在教学内容选择和组织方面关注对内容的 "二次加工". 对新知识点既能进行数学知识体系的内在开发, 又能拓展到现实生活中学生熟悉的相关实例. 经验教师擅长对教材中的教学内容进行大胆重组和创新, 对教材的使用与解读采取批判的方式. 也就是说, 教材合理的地方就遵循, 处理不恰当的地方就根据教学实际情况修改. 在知识的纵向联系上, 经验教师对特定内容进行结构化、体系化地综合, 擅长对相关知识点进行上位概念的追溯和下位概念的关联, 掌握特定内容的基本要素、逻辑结构、发生发展的脉络及现实意义.

3. 学生理解的知识

经验教师, 比较了解学生, 关注学生如何学, 做到以学定教; 比较了解学生的学习情况, 能够准确预测学生在学习哪个知识点时, 会遭遇哪些困惑以及不理解的原因, 并针对问题提出有效的应对策略; 通常采取提前 "亮明疑惑", 将学生易错点以反例形式呈现给学生, 让学生自己辨析正误, 及早消除困惑.

4. 效果反馈的知识

经验教师擅长使用内容反馈, 较多地运用重复补充与直接肯定, 反馈往往是及时、准确和富有建设性的. 反馈语言具有描述性, 能够说明学生相对目标而言他们做了什么, 或者没做什么, 让学生能够进行自我调整. 在话语反馈类型中, 经验教师善于运用评论、追问、启发. 教师能够分析和运用反馈策略, 促进学生的学习和自身的教学, 能向学习者等提供有效的反馈.

5. 教学策略的知识

经验教师采取多样教学策略、样例与解释相结合的方式进行概念教学. AE 教师运用样例与解释的方式, 通过让学生列举生活中有关函数的实例, 并在此所举例子的基础上进一步解释、剖析函数概念. 经验教师擅长用恰当的例子讲解, 用学生熟悉的比喻、类比来解释, 用案例演示、证明来阐释主要概念, 用多种方法转化成为学生理解的知识.

6. 其他发现

从第 5 章至第 9 章对这六位教师的案例研究与调查分析中, 我们可以看到三位经验教师个体之间存在差异. 发现 AE 教师和 CE 教师在学科教学知识五个要素的擅长性上表现出相似性. 因此, 我们将 AE 教师与 CE 教师划为一组, 与 BE 教师进行差异分析.

AE 教师和 CE 教师都喜欢钻研教材. 比如, AE 教师发现教科书上税收问题中关于 "税率应纳税收入额的规定" 容易给学生造成误解, 通过查阅税收的官方法律文件, 感觉应用官方文件的叙述比较容易理解. "上课的时候, 就需要教师帮助学生从集合语言(500, 2000]中解读出是 '超过 500 元至 2000 元的部分'. 在此基础上, 帮助学生读懂题意和理解题意"(AE-JL-TY). CE 教师也对教材的编排有自己的看法, "有时候也会补充一些内容, 有时候书上没有证明、没有过程, 我也会补充进去的."(CE-DS-FT)对于教材上使用摄氏度(℃)和华氏度(℉)相互转化来引入反函数的概念, CE 教师提出 "容易给学生在认识上造成不必要的困难, 所以我选用形式差不多、容易理解的圆周长公式"(CE-FH-FT). AE 教师和 CE 教师根据学生的认知特点, 对教材进行再加工, 以帮助学生理解.

BE 教师在教材的选择和运用上, 表现更加灵活. 对于 "函数的奇偶性", 教材选用拱形构架的弧形段关于轴对称, 来引入函数奇偶性; 对于"函数的单调性", 教材选用园林绿地面积随年份的增加而增加, 来引入函数的单调性; 对于 "函数的最值", 教材选用熊猫居室的最大面积, 来引入函数的最值. 但是 BE 教师都没有采用教材中的例子, 对于 "函数的奇偶性", 她选用生活中的对称图形来引入; 对于"函数的单调性", 她通过提问检测学生预习效果, 进入新授课环节; 对于"函数的最值", 她直接提出了学生熟悉的二次函数最值问题, 以旧知引入新知, 同时为求二次函数在给定闭区上最值的教学做了铺垫. 此外, BE 教师非常了解学生, 能够一下子抓到学生的误解点, 通过以例题的形式讲解, 提早将学生的疑惑亮明、解决.

11.1.3　小结

顾泠沅等(2003)认为, 如果一个数学教师打算使学生更好地学习这门课程, 并在教育总构架下发挥充分而适当的作用, 那么他就必须回答诸如为什么教、教什么、教谁、怎么教以及效果如何等问题. 那么, 教师的学科教学知识就是用来回答以上问题的. 通过上述分析表明, 新手教师和经验教师在函数内容的学科教学知识的差异主要体现在以下方面.

(1) 教师能否讲清楚, 讲明白, 即需要教师对所教学科具有广博的知识与深刻的理解. 函数是中学数学重要的概念之一, 是初等数学和高等数学衔接的纽带.

它与初中学习的"字母表示数""数量关系"相联系，又与后面的"变量关系"相联系，就需要教师必须比教科书上的内容或固定教学设计更为广博，把握函数概念的内涵、发展的来龙去脉与结构关系，形成深刻的理解. 教师对具体数学内容的理解，结合学生的认知特点，把握该内容在整个知识体系中的作用，才能把所授内容讲解清楚.

(2) 教师能否明白学生，即需要教师能准确找到学生的易解点与误解点. 教师能够提早找到学生的误解点，是了解学生的关键所在，这与具体的学生知识有关. 教师若能直接找到学生的误解点，就能在教学中集中精力解决学生的误解与难点. 通过研究发现，"预学单"可以成为了解学生易解点与误解点的工具. 学生在教师帮助之前，通过预学单完成教师布置的一些准备练习，了解自己能学懂的内容、自己的不足与疑惑. 同时，教师通过与每节课学习目标相配套的预学单，了解不同学生，如每位学生的优缺点，他们理解的或者难以理解的主要问题.

(3) 教师能否设计针对性的教学，有效教学往往具有针对性、个人化的特点. 教师从每个人不同的学习需求来设计教学，而且是针对每个人突出的问题和特殊的需求来开展教学. 教师组织、编排与每节课学习目标相配套的工作单、教案或其他检测工具，关注每位学生的优缺点，把握在什么时候、使用什么与怎么使用特定策略或相应资源的方法，积累针对性的教学经验. 也就是，学生已经知道或了解的内容，教师不用去讲；学生通过讨论可以获得的，就让学生小组讨论；学生讨论之后仍不能解决的，就需要教师讲解.

11.2　数学教师学科教学知识的提升途径

从以上数学教师学科教学知识的案例分析，可以清楚地看到数学教师的学科教学知识是由数学内容知识、数学课程知识、学生理解的知识、效果反馈的知识与教学策略的知识等五个板块构成的结构化知识体系，是知识与经验的有机结合体. 众所周知，职前教师教育和职后专业培训都是教师知识专业化发展的重要阶段，但绝大多数教师认为职前教育、职后培训对自己获益不多. 职前教师教育是教师专业发展的必经却非必要的阶段，师范生毕业后，仍然不知道怎么上课. 教师在职教育成了教师个人成长的点缀而非持续成长的动力，教师往往进修学习回来后，感到理论无用(王洁等, 2007). 面对这样的瓶颈问题，本书有关新手教师与经验教师学科教学知识的研究为教师专业发展提供新的视角，其中经验教师学科教学知识的发展路径为我国教师专业发展提供了借鉴，从中我们可以探寻教师专业发展的途径和方法.

11.2.1　职前教师教育

1. 培养师范生的学科教学知识, 着眼于学科内容知识

教师教育从师范教育到在职培训, 是一个连续的过程, 而这正是教师专业发展的"连续性教育"的一种表现. 根据连续关系来看, 职前教师的专业知识受到师范教育的影响. 从第 10 章学生对教师学科教学知识的观点的调查问卷来看, 新手教师得分最高的是数学内容知识, 但均分仍低于经验教师. 通过比较新手教师与经验教师在课堂上的表现发现, 新手教师的数学知识结构不够完整, 核心概念理解不深刻, 忽视知识间的内在联系. 针对这一情况, 师范教育应加强师范生学科内容知识的培养, 形成对数学知识的深刻理解. 教师拥有的学科内容知识是课堂灵活运用知识的基础, 有丰富的学识, 良好的表达能力, 又善于从学生的角度来思考, 自然会有许多高效的教学策略, 使用不同的教学表征来让学生了解数学概念. 事实上, 这些内容是息息相关的, 所以建议发展与提升教师的学科教学知识应该由学科内容知识着手(van Driel et al., 2002).

学科内容知识的把握, 根据新课程教学设计的要求, 就是从更高的观点认识教学内容, 更深刻地理解教学内容, 更全面地认识教学内容的地位、属性、前后联系等. 就本研究中函数内容而言, 应包括对函数思想的本质内涵的阐释, 包括在高观点下解释函数思想方法, 该思想方法的产生与发展、以及未来走向的说明; 对函数思想的地位与作用的解析, 该内容能用于解决哪些领域的什么问题, 解决问题的程序如何等. 师范生通过从高观点理解数学的核心概念、基本思想和方法, 建构起对数学内容本质的认识框架, 以及与其他数学内容的联系.

2. 提升师范生的学科教学知识, 着眼于学生理解的知识

本书关于教师对学生理解的知识研究, 发现教师具备一些关于学生误解的知识, 但他们通常不知道学生的错误原因, 并缺少如何应对学生困惑的知识. 从本书关于教师学科教学知识的学生观点调查结果来看, 新手教师与经验教师在学生理解的知识维度上存在极其显著的差异, 且经验教师的得分普遍高于新手教师. 针对这一情况, 师范教育应加强师范生学生理解的知识的培养, 形成以"学生为中心"的教学导向. 在师范生的课程中, 可以梳理学生对核心概念可能存在的错误, 针对学生的误解进行讨论, 探明出现此类错误的原因, 鼓励师范生针对学生的误解或困惑, 提出不同的指导策略.

学生理解的知识的掌握, 从广泛地意义来看, 包括学生的经验知识和学生的认知知识. 就本研究中的高中生而言, 学生的经验知识是指高中年龄段儿童所共有的、在课堂和学校里表现出来的、与其兴趣和情境因素相关的、影响学习和行

为的知识. 学生的认知知识包括高中各年级学生身心发展的特征、学生认知学习及思考方式、学生可能出现的困难、指导学生如何学习等. 教师要教什么内容, 都是根据学生的具体情况而定. 关于学生理解的知识是教师必须具备的, 同样也是与学生有效沟通交流的重要保障. 师范生有必要知晓这些特点与作用.

11.2.2　在职教师专业发展

1. 加强教师学科教学知识的案例研究

在职教师每天面临大量的教学决策, 他们无法记住课堂情境中所运用的学科教学知识, 而案例恰好能够体现这种知识. 况且, 教师所积累的大量教学知识本身是以案例的形式保存下来的, 各种各样的"案例"构成了教师的"资料库", 它囊括了各种实例、形象、理解和行动(舍恩, 2007). 通过对日常教师课堂教学的案例研究, 能够更好地折射出教师的数学知识、课程知识、学生理解的知识、效果反馈的知识、教学策略的知识等, 更有助于教师专业发展. 恰如富兰(2004)在其著作《变革的力量——透视教育改革》中生动这样地写道, 当教师在学校里坐在一起研究学生学习情况的时候, 当他们把学生的学业状况和如何与教学联系起来的时候, 当他们从同事和其他外部优秀教学经验中获得认识, 进一步改进自己教学实践的时候, 他们实际上就是处在一个绝对必要的知识创新过程.

同样对于新手教师来说, 编写案例可以视为探究教学过程的一种手段. 教师教育者应重视那些刚走出大学校门踏上工作岗位的新手教师, 为他们提供即时的帮助, 主要是帮助他们获得并发展教学技能, 以促进其通过课堂教学环境积累经验, 我们应当认真思考这种帮助教师成长的方式. 案例研究可以帮助新手教师反思其职业领域中的一些问题. 通过将工作中遇到的教学困境编写为案例, 新手教师在建立良好的同事关系、深刻地理解学科内容、清晰地阐述教学内容以及寻找问题解决办法等方面的能力会得到很大的提高. 这些能力从短期看, 可以给教师提供帮助, 从长远来看则可以提高教师专业自主发展的能力.

2. 将教师专业发展置于课堂情境下

传统的教师培训让教师坐在教室里聆听教学理论知识, 但从教师专业发展的实质来看, 教师是在复杂的教学情境中反思、判断, 通过理论学习与教学实践的互动, 积累和建构了丰富的学科教学知识. 杜威认为, 使得教师根据一些原理对他的工作做出反思, 要比告诉他某些特定的方法是好的, 而另一些方法是不好的更有价值(杜威, 2001). 本书通过半结构访谈和课堂观察, 发现每位教师根据不同的教学情境, 随意组合这些学科教学知识, 如同"信手拈来"一般. 然而, 这些知识常常依托于具体的数学内容和课堂情境, 很难传递或共享, 但是通过日常教学实践研究会使得这一问题有所改观.

教师专业发展的研究,可以从教师的日常教学工作入手,考察教师在特定的教学场景中的教学表现,了解教师对学科内容的掌握,全方位地展示教师的知识特征.通过在课堂情境下研究教师的学科教学知识,使得知识具体化、外显化,开展案例分析,反思教师发展的问题,促进教师专业成长.此外,本书发现学生对教师的学科教学知识有一定正确的感知,教师可以参考学生对教师学科教学知识的反馈,进而反思、调整自己的教学.

3. 教师培训关注多元化、实践性

本书发现,新手教师和经验教师在拥有数学教学知识上的丰富程度不同.因此,教师教育研究者可以通过各种形式的教师培训来加深教师对这些知识的理论理解和实践应用,促进教师对这些知识的灵活应用.Lieberman(1995)强调不仅要通过课程、工作坊及会议进行学习,而且应在学校内部通过同伴辅导、经验分享、个案研究,以及在学校外通过网络、伙伴和合作等多种非正式学习渠道推进教师的专业发展.

目前,多数培训不太切合当前学校教育的实际,理念的可操作性弱,经验不具有可复制性,这就迫切需要增强教师培训的实践性.比如,组织教师对数学概念理解的培训,让教师参与各种活动(绘制概念图),使教师深刻了解数学的核心概念、知识间的联系、教材的组织方式等.同时,也可将工作坊式的观察学习作为一种教师培训方式,帮助教师获得各种教学策略.值得注意的是,在教师进行实践性培训时,研究者需要给予教师现场指导和及时反馈.专家指导数学教师在实际教学中如何运用所习得的学科教学知识,并且让教师在实践中体会,加深对学科教学知识的理解.如果没有专家的指导与支持,对于大多数人来说培训的效果就会打折扣.

11.3 研 究 展 望

诚然任何研究不可能做到尽善尽美,本研究亦如此.本研究的实施,仍存在着一些不足,具体概括如下:

首先,本研究的方法论基础是案例研究法,其本身在归纳研究发现上存在一定的困难.案例研究的归纳不是统计性的而是分析性的,这必定使归纳带有一定的随意性和主观性.本研究对六位高中数学教师进行案例研究,针对小样本,这就使得本研究的结论不足以归纳成一个"普遍性"的结论.

其次,本研究没有采用一个标准化的数据分析方法,而采用多种分析方法,

研究过程中产生大量原始资料, 而且所记录的部分材料与研究主题不相关. 这就使得在证据的提出和数据的解释上带有可选择性, 研究数据的筛选和整理的方法不太全面, 这些都有可能会影响数据分析的结果. 例如, Hamel(1992)发现, 个案研究在代表性方面具有局限性, 它在对研究中的实证材料的收集、建构和分析的过程中缺乏一定严密性, 这种严密性的缺乏会导致有研究者的主观性所带来的偏见问题.

最后, 本研究在数据收集环节上, 访谈缺少记录行为动作、心理特征. 在访谈时, 原计划对被试教师进行录像, 但是被试教师表示这样会使他们非常紧张, 不愿意录像. 因此笔者只好尊重他们的感受, 仅把谈话内容做了录音. 在这种情况下, 教师的主要观点记录下来了, 却忽略了其行为动作、心理特征. 这就好比听到了有声读物, 而错过生动的视频音像一般. 虽然通过录音能够帮助笔者了解整体情况, 但是生动性和真实性可能受到一些影响.

数学教师学科教学知识的研究是教师专业知识发展研究的重要方面, 由于受时间的限制和研究者视野的局限性, 本研究还有许多未涉及的方面, 有待于进一步研究.

(1) 对数学教师学科教学知识有待于系统地比较分析

本书主要研究高中数学教师在函数专题的学科教学知识表现, 那么研究对象换成小学数学教师、高中数学教师、大学数学教师, 或者将研究主题选取为其他的核心数学内容, 研究结果如何, 可以值得研究.

(2) 互为师徒的数学教师在学科教学知识上的差异与相互影响有待揭示

本书所选取的三对教师中, 其中有一对教师是"师徒". 那么作为"师傅"的经验教师有哪些学科教学知识可以与新手教师共享, 经验教师对新手教师不同阶段的成长有何种影响. 与此同时, 新手教师对经验教师的专业发展有哪些促进作用等问题, 还有待于进一步地深入和拓展.

总之, 教师专业化和促进教师专业成长是当今教师教育的热点话题. 本书立足于数学教师的课堂教学场景, 以数学教师重要的知识类型为核心, 对经验教师与新手教师的学科教学知识进行比较研究, 仅是一个开端, 还有待于进一步地深入和拓展. 就像诗人谢默斯·希尼(Seamus Heaney)说过的, "历史和希望应运而生".

参 考 文 献

鲍银霞, 孔企平. 2014. 学科教学知识: 影响教与学的关键变量——教师的 MPCK 对数学教与
    学影响实证研究述评[J]. 教育发展研究, 18: 13-19.

鲍银霞. 2017. 小学数学教师 MPCK 的调查与分析[J]. 全球教育展望, 46(6): 116-128.

波兰尼. 2000. 个人知识[M]. 许泽民, 译. 贵州: 贵州人民出版社: 108.

陈向明. 2001. 教师如何作质的研究[M]. 北京: 教育科学出版社: 2, 122-124.

陈向明. 2006. 参与式行动研究与教师专业发展[J]. 教师教育研究, 5: 55-57.

邓津, 林肯. 2007. 定性研究: 策略与艺术[M]. 风笑天, 等, 译. 重庆: 重庆大学出版社: 544-574.

董纯才. 1985. 中国大百科全书·教育卷[M]. 北京: 中国大百科全书出版社: 525.

董涛. 2008. 课堂教学的 PCK 研究[D]. 华东师范大学博士学位论文.

杜朝晖, 亓华. 2007. 中级汉语会话课堂教师反馈研究[J]. 语言文字应用, 12: 44-49.

杜威. 2001. 民主主义与教育[M]. 王承绪, 译. 北京: 人民教育出版社: 223-225, 212, 135, 180.

段晓林, 王国华, 张惠博. 1998. 学生对教师之学科教学直觉问卷之发展[J]. 科学教育学刊, 6(2):
    129-147.

范良火. 2003. 教师教学知识发展研究[M]. 上海: 华东师范大学出版社: 14.

方菲菲, 卢正芝. 2008. 教师专业发展的新焦点: 学科教学知识及启示[J]. 当代教育科学, 5: 31-34.

冯茁, 曲铁华. 2006. 从 PCK 到 PCKg: 教师专业发展的新转向[J]. 外国教育研究, 33 (12): 58-63.

富兰. 2004. 变革的力量——透视教育改革[M]. 北京: 教育科学出版社: 16.

富兰. 2005. 教育变革新意义[M]. 北京: 教育科学出版社: 121.

富兰, 希尔, 克瑞沃拉. 2009. 突破[M]. 孙静萍, 刘继安, 译. 北京: 教育科学出版社: 44.

龚玲梅, 黄兴丰, 汤炳业. 2011. 职前数学教师学科知识的调查研究——以函数为例[J]. 常熟理
    工学院学报(教育科学), (12): 96-99.

顾泠沅. 1994. 教学实验论——青浦实验的方法学与教学原理研究[M]. 北京: 教育科学出版社: 70.

顾泠沅. 2012. 卷首语[J]. 中国教师, 4: 1.

顾泠沅, 易凌峰, 聂必凯. 2003. 寻找中间地带[M]. 上海: 上海教学出版社: 2.

顾明远. 1990. 教育大辞典·第一卷[M]. 上海: 上海教育出版社: 144.

韩继伟, 马云鹏. 2016. 中学数学教师的教师知识状况的调查研究[J]. 全球教育展望, 45(4):
    106-117.

韩继伟, 马云鹏, 吴琼. 2016. 职前数学教师的教师知识状况研究[J]. 教师教育研究, 28(3): 67-72.

胡军. 2006. 知识论[M]. 北京: 北京大学出版社, 45.

黄毅英, 许世红. 2009. 数学教学内容知识——结构特征与研发举例[J]. 数学教育学报, 18(1): 5-9.

教育部师范教育司. 2003. 教师专业化的理论与实践(修订版)[M]. 北京: 人民教育出版社.

景敏. 2006. 基于学校的数学教师数学教学内容知识发展策略研究[D]. 华东师范大学博士学位
    论文.

鞠玉翠. 2003. 教师个人实践理论的叙事探究[D]. 华东师范大学博士学位论文: 3.

赖尔. 1992. 心的概念[M]. 徐大建, 译. 北京: 商务印书馆: 19-61.

李渺, 等. 2007. 中小学数学教师知识对数学教学的影响之比较研究[J]. 上海教育科研, 5: 11-15.

李琼, 倪玉菁, 萧宁波. 2006. 小学数学教师的学科教学知识: 表现特点及其关系的研究[J]. 教育学报, 2(4): 58-64.

李伟胜. 2009. 学科教学知识(PCK)的核心要素及其对教师教育的启示[J]. 教师教育研究, 21(2): 33-38.

联合国教科文组织. 1996. 教育——财富蕴藏其中[M]. 北京: 教育科学出版社: 142.

林琼. 2002. 关于第二语言石化现象的外部起因研究[J]. 唐山高等专科学校学报, 15(l) : 57-60.

刘清华. 2005. 教师知识研究的问题与建构路向[J]. 教育理论与实践, 25(11): 45-48.

刘小强. 2005. 教师专业知识基础与教师教育改革: 来自 PCK 的启示[J]. 外国中小学教育, 11: 5-8.

罗伯特 K. 殷. 2004.案例研究: 设计与方法[M]. 周海涛, 译. 重庆: 重庆大学出版社: 9-16.

马克斯威尔. 2008. 质性研究设计[M]. 陈浪, 译. 北京: 中国轻工业出版社: 133-149.

马歇尔, 罗斯曼. 2008. 设计质性研究[M]. 王慧芳, 译. 长沙: 湖南美术出版社: 57-72.

迈尔斯, 休伯曼. 2008. 质性资料的分析: 方法实践[M]. 张芬芬, 译. 重庆: 重庆大学出版社: 6-19, 205-206, 278.

麦瑞尔姆. 2008. 质化方法在教育研究中的应用: 个案研究的扩展[M]. 于泽元, 译. 重庆: 重庆大学出版社: 43-44, 51, 53, 61, 15-17.

钱旭升, 童莉. 2009. 数学知识向数学教学知识转化的个案研究——基于新手与专家教师的差异比较[J]. 长春理工大学学报(高教版), 4(3): 155-157.

瞿葆奎. 1988. 教育学文集·教学(上)[M]. 北京: 人民教育出版社: 429-431, 437-439.

瞿葆奎. 1993. 教育学文集·智育[M]. 北京: 人民教育出版社: 178.

任明俊, 汪晓勤. 2007. 中学生对函数概念的理解——历史相似性初探[J]. 数学教育学报, 16(4): 84-87.

任一明, 田腾飞. 2009. PCK——教师教育改革之必需[J]. 西南大学学报(社会科学版), 35(2) : 134-138.

上海青浦实验研究所. 2007. 小学数学新手和专家教师 PCK 比较的个案研究——青浦实验的新世纪行动之四[J]. 上海教育科研, 10: 47-50.

上海市教育委员会. 2004. 上海市中小学数学课程标准(试行稿)[M]. 上海: 上海教育出版社: 96-100.

舍恩. 2007. 反映的实践者——专业下作者如何在行动中思考[M]. 夏林清, 译. 北京: 教育科学出版社: 231-233, 115.

申继亮, 李琼. 2001. 小学数学教师的教学专长: 对教师职业知识特点的分析[J]. 教育研究, 7: 61-65.

施良方. 1996. 课程理论——课程的基础、原理与问题[M]. 北京: 教育科学出版社: 142, 187, 23.

石中英. 2001. 知识性质的转变与教育改革[J]. 清华大学教育研究, 2: 29-36.

石中英. 2002. 教育哲学导论[M]. 北京: 北京师范大学出版社: 206.

斯宾塞. 1962. 教育论: 智育、德育和体育[M]. 胡毅, 译. 北京: 人民教育出版社: 7-8.

斯腾伯格, 威廉斯. 2003. 教育心理学[M]. 张厚粲, 译. 北京: 中国轻工业出版社: 6-16.

斯特劳斯, 科尔宾. 1997. 质性研究概论[M]. 徐宗国, 译. 台北: 巨流图书有限公司: 25.

宋乃庆, 程文广. 2008. 用科学发展观审视基础教育课程改革[J]. 中国教育学刊, 7: 1-7.

苏耀忠, 石颐园. 2015. 从 PCK 内涵的角度解析函数概念的教学[J]. 教育理论与实践, 35(20): 47-50.

孙自挥, 等. 2008. PCK 知识与英语教师的专业发展——基于四川地区中学英语教师教育/培训师资队伍的考察[J]. 西南民族大学学报(人文社科版)(s1): 149-151.

孙自挥, 高晓芙, 黄亚宁. 2009. 我国 PCK 研究取向的审视[J]. 大学(研究与评价), 2: 44-47.

谭军, 陈君瑜. 2006. 数学教师学科教学知识建构初探[J]. 宿州学院学报, 2(3): 88-90.

童莉. 2008. 初中数学教师数学教学知识的发展研究[D]. 西南大学博士学位论文.

王国华, 段晓林, 张惠博. 1998. 国中学生对科学教师学科教学之知觉[J]. 科学教育学刊, 6(4): 363-381.

王宏, 史宁中. 2015. 基于教师专业发展视角的数学教学内容知识研究[J]. 东北师大学报(哲学社会科学版), 6: 244-248.

王洁, 顾泠沅. 2007. 行动教育: 教师在职学习的范式革新[M]. 上海. 华东师范大学出版社: 3-9.

王嵘, 等. 2013. 高中书写核心概念教材编写的国际比较——以函数为例[J]. 课程·教材·教法, 33(6): 51-56.

王先谦. 2009. 庄子[M]. 上海: 上海古籍出版社: 139.

威尔斯玛, 朱尔斯. 2010. 教育研究方法导论[M]. 袁振国, 译. 北京: 教育科学出版社: 2-16.

魏建培. 2010. 儒学教师观[J]. 教师教育研究, 22(1): 51-56.

文晓宇. 2007. 数学教学系统中的反馈和控制方法初探[J]. 数学教育学报, 16(4): 24-26.

吴银银, 陈志伟. 2009. 在校本教研中促进科学教师 PCK 的发展[J]. 现代教育科学, 1: 30-32.

解书, 马云鹏. 2017. 学科教学知识(PCK)的结构特征及发展路径分析——基于小学数学教师的案例研究[J]. 基础教育, 14(1): 93-103.

徐碧美. 2003. 追求卓越——教师专业发展案例研究[M]. 陈静, 等, 译. 北京: 人民教育出版社: 58-59.

徐章韬, 顾泠沅. 2014. 面向教学的学科知识之课程资源开发[J]. 教育发展研究, 12: 26-30.

许卫兵. 2010. 教学目标的现实失落与应有追求[J]. 课程·教材·教法, 30(5): 49-53.

杨彩霞. 2006. 教师学科教学知识: 本质、特征与结构[J]. 教育科学, 22(1): 60-63.

杨翠蓉, 胡谊, 吴庆麟. 2005. 教师知识的研究综述[J]. 心理科学, 28(5): 1167-1173.

杨薇, 郭玉英. 2009. PCK 对美国科学教师教育的影响及启示[J]. 当代教师教育, (3): 6-10.

杨玉东, 贺真真. 2007. 数学教学改革三十年: 现实与实现——来自"青浦实验新世纪行动"[J]. 上海教育科研, 12: 4-9.

翟俊卿. 2013. 面向对话式教学: 西方教师反馈的策略与作用[J]. 外国中小学教育, 12: 39-43.

张世忠, 罗慧英. 2009. 协同教学对国中学生所知觉的科学教师 PCK 之影响[J]. 科学教育学刊, 17(1): 49-68.

章建跃. 2007. "中学数学核心概念思想方法及其教学设计"课题简介[J]. 中学数学教学参考, 5: 51-53.

章建跃. 2009. "中学数学核心概念、思想方法结构体系及其教学设计的理论与实践"第七次课题研讨会成果综述——追求数学课堂的本来面目[J]. 中国数学教育, 4: 2-5.

章建跃. 2011. 中学数学课程论[M]. 北京: 北京师范大学出版社: 282.

章建跃. 2012. 数学教学目标再思考[J]. 中国数学教育, 7-8: 3-6.

章建跃, 等. 2013. 美国高中数学核心概念图[J]. 课程·教材·教法, 33(11): 115-221.

赵志尚. 1995. 数学课堂反馈刍议[J]. 中学数学教学参考, 11: 1-3.

中华人民共和国教育部. 2011. 教师教育课程标准(试行)[EB/OL]. [2016-11-08]. http://old.moe.gov. cn//publicfiles/business/htmlfiles/moe/s3702/201110/xxgk_125722.html.

中华人民共和国教育部. 2018. 普通高中数学课程标准(2017 年版)[M]. 北京: 人民教育出版社: 98-99.

中小学教师专业发展标准及指导课题组. 2012. 中小学教师专业发展标准及指导(数学)[M]. 北京: 北京师范大学出版社: 1-9.

钟启泉, 王艳玲. 2008. 教师知识研究的进展与启示[J]. 大学(研究与评价), 1: 11-16.

周淑琪. 2014. 新手教师和专家型教师评价素养研究[J]. 比较教育研究, 1: 12-17.

朱慕菊. 2002. 走进新课程——与课程实施者的对话[M]. 北京: 北京师范大学出版社: 1.

朱文芳. 1999. 函数概念学习的心理分析[J]. 数学教育学报, 8(4): 23-25.

朱晓民, 陶本一. 2006. 西方学科教学知识研究的两种路径[J]. 外国中小学教育, 3: 29-33.

佐藤学. 2003. 课程与教师[M]. 钟启泉, 译. 北京: 教育科学出版社: 184.

佐藤学. 2004. 学习的快乐——走向对话[M]. 钟启泉, 译. 北京: 教学科学出版社: 215.

An S, Kulm G, Wu Z. 2004. The pedagogical content knowledge of middle school mathematics teachers in china and the US[J]. Journal of Mathematics Teacher Education, 7: 145-172.

Ball D L. 1991. Research on teaching mathematics: Making subject-matter knowledge part of the equation [M]// Brophy J, ed. Advances in research on teaching: Vol. 2. Teachers' knowledge of subject matter as it relates to their teaching practice. Greenwich: JAI Press: 1-48.

Ball D L. 1999. Crossing boundaries to examine the mathematics entailed in elementary teaching[J]. Contemporary Mathematics, 243: 15-36.

Ball D L. 2000. Bridging practices: Intertwining content and pedagogy in teaching and learning to teach[J]. Journal of Teacher Education, 51: 241-247.

Ball D L, Bass H. 2000. Interweaving content and pedagogy in teaching and learning to teach: Knowing and using mathematics // Boaler J, ed. Multiple perspectives on mathematics teaching and learning. Westport, CT: Ablex: 83-104.

Ball D L, Hill H C, Bass H. 2005. Knowing mathematics for teaching: Who knows mathematics well enough to teach third grade, and how can we decide? [J]. American Educator, 29: 14-22.

Baturo A, Nason R. 1996. Student teachers' subject matter knowledge within the domain of area measurement[J]. Educational Studies in Mathematics, 31: 235-268.

Begle E G, Geeslin W. 1972. Teacher effectiveness in mathematics instruction. National Longitudinal Study of Mathematical Abilities Reports: No. 28. Washington, DC: Mathematics Association of America and the National Council of Teachers of Mathematics.

Begle E G. 1979. Critical Variables in Mathematics education: Findings from a Survey of Empirical Literature[M]. Washington, DC: Mathematics Association of America and the National Council of Teachers of Mathematics: 51, 54.

Beissner K L, Jonassen D H, Grabowski B L. 1994. Using and selecting graphic techniques to acquire structural knowledge[J]. Performance Improvement Quarterly, 7(4): 20-38.

Berliner D C. 1986. In pursuit of the expert pedagogue[J]. Educational Researcher, 15(7): 5-13.

Berliner D C. 1995. Teacher expertise[M] // Anderson L W, ed. International Encyclopedia of Teaching and Teacher Education. 2nd ed. Oxford, NY, U. S. A. : Pergamon: 612-616.

Bishop J W, Stump S L. 2000. Preparing to Teach in the New Millennium: Algebra through the Eyes of Pre-service Elementary and Middle School Teachers[A] // Frenendez M, ed. The 22nd Annual Conference of the North American Chapter of the International Group for the Psychology of Mathematics Education[C]. Tuscon: University of Arizona.

Borko H, Livingston C. 1989. Cognition and improvisation: Differences in mathematics instruction by expert and novice teachers[J]. American Educational Research Journal, 26(4): 473-498.

Borko H, Putnam R. 1996. Learning to teach[M] // Berliner C D, Calfee R C, ed. Handbook of Educational Psychology. New York, U. S. A. : Macmillan: 673-708.

Bredo E, Feinberg W. 1982. Knowledge and Values in Social and Educational Research[M]. Philadelphia: Temple University Press.

Brooks S D. 1907. Preparation of high school teachers[J]. National Education Association Journal of Proceedings and Addresses, 45: 547-551.

Brophy J. 1988. Research no teacher effects: Uses and abuses[J]. Elementary School Journal, 89: 3-21.

Bruner J. 1977. The Process of Education[M]. Cambridge, MA: Harvard University Press.

Bull S, Solity J. 1987. Classroom Management : Principles to Practice. New York: Croom Helm.

Bush A J, Kennedy J, Cruickshank D R. 1977. An empirical investigation of clarity[J]. Journal of Teacher Education, 3: 53-63.

Carter K. 1992. Creating cases for the development of teacher knowledge // Russell T, Munby H, ed. Teachers and Teaching: From Classroom to Reflection. London: The Falmer Press: 109-123.

Carter K, Sabers D, Cushing K, et al. 1987. Processing and using information about students: A study of expert, novice, and postulant teachers[J]. Teaching and Teacher Education, 3(2): 147-157.

Chase W G, Simon H A. 1973. Perception in chess[J]. Cognitive Psychology, 4 (1): 55-81.

Chi M T H, Feltovich P J, Glaser R, 1981. Categorization and representation of physics problems by experts and novices[J]. Cognitive Science, 5(2): 121-152.

Clandinin D J, Connelly M F. 1987. Teachers' personal knowledge: What counts as personal in studies of personal[J]. Journal of Curriculum Studies, 19(6): 487-500.

Clarke D, Hollingsworth H. 2002. Elaborating a model of teacher professional growth[J]. Teaching and Teacher Education, 18(8): 947-967.

Clement L L. 2001. What do students really know about functions? [J] Mathematics teacher, 94 (9): 745-748.

Cochran K F, Deruiter J A, King R A. 1993. Pedagogical content knowing: An integrative model for teacher preparation[J]. Journal of Teacher Education, 44: 263-272.

Cochran K F, King R A. DeRuiter J A. 1991. Pedagogical content knowledge: A Tentative Model for Teacher Preparation [C]. Paper presented at the Annual Meeting of the American Educational Research Association (Chicago, IL, April 3-7).

Confrey J. 1990. A review of the research on student conceptions in mathematics, science, and programming // Cazden C, ed. Review of Research in Education, Vol. 16. Washington D C: American Educational Research Association: 3-56.

Connelly M F, Clandinin D J. 1988. Teachers as Curriculum Planners: Narratives of Experience[M].

New York: Teachers College Press: 25.

Connelly M F, Clandinin D J, Fang H M. 1997. Teachers personal practical knowledge on the professional knowledge landscape[J]. Teaching and Teacher Education, 13(7): 665-674.

Cullen R. 2002. Supportive teacher talk: the importance of the f-move[J]. English Language Teaching Journal, 56(2): 117-127.

Dalgarno N, Colgan L. 2007. Supporting novice elementary mathematics teachers' induction in professional communities and providing innovative forms of pedagogical content knowledge development through information and communication technology[J]. Teaching and Teacher Education, 23(7): 1051-1065.

Davis B, Simmt E. 2006. Mathematics-for-teaching: An ongoing investigation of the mathematics that teachers (need to) know[J]. Educational Studies in Mathematics, 61: 293-319.

De Jong O, Van Driel J H, Verloop N. 2005. Preservice teachers' pedagogical content knowledge of using particle models in teaching chemistry[J]. Journal of Research in Science Teaching, 42(8): 947-964.

Dionne J. 1984. The perception of mathematics among elementary school teachers // Moser J, ed. Proceedings of the 6th Annual Meeting of the North American Chapter of the International Group for the Psychology of Mathematics Education Madison, WI, U. S. A. : PME-NA: 223-228.

Duffee L, Aikenhead G. 1992. Curriculum change, student evaluation, and teacher practical knowledge[J]. Science Education, 76(5): 493-506.

Dugdale S. 1993. Functions and graphs-perspectives on student thinking // Romberg T A, et al. Integrating Research on the Graphical Representation of Function. Hillsdale: Lawrence Erlbaum Association Publishers: 101-130.

Ebert C L. 1993. An Assessment of Prospective Secondary Teachers' Pedagogical Content Knowledge about Functions and Graphs[C]. Paper presented at the Annual Meeting of the American Educational Research Association, Atlanta, GA.

Edwards A, Ogden L. 1998. Constructing curriculum subject knowledge in primary school teacher training[J]. Teaching and Teacher Education, 14(7): 735-747.

Elbaz F. 1981. The teacher's "practical knowledge" : report of a case study[J]. Curriculum Inquiry, 11(1): 43-71.

Elbaz F. 1983. Teacher Thinking: A Study of Practical Knowledge[M]. London: Croom Helm: 5.

Elbaz F. 1991. Research on teachers' knowledge: The evolution of a discourse[J]. Journal of Curriculum Studies, 23(1): 1-19.

Ernest P. 1989. The impact of beliefs on the teaching of mathematics // Ernest P, ed. Mathematics Teaching: The State of the Art. New York, U. S. A. : The Falmer Press: 249-254.

Even R. 1990. Subject matter knowledge for teaching and the case of function[J]. Educational Studies in Mathematics, 21(6): 521-544.

Even R. 1993. Subject-matter knowledge and pedagogical content knowledge: Prospective secondary teachers and the function concept[J]. Journal for Research in Mathematics Education, 24(2): 94-116.

Fenstermacher G D. 1986. Philosophy of Research on Teaching: Three Aspects[M] // Wittrock M C, ed. Handbook of Research on Teaching. 3rd ed. New York: Macmillan: 37-49.

Gage N L. 1978. The Scientific Basis of The Art of Teaching[M]. New York: Teacher College Press: 69-70.

Gorski P. 2009. What we're teaching teachers: An analysis of multicultural teacher education coursework syllabi[J]. Teaching and Teacher Education, 25(2): 309-318.

Grossman P L. 1990. The Making of a Teacher: Teacher Knowledge and Teacher Education[M]. New York, U. S. A. : Teachers College Press.

Grossman P L. 1995. Teachers' Knowledge // Anderson L W, ed. International Encyclopedia of Teaching and Teacher Education. 2nd ed. Cambridge: Cambridge University : 20-24.

Grossman P L, Schoenfeld A, Lee C. 2005. Teaching subject matter // Darling-Hammond L, Bransford J, ed. Preparing teachers for a changing world: what teachers should learn and be able to do. San Francisco: Jossey-Bass: 201-231.

Grossman P L, Stodolsky S S. 2000. Changing students, changing teaching[J]. Teachers College Record, 102: 123-172.

Grossman P L, Richert A E. 1988. Unacknowledged knowledge growth: A re-examination of the effects of teacher education[J]. Teaching and Teacher Education, 4(1): 53-62.

Guba E G. 1981. Criteria for assessing the trustworthiness of naturalistic inquiries[J]. Educational Communication and Technology Journal, 29 (2): 75-91.

Gudmundsdottir S. 1991a. Pedagogical models of subject matter // Brophy J, ed. Advances in Research on Teaching, vol. 2. Greenwich, Connecticut: JAI Press INC: 265-304.

Gudmundsdottir S. 1991b. Values in pedagogical content knowledge[J]. Journal of Teacher Education, 41 (3): 44-52.

Hamel J. 1992. The case study method in sociology[J]. Current Sociology, 40: 1-7.

Hanus P. 1907. Preparation of high-school teachers[J]. National Education Association Journal of Proceedings and Addresses, 45: 563-577.

Hatisaru V, Erbas A K. 2017. Mathematical knowledge for teaching the function concept and student learning outcomes[J]. International Journal of Science and Mathematics Education, 15: 703-722.

Heaton R, Mickelson W. 2002. The learning and teaching of statistical investigation in teaching and teacher education[J]. Journal of Mathematics Teachers Education, 5: 35-59.

Hidi S, Klaiman R. 1983. Note taking by experts and novices: An attempt to identify teachable strategies[J]. Curriculum Inquiry, 13(4): 377-395.

Hill H C, Ball D L, Schilling S G. 2008. Unpacking pedagogical content knowledge: Conceptualizing and measuring teachers' topic-specific knowledge of students[J]. Journal for Research in Mathematics Education, 39(4): 372-400.

Hinsdale B A. 1910. The training of teachers // Butler N M, ed. Education in the United States: A series of Monographs. New York: American Book Company: 359-407.

Holden C, Hicks D. 2007. Making global connections: the knowledge, understanding and motivation of trainee teachers[J]. Teaching and Teacher Education, 23: 13-23.

Hough S, O'rode N, Terman N, et al. 2007. Using concept maps to assess change in teachers' understandings of algebra: A respectful approach[J]. Journal of Mathematics Teacher Education,

10: 23-41.

Izsák A. 2008. Mathematical knowledge for teaching fraction multiplication[J]. Cognition and Instruction, 26: 95-143.

Jang S J, Guan S Y, Hsieh H F. 2009. Developing an instrument for assessing college students' perceptions of teachers' pedagogical content knowledge[J]. Porcedia Social and Behavioral Sciences, 1: 596-606.

Jaworski B, Gellert U. 2003. Educating new mathematics teachers: Integrating theory and practice, and the roles of practicing teachers // Bishop A, et al., ed. Second International Handbook of Mathematics Education. Dordrecht, The Netherlands: Kluwer Academic Publishers: 823-876.

Kahan J A, Cooper D A, Bethea K A. 2003. The role of mathematics teachers' content knowledge in their teaching: A framework for research applied to a study of student teachers[J]. Journal of Mathematics Teacher Education, 6: 223-252.

Kahney H. 1993. Problem Solving: Current Issues[M]. 2nd ed. Buckingham: Open University press: 84-91.

Kilpatrick J, Swafford J, Findell B. 2001. Adding It up: Helping Children Learn Mathematics[M]. Washington, D. C. , U. S. A. : The National Academies Press: 371.

Kinach B M. 2002. A cognitive strategy for developing pedagogical knowledge in the secondary mathematics methods course: Toward a model of effective practice[J]. Teaching and Teacher Education, 18: 1-71.

Knight S L, Waxman H C. 1991. Students' cognition and classroom instruction // Waxman H C, Walberg H J, ed. Effective Teaching: Current Research. Berkeley, CA: McCutchan: 239-255.

Knuth E. 2002. Secondary school mathematics teachers' conceptions of proof[J]. Journal for Research in Mathematics Education, 33(5): 379-405.

Kvatinsky T, Even R. 2002. Framework for Teacher Knowledge and Understanding of Probability[C]. Proceedings of the Sixth International Conference on the Teaching of Statistics, Hawthorn, VIC, Australia: International Statistical Institute.

Lagrange J. 2010. Teaching and learning about functions at upper secondary level: Designing and experimenting the software environment cayopee[J]. Science and Technology, 41(2): 243-255.

Lannin J K, Webb M, Chval K, et al. 2013. The development of beginning mathematics teacher pedagogical content knowledge[J] . Journal of Mathematics Teacher Education, 16: 403-426.

Leinhardt G. 1986. Expertise in mathematics teaching[J]. Educational Leadership, 43(7): 28-33.

Leinhardt G. 1989. Math lessons: A contrast of novice and expert competence[J]. Journal for Research in Mathematics Education, 20: 52-75.

Leinhardt G, Greeno J G. 1986. The cognitive skill of teaching[J]. Journal of Educational Psychology, 78: 75-95.

Leinhardt G. Putnam R T, Stein M K, et al. 1991. Where subject knowledge matters // Brophy J, ed. Advances in Research on Teaching. Greenwich, CT, U. S. A. : JAI Press: 87-113.

Leinhardt G, Smith D A. 1985. Expertise in mathematics instruction: Subject matter knowledge[J]. Journal of Educational Psychology, 77(3): 247-271.

Leinhard T G, Weidman C, Hammond K M. 1987. Introduction and integration of classroom routines by expert teachers[J]. Curriculum Inquiry, 17: 135-176.

Li Y. 2008. Knowledge and confidence of pre-service mathematics teachers: The case of fraction division[J]. ZDM Mathematics Education, 40: 833-843.

Lieberman A. 1995. Practices that Support Teacher Development: Transforming Conceptions of Professional Learning[J], The Phi Delta Kappan, 76(8): 591-596.

Lim-teo S, Chua K, Cheang W, et al. 2007. The development of diploma in education student teachers' mathematics pedagogical content knowledge[J]. International Journal of Science and Mathematics Education, 5(2): 237-261.

Llinares S. 2000. Secondary school mathematics teacher's professional knowledge: A case from the teaching of the concept of function[J]. Teachers and Teaching: Theory and Practice, 6(1): 41-62.

Lloyd B C, Lloyd R C. 1986. Teaching/learning: The student viewpoint. Reading Horizons, 26(4): 266-269.

Ma L. 1999. Knowing and Teaching Elementary Mathematics: Teachers' Understanding of Fundamental Mathematics in China and the United States[M]. Hillsdale, NJ: Lawrence Erlbaum Associates.

Magnusson S, Krajcik J, Borko H. 1999. Nature, sources, and development of pedagogical content knowledge for science teaching // Gess-Newsome J, Lederman N G, ed. Examining Pedagogical Content Knowledge: The Construct and Its Implications for Science Education[M]. Dordrecht, Netherlands: Kluwer: 95-132.

Makar K, Confrey J. 2005. "Variation talk": Articulating meaning in statistics[J]. Statistical Education Research Journal, 4(1): 27-54.

Markman K M, Mintzes J J, Jones M G. 1994. The concept map as a research and evaluation tool: Further evidence of validity[J]. Journal of Research in Science Teaching, 31: 91-101.

Markovits Z, Eylon B S, Bruckheimer M. 1988. Difficulties Students Have with the Function Concept. // The Ideas of Algebra, K-12, 1988 Yearbook of the National Council of Teachers of Mathematics. Reston, Va. : NCTM: 43-60.

Marks R. 1990. Pedagogical content knowledge: From a mathematical case to a modified conception[J]. Journal of Teacher Education, 41(3): 3-11.

Mastorides E, Zachariades T. 2004. Secondary mathematics teachers' knowledge concerning the concept of limit and continuity. Proceeding of the 28th conference of the international group for the psychology of mathematics education, 4: 481-488.

Mayberry J. 1983. The van hiele levels of geometric thought in undergraduate preservice teachers[J]. Journal for Research in Mathematics Education, 14(1): 58-69.

Mcrobbie C J, Fraser B J. 1993. Associations between student outcomes and psychosocial science environment[J]. Journal of Educational Research, 87(2): 78-85.

Mickelson W, Heaton R. 2004. Primary Teachers' Statistical Reasoning about Data // Ben-Zvi D, Garfield J. The Challenge of Developing Statistical Literacy, Reasoning, and Thinking[M]. Dordrecht, The Netherlands: Kluwer: 327-352.

Monk D H. 1994. Subject area preparation of secondary mathematics and science teachers and students achievement[J]. Economics of Education Review, 13(2): 125-145.

Monroe W S. 1952. Teaching-Learning Theory and Teacher Education: 1890-1950[M]. Champaign, IL:

University of Illinois Press: 203, 205.

Morine-dershimer G. 1993. Tracing conceptual change in preserve teachers[J]. Teaching and Teacher Education, 9(1): 15-26.

Morris A K, Hiebert J. 2009. Mathematical knowledge for teaching in planning and evaluating instruction: What can preservice teachers learn？ [J]. Journal for Research in Mathematics Education, 40(5): 491-529.

Novak J D, Gowin D B. 1984. Learning How to Learn[M]. New York: Cambridge University Press: 15-54.

Novick L R, Hurley S M. 2001. To matrix, network or hierarchy: That is the question[J]. Cognitive Psychology, 42: 158-216.

Olson L, Moore M. 1984. Voices from the classroom: Students and teachers speak out on the quality of teaching in our schools. Oakland, CA: A report of the Students for Quality Teaching Project Center.

Ozmantar M F, Akkoc H, Bingolbali E, et al. 2010. Pre-service mathematics teachers' use of multiple representations in technology-rich environments[J]. EURASIA Journal of Mathematics, Science & Technology Education, 6(1): 19-36.

Parker W C, Gehrke N J. 1986. Learning activities and teachers' decision making: some grounded hypotheses[J]. American Educational Research Journal, 23(2): 227-242.

Parr S S. 1988. The normal-school problem[J]. Addresses and Proceedings: 467-476.

Patton M Q. 1990. Qualitative Evaluation and Research Methods[M]. 2nd ed. Thousand Oaks, Calif. : Sage: 196, 244, 454.

Peterson P L, Clark C M. 1978. Teachers' reports of their cognitive processes during teaching[J]. American Educational Research Journal, 15(4): 555-565.

Peterson P L, Marx R W, Clark C M. 1978. Teacher planning, teacher behavior, and student achievement[J]. American Educational Research Journal, 15(3): 417-432.

Ponte J P. 1993. The history of concept of function and some educational implications[J]. Mathematics Educator, 3(2): 32.

Post T R, Harel G, Behr M, et al. 1991. Intermediate teachers' knowledge of rational number concepts[A] // Fennema E, Carpenter T P, Lamon S J. Integrating Research on Teaching and Learning Mathematics[C]. New York: State University of New York Press.

Richards J C, Lockhart C. 1996. Reflective Teaching in Second Language Classroom[M]. Cambridge: Cambridge University Press.

Robert V, Bullough J. 2001. Pedagogical content knowledge circa 1907 and 1987: a study in the history of an idea[J]. Teaching and Teacher Education, 17: 655-666.

Sánchez V, Llinares S. 2003. Four student teachers' pedagogical reasoning on functions[J]. Journal of Mathematics Teachers Education, 6(1): 5-25.

Schostak J F. 2002. Understanding, Designing and Conducting Qualitative Research in Education: Framing the Project[M]. Buckingham: Open University Press.

Schwab J J. 1964. The Structure of the Disciplines: Meanings and Significances[M] // Fordand G W, Pugno L, ed. The structure of knowledge and the curriculum. Chicago: Rand McNally, 6-30.

Shavelson R J , Lang H, Lewin B. 1993. On concept maps as potential 'authentic' assessments in science: Indirect approaches to knowledge representation of high school science. ERIC Document, No. ED367691.

Shulman L S. 1986. Those who understand: Knowledge growth in teaching[J]. Educational Researcher, 15(2): 4-14.

Shulman L S. 1987. Knowledge and teaching: Foundation of the new reform[J]. Harvard Educational Review, 57(1): 1-22.

Simon M A. 1993. Prospective elementary teachers' knowledge of division[J]. Journal for Research in Mathematics Education, 24(3): 233-254.

Simon H A. 1996. The Sciences of the Artificial: How schools Misunderstand Education Policy[M]. Cambridge, MA: The MIT Press.

Smith D C, Neale D C. 1989. The construction of subject matter knowledge in primary science teaching[J]. Teaching and Teacher Education, 5: 1-20.

Stake R. 1995. The Art of Case Study Research[M]. Thousand Oaks: Sage Publications: 244.

Stein M K, Baxter J, Leinhardt G. 1990. Subject-matter knowledge and elementary instruction: A case from function and graphing[J]. American Educational Research Journal, 27(4): 639-663.

Stoddardt T, Connell M, Stofflett R, et al. 1993. Reconstructing elementary teacher candidates' understanding of mathematics and science content[J]. Teaching and Teacher Education, 9(3): 229-241.

Stohl H. 2005. Probability in teacher education and development // Jones G A, ed. Exploring Probability in School: Challenges for Teaching and Learning. New York: Springer: 345-366.

Stump S L. 2001. Developing preservers teachers' pedagogical content knowledge of scope[J]. Journal of Mathematical Behavior, 20: 207-227.

Swafford J O, Jones G A, Thornton C A. 1997. Increased knowledge in geometry and instructional practice[J]. Journal for Research in Mathematics Education, 28(4): 467-483.

Tamir P. 1988. Subject matter and related pedagogical knowledge in teacher education[J]. Teaching and Teacher Education, 4(2): 99-110.

Tamir P. 1991. Professional and personal knowledge of teachers and teacher educators[J]. Teaching and Teacher Education, 7(3): 263-268.

Tang S Y F. 2003. Challenge and support: The dynamics of student teachers' professional learning in the field experience[J]. Teaching and Teacher Education, 19(5): 483-498.

Tatto M, Schwille J, Senk S, et al. 2008. Teacher Education and Development Study in Mathematics (TEDS-M): Conceptual Framework[M]. East Lansing, MI: Teacher education and development international study center, College of Education, Michigan State University: 36-41.

Tirosh D, Graeber A O. 1990. Evoking cognitive conflict to explore preservice teachers' thinking about division[J]. Journal for Research in Mathematics Education, 21: 98-108.

Tuan H L, Chang H P, Wang K H, et al. 2000. The development of an instrument for assessing students' perceptions of teachers' knowledge[J]. International Journal of Science Education, 22(4): 385-398.

Turley S. 1994. "The way teachers teach is, like, totally whacked": The student voice on classroom practice[C]. Paper presented at the annual meeting of the American Educational Research Association, New Orleans, LA.

Turner-Bisset R. 1999. The knowledge bases of the expert teacher[J]. British Education Research Journal, 25(1): 39-55.

van Driel J H, De Jong O, Verloop N. 2002. The development of preservice chemistry teachers' Redagogical content knowledge[J]. Science Education, 86(4): 572-590.

van Driel J H, Verloop N, De Vos W. 1998. Developing science teachers' pedagogical content knowledge[J]. Journal of Research in Science Teaching, 35(6): 673-695.

Veal W R, Makinster J G. 1999. Pedagogical content knowledge taxonomies. Electronic Journal of Science Education, 3(4). http: //ejse. southwestern. edu/article/viewArticle/7615/5382.

Wayne A J, Youngs P. 2003. Teacher characteristic and student achievement gains: A review[J]. Review of Educational Research, 73(1): 89-122.

Wheeler M M, Feghali I. 1983. Much ado about nothing: preservice elementary school teachers' concept of zero[J]. Journal for Research in Mathematics Education, 14(3): 147-155.

Williams C G. 1998. Using concept maps to assess conceptual knowledge of function[J]. Journal for Research in Mathematics Education, 29: 414-421.

Wilson M. 1994. One preservice secondary teacher's understanding of functions: The impact of a course integrating mathematical content and pedagogy. Journal for Research in Mathematics Education, 25(4), 346-370.

Wilson S M, Shulman S, Richert A E. 1987. 150 Different Ways of Knowing: Representations of Knowledge in Teaching // Calderhead J, ed. Exploring Teachers Thinking. London: Cassell: 104-124.

Wineburg S S, Wilson S M. 1988. Models of wisdom in the teaching of history[J]. Phi Delta Kappan, 70(1): 50-58.

Yinger R J. 1980. A study of teacher planning[J]. The Elementary School Journal, 80(3): 107-127.

Zahorik J A. 1975. Teachers' planning models[J]. Educational Leadership, 33 (2): 134-135.

附录 1 教师基本情况调查问卷

尊敬的老师：您好!本问卷的主要目的是希望了解各位教师的一些基本情况，请您如实地回答所有问题．请在选项上打勾，您的宝贵意见和看法，将作为本研究的参考资料，同时我们也会对您的回答严格保密．衷心感谢您对此次调查工作的积极参与和热情支持!

1. 您的性别：

A. 男　　　　　　　　B. 女

2. 您目前的最高学历：

A. 硕士　　　　　　　B. 双学士　　　　　　C. 大学本科

D. 大专　　　　　　　E. 中专　　　　　　　F. 高中

3. 您的教龄：

A. 1 — 5 年　　　　　B. 6 — 10 年　　　　　C. 10 — 15 年

D. 16 — 20 年　　　　E. 21 年以上

4. 您取得的最高专业技术职称：

A. 中教二级　　　　　B. 中教一级

C. 高级　　　　　　　D. 特级

5. 您目前是：

A. 普通教师　　　　　B. 校级或区级骨干教师

C. 市级或国家级骨干教师

6. 您有无教学获奖情况：

A. 有　　　　　　　　B. 无

7. 您觉得您自己应属于以下哪一阶段的老师?

A. 新手阶段　　　　　B. 优秀新手阶段　　　C. 胜任阶段

D. 熟练阶段　　　　　E. 专家阶段

8. 您所在学校的类型?

A. 市重点学校　　　　B. 区重点学校　　　　C. 普通学校

9. 您是否是班主任?

A. 是　　　　　　　　B. 否

10. 您经常参加的教学教研的集体活动是：

A. 学科教学教研组织　　　　　　　　　　　B. 学校教研组织

C. 自发组织的教学讨论团体　　　　　　　D. 不常参加

11. 您参加新课程培训的情况：

A. 从未参加过　　　　B. 参加过一至二次　　　C. 参加过三次或以上

12. 参加培训的最高级别是：

A. 国家　　　　　　　B. 市级

C. 区级　　　　　　　D. 校级

附录 2 教师课后访谈提纲

首先,感谢您让我听课,并抽出宝贵时间与我交谈.根据我对您课堂教学的观察,我问您以下几个问题,以便获得更详细和有针对性的信息.

访谈中的问题没有标准答案,请您认真、如实地回答所有问题.您的宝贵意见和看法将作为本研究的参考资料,同时我们也会对您的回答严格保密.为了方便数据整理,访谈过程中会进行录音.访谈后,本人会尽快将访谈的文字记录拷贝给您.如您对记录内容有任何意见,欢迎与本人联系.

1. 今天这节课主要讲_____方面,有没有其他的学习目标?(教学目标是什么?)

2. 这个班上的学生大概什么情况,请介绍一下.

3. 今天这节课上,我注意某一学生对_____产生哪些错误理解,您怎么看学生的回答?您会用什么办法消除这一误解?还有其他方法吗?

4. 我发现在讲_____的时候,出现了学生不明白或讲不清楚的问题,学生不理解的原因?有没有试着换一个方式再次说明呢?为什么?

5. 今天这节课上,在哪里学生比较容易产生困惑?造成困惑的原因是什么?您是用什么办法突破这一难点的?还有其他方法吗?

6. 今天这节课上,我注意到您在讲某个概念时用了某一个教学策略(打比方,举反例),您为什么用这种方法呢?有什么好处?

7. 今天这节课上,我注意到您让学生回答问题,并对他的回答给予表扬,您认为这会起到什么作用吗?

8. 今天所讲授的_____概念,您认为它与哪些知识相联系?请详细地解释说明.

9. 您对这节课教材的编排有哪些想法,这样编排的理由是什么?

10. 我注意到您对教科书上的编排作了一些变化,您为什么做这样的调整?

附录3　背景访谈

1. 您可以谈谈您从教的经历吗？可以谈谈您的学习经历吗？

2. 您为什么选择从事教师这个职业？

3. 如果将学习数学比作以下一些事情的话，您认为哪个比喻最为贴切？为什么？

学习数学就像(　　)

A. 在流水线上的工作　　　　　　　　B. 看电影

C. 看着食谱做菜　　　　　　　　　　D. 从树上采摘水果

E. 做拼图游戏　　　　　　　　　　　F. 进行一项实验

G. 建造房子　　　　　　　　　　　　H. 塑造一个泥像

或者其他_____

4. 如果将数学教师比作以下一些职业的话，您认为哪个最恰当地描述了数学教师？为什么？

数学教师就像(　　)

A. 新闻播音员　　　　　　　　　　　B. 表演家

C. 医生　　　　　　　　　　　　　　D. 乐团指挥

E. 园丁　　　　　　　　　　　　　　F. 教练

G. 工程师　　　　　　　　　　　　　H. 社工

或者其他_____

5. 在您看来，数学是什么？

6. 在您学习数学的过程中，是否经历过成功或挫折？请详细描述一下.

7. 在您看来，为什么让高中学生学习函数这部分内容？

8. 您觉得，在数学课上教师的作用是什么？

9. 请描述一下，在您班上学生的作用是什么？

10. 您觉得，在中小学为什么要开设数学这门课程？

附录4　结构访谈和概念图

　　首先，感谢您能够接受本人的访谈．本访谈的主要目的是了解您对函数教学的理解与认识．访谈者会给您2-3分钟的阅读时间，让您了解题意．请您根据题目的要求，说出您的看法或意见，必要时请将您的一些想法写在纸上．

　　访谈中的问题没有标准答案，请您认真、如实地回答所有问题．您的宝贵意见和看法将作为本研究的参考资料，同时我们也会对您的回答严格保密．为了方便数据整理，访谈过程中会进行录音．访谈后，本人会尽快将访谈的文字记录拷贝给您．如您对记录内容有任何意见，欢迎与本人联系．

　　1. 在高中学习函数定义时，有学生认为：“函数就是y随着x的变化而变化”，对此您将如何回应？

　　2. 您是如何理解函数的定义呢？

　　3. 假设让您对函数这个概念进行小结，请画出一张函数概念图，表明与函数有关的任何概念或性质(注意，可以不局限于本章内容和数学学科).

附录 5　学生调查问卷

同学：你好！问卷一共 36 个题目，没有标准答案，请你认真、如实地回答所有问题。下表中每行有两栏，左边有一个教学事件，通过选择右边的数字来代表你认为该事件发生的频率。

数字 1，表示左边的事件从未发生；

数字 2，表示左边的事件很少发生；

数字 3，表示左边的事件有时发生；

数字 4，表示左边的事件经常发生；

数字 5，表示左边的事件总是发生。

请在你选择的数字上打勾，并只能选择一个数字。最后，请谈一下你对数学课一些个人看法。请对每个问题做出相应的回答。你的宝贵意见和看法将作为本研究的参考资料，同时我们也会对你的回答严格保密。

衷心感谢你对此次调查工作的积极参与和热情支持！

事件描述	1 从未	2 很少	3 有时	4 经常	5 总是
问题 1，数学老师没有掌握他/她所教的内容。	1	2	3	4	5
问题 2，数学老师能够把所教的数学知识讲清楚。	1	2	3	4	5
问题 3，数学老师不太了解数学概念或法则发展的历史过程。	1	2	3	4	5
问题 4，数学老师能够为学生选择恰当的学习内容。	1	2	3	4	5
问题 5，数学老师知道学生所提数学问题的答案。	1	2	3	4	5
问题 6，数学老师不解释说明数学知识对实际生活的作用。	1	2	3	4	5
问题 7，数学老师不太了解整个数学知识结构和发展方向。	1	2	3	4	5
问题 8，数学老师没有让学生清楚地了解学习目标。	1	2	3	4	5
问题 9，数学老师为学生营造一个适当的互动环境，或者良好的学习氛围。	1	2	3	4	5
问题 10，在课堂上，数学老师关注学生的反应，及时调整他/她的教学。	1	2	3	4	5
问题 11，数学老师营造课堂气氛来提高学生学习兴趣。	1	2	3	4	5
问题 12，数学老师不太准备额外的教学材料。	1	2	3	4	5
问题 13，数学老师能够妥善处理好课堂环境。	1	2	3	4	5
问题 14，数学老师的教学信念，或教学价值观是积极向上的。	1	2	3	4	5

续表

事件描述	1 从未	2 很少	3 有时	4 经常	5 总是
问题 15, 数学老师不知道学生在初中学过哪些数学知识.	1	2	3	4	5
问题 16, 数学老师在上课之前, 不太知道学生会存在哪些学习困难.	1	2	3	4	5
问题 17, 数学老师能够清楚知道, 学生不明白某一数学概念的原因.	1	2	3	4	5
问题 18, 数学老师能够清楚地知道, 某一数学题对学生的难易程度.	1	2	3	4	5
问题 19, 数学老师不太了解学生做错题目的原因.	1	2	3	4	5
问题 20, 数学老师布置的作业题, 无法帮助学生加深对所学内容的理解.	1	2	3	4	5
问题 21, 数学老师在阐释数学概念内涵、说明解题原理时, 不符合学生的理解水平.	1	2	3	4	5
问题 22, 数学老师在学生的作业本上写一些评语.	1	2	3	4	5
问题 23, 数学老师会在办公室或课下, 不会当面讲解学生作业中出现的问题.	1	2	3	4	5
问题 24, 数学老师对学生课堂上的回答给予表扬或鼓励.	1	2	3	4	5
问题 25, 学生通过回答数学老师的提问, 可以知道自己对某一数学内容的理解程度.	1	2	3	4	5
问题 26, 数学老师用不同的方法(提问、讨论、课堂练习、作业), 来了解学生是否掌握所学内容.	1	2	3	4	5
问题 27, 数学老师对学生的回答不直接给出对错, 而是让其他学生对此评价、给出解释.	1	2	3	4	5
问题 28, 数学测试无法帮助学生认识到自己的学习情况.	1	2	3	4	5
问题 29, 数学老师没有用恰当的例子来讲解有关的数学概念.	1	2	3	4	5
问题 30, 数学老师不用学生熟悉的比喻、类比来解释数学概念.	1	2	3	4	5
问题 31, 数学老师在上课时进行小组探究、讨论活动.	1	2	3	4	5
问题 32, 在课堂上, 数学老师给学生机会来发表自己的看法.	1	2	3	4	5
问题 33, 数学老师用案例演示、证明来阐释主要概念.	1	2	3	4	5
问题 34, 数学老师运用多种方法把数学知识转化成学生可以理解的知识.	1	2	3	4	5
问题 35, 数学老师不采用多媒体或信息技术(如 PPT)来上课.	1	2	3	4	5

附录6　教学设计①

AN 关于"函数的概念"的教学设计

【教学目标】

1. 掌握函数的概念和记号,以及与函数概念相关的一些定义,函数的三要素:定义域、对应法则、值域.

2. 理解图像也是函数的一种表示形式,掌握函数图像的特征.

3. 会求简单函数的定义域、值域.

4. 掌握两个函数是同一函数的条件.

【教学重点】

函数的定义域、值域和解析式.

【教学难点】

函数的基本概念,求函数的定义域.

【教学过程】

教学环节	教学内容	师生活动	说明
一、提问引入	1. 回顾函数 2. 函数的例子	教师提问:谈谈我们日常生活中,处处都存在一个量与另外一个量之间的对应关系,我们学过哪些函数? 　　教师与学生一起列举函数的例子(在介绍实例时强调每一组自变量对应的函数值总是唯一确定的): 　　① 自由落体的公式 $S=\frac{1}{2}gt^2$ (二次函数); 　　② 一次函数 $y=3x+9$	复习旧知,引入函数概念
二、给出定义,剖析概念	3. 函数的概念	某个变化过程中有两个变量 x,y,如果对于 x 在某个范围 D 内的每一个确定的值,按照某个对应法则 f,y 都有唯一确定的值与它对应,那么 y 就是 x 的函数,记作 $y=f(x)$,$x\in D$. 　　函数的三要素:定义域、值域和对应法则. 　　定义域和对应法则是给定的(并不是研究的对象),值域则是被研究的对象,关系到函数的性质.	讲解函数的定义,函数三要素

---

① 本附录节选了35节课中具有代表性的16节课内容.

续表

教学环节	教学内容	师生活动	说明
	4. 函数的图像 函数的图像特征:经过函数定义域中任何一个点 x 作垂直于 x 轴的直线,它与函数的图像恰好有一个交点	函数除了用解析式来表示变量之间的函数关系外,还可以用图像来表示. 例1 下列图像中哪些是函数图像? 判断函数图像的方法:垂线法.	函数概念的应用:判断函数的图像,求函数的定义域
二、给出定义,剖析概念	5. 定义域问题 如果只给出函数的解析式 $y=f(x)$,而未指明定义域,那么这个函数的定义域就是指能使这个式子有意义的实数 x 的集合	例2 求下列函数的定义域. ① $y=\dfrac{\sqrt{2-x}}{\sqrt{x+4}}$;　　② $y=\dfrac{1}{\sqrt{3x-1-2x^2}}$; ③ $y=\dfrac{x}{2x-\sqrt{3-4x}}$;　④ $y=\dfrac{\sqrt{|x-3|-2}}{x+|x|}$; ⑤ $y=\sqrt{5-x}+\sqrt{x+2}+(x-1)^0$; ⑥ $y=\sqrt{x-1}+\sqrt{1-x}$. 解:① 函数的定义域由不等式组 $\begin{cases}2-x\geqslant 0,\\x+4>0\end{cases}$ 所确定,解得 $-4<x\leqslant 2$. 所以函数 $y=\dfrac{\sqrt{2-x}}{\sqrt{x+4}}$ 的定义域是 $(-4,2]$. ② 函数的定义域由不等式 $3x-1-2x^2>0$ 确定,解得 $\dfrac{1}{2}<x<1$	

教学环节	教学内容	师生活动	说明
二、给出定义，剖析概念	5. 定义域问题 如果只给出函数的解析式 $y=f(x)$，而未指明定义域，那么这个函数的定义域就是指能使这个式子有意义的实数 x 的集合	所以函数 $y=\dfrac{1}{\sqrt{3x-1-2x^2}}$ 的定义域是 $\left(\dfrac{1}{2},1\right)$. ③ 函数的定义域由不等式组 $\begin{cases}3-4x\geqslant 0,\\ 2x-\sqrt{3-4x}\neq 0\end{cases}$ 确定，解得 $x\leqslant\dfrac{3}{4}$，且 $x\neq\dfrac{1}{2}$. 所以函数 $y=\dfrac{1}{\sqrt{3x-1-2x^2}}$ 的定义域是 $\left(-\infty,\dfrac{1}{2}\right)\cup\left(\dfrac{1}{2},\dfrac{3}{4}\right]$. ④ 函数的定义域由不等式组 $\begin{cases}|x-3|-2\geqslant 0,\\ x+|x|\neq 0\end{cases}$ 确定，解得 $x\in(0,1]\cup[5,+\infty)$. 所以函数 $y=\dfrac{\sqrt{|x-3|-2}}{x+|x|}$ 的定义域是 $(0,1]\cup[5,+\infty)$. ⑤ 函数的定义域由不等式组 $\begin{cases}5-x\geqslant 0,\\ x+2\geqslant 0,\\ x-1\neq 0\end{cases}$ 确定，解得 $x\in[-2,1)\cup(1,5]$. 所以函数 $y=\sqrt{5-x}\sqrt{x+2}+(x-1)^0$ 的定义域是 $[-2,1)\cup(1,5]$. ⑥ 函数的定义域由不等式组 $\begin{cases}x-1\geqslant 0,\\ 1-x\geqslant 0\end{cases}$ 确定，解得 $x=1$. 所以函数 $y=\sqrt{x-1}+\sqrt{1-x}$ 的定义域是 $\{1\}$. 函数的定义域和对应法则是函数概念的要素. 当函数的定义域和对应法则确定之后，函数的值域也就确定了.	
	6. 同一函数	例如函数 $f(x)=\dfrac{x^2-9}{x+3}$ 与函数 $g(x)=x-3(x\neq-3)$ 的定义域相同，对应法则也一致，因而是同一个函数. 但函数 $f(x)=\dfrac{x^2-9}{x+3}$ 与函数 $g(x)=x-3$ 的定义域不同，因而不是同一个函数.	深入理解函数的定义
	7. 判断同一函数	例 3　下列各组函数中哪些表示同一函数? ① $f(x)=x,x\in\{0,1\}$ 与 $g(t)=t^2,t\in\{0,1\}$; ② $f(x)=\dfrac{\sqrt{x+3}}{\sqrt{3-x}}$ 与 $g(t)=\sqrt{\dfrac{t+3}{3-t}}$; ③ $f(x)=\dfrac{\sqrt{x+3}}{\sqrt{x-3}}$ 与 $g(x)=\sqrt{\dfrac{x+3}{x-3}}$; ④ $f(x)=1$ 与 $g(x)=x^0$; ⑤ $f(x)=|x^2+1|$ 与 $g(x)=|x-1|$	
三、复习小结	8. 小结	函数的三要素; 判断函数的图像; 求函数的定义域	知识点提要
四、课后作业	9. 作业	课本 P56 练习 3.1/1，2，3，4，5	作业

AE 关于"函数的概念"的教学设计

【教学目标】

1. 通过丰富实例,进一步体会函数是描述变量之间的依赖关系的重要数学模型. 理解函数的概念,理解函数的三要素及函数符号的深刻含义. 判断一些变量关系是否为函数.

2. 了解函数表达的解析法、列表法和图像法.

3. 掌握函数图像特征,判断一些图像是否为函数图像.

4. 会求一些简单函数的定义域、值域.

【教学重点】

函数概念的定义域、值域和对应关系.

【教学难点】

函数的基本概念,函数的三个表达方式.

【教学过程】

教学环节	教学内容	师生活动	说明
一、提问引入	1. 预习检测,列举生活中有关函数的例子	教师提问:大家都已经提前预习了,我们看课后练习第一题,举两个生活中的函数例子,并用合适的方式表示这两个函数? 学生回答. 教师举例:一个是学生的学号与期中考试成绩的对应关系;另一个是电影票与座位的对应关系	引发思考,阐述情境实例,进一步说明函数的定义
二、给出定义,剖析概念	2. 函数的概念 3. 解读函数定义 4. 函数的图像	某个变化过程中有两个变量 x, y,如果对于 x 在某个范围 D 内的每一个确定的值,按照某个对应法则 f, y 都有唯一确定的值与它对应,那么 y 就是 x 的函数,记作 $y = f(x)$, $x \in D$. 函数的三要素:定义域、值域和对应法则. 定义域和对应法则是给定的(并不是研究的对象),值域则是被研究的对象,关系到函数的性质. 函数的对应法则可以用解析式,也可以通过列表,或用图像来表示. 例 1　判断 $y = \sqrt{1-x}$, $x \in \varnothing$ 是否为函数. 函数的图像特征:经过函数定义域中任何一个点 x 作垂直于 x 轴的直线,它与函数的图像恰好有一个交点. 例 2　下列图像中哪些是函数图像?	讲解函数的定义 深入理解函数概念

教学环节	教学内容	师生活动	说明
二、给出定义,剖析概念	4. 函数的图像	 判断函数图像的方法：垂线法.	深入理解函数概念
	5. 定义域	如果只给出函数的解析式 $y = f(x)$，而未指明定义域，那么这个函数的定义域就是指能使这个式子有意义的实数 x 的集合.	

例 3　求下列函数的定义域.

①　$y = \dfrac{\sqrt{2-x}}{\sqrt{x+4}}$；　　　　②　$y = \dfrac{1}{\sqrt{3x-1-2x^2}}$；

③　$y = \sqrt[3]{x + \dfrac{1}{x}}$；　　　　④　$y = \sqrt{5-x} \cdot \sqrt{x+2} + (x-1)^0$.

解：①　函数的定义域由不等式组 $\begin{cases} 2-x \geqslant 0, \\ x+4 > 0 \end{cases}$ 所确定，解得

$-4 < x \leqslant 2$.

所以函数 $y = \dfrac{\sqrt{2-x}}{\sqrt{x+4}}$ 的定义域是 $(-4, 2]$.

②　函数的定义域由不等式 $3x-1-2x^2 > 0$ 确定，解得 $\dfrac{1}{2} < x < 1$.

所以函数 $y = \dfrac{1}{\sqrt{3x-1-2x^2}}$ 的定义域是 $\left(\dfrac{1}{2}, 1 \right)$

续表

教学环节	教学内容	师生活动	说明
二、给出定义，剖析概念	5. 定义域	③ 分母不为零，解得 $x \neq 0$. 所以函数的定义域是 $(-\infty, 0) \cup (0, +\infty)$. ④ 函数的定义域由不等式组 $\begin{cases} 5-x \geqslant 0, \\ x+2 \geqslant 0, \\ x-1 \neq 0 \end{cases}$ 确定，解得 $x \in [-2,1) \cup$ $(1,5]$，所以函数 $y = \sqrt{5-x} \cdot \sqrt{x+2} + (x-1)^0$ 的定义域是 $[-2,1) \cup (1,5]$. 求函数定义域通常要注意的几个方面： 分母不为零； 偶次方根的被开方数不小于零； 零指数幂的底数不为零； 实际问题的条件限制	
三、复习小结	6. 小结	函数的概念； 函数的表达方式	掌握知识要点
四、课后作业	7. 作业	练习册	作业

AN 关于"函数关系的建立"的教学设计

【教学目标】
1. 根据已知条件，建立函数关系式.
2. 通过函数关系的建立，培养学生的数学应用意识.

【教学重点】
掌握函数模型建立的一般过程.

【教学难点】
如何分析实际问题中两个变量间关系，如何将之转化为数学形式的问题.

【教学过程】

教学环节	教学内容	师生活动	说明
一、直接引入	1. 函数关系的建立的概念	教师讲解：当我们要用数学方法解决实际问题时，首先要把问题中的有关变量及其关系用数学的形式表示出来.通常，这个过程叫做建模	讲解剖析定义

教学环节	教学内容	师生活动	说明
二、范例讲解	2. 例题讲授	例1　(课本第 57 页例1)一个边长为 $a, b(b<a)$ 的长方形被平行于边的两条直线所分割,其中长方形的左上角是一个边长为 x 的正方形,试用解析式将图中阴影部分的面积 S 表示成 x 的函数. 解:因为阴影部分中左上角的面积 $S_1=x^2$,阴影部分中右下角的面积 $$S_2=(a-x)(b-x),$$ 所以阴影部分面积 $$S=S_1+S_2=x^2+(a-x)(b-x),$$ 因此,所求函数为 $$S=2x^2-(a+b)x+ab,\quad x\in(0,\ b].$$ 例2　(课本第 57 页例2)有一圆柱形的无盖杯子,它的内表面积是 $100\ \text{cm}^2$,试用解析式将杯子的容积 $V(\text{cm}^3)$ 表示成底面半径 $x(\text{cm})$ 的函数. 解:设杯子的高是 $h\ \text{cm}$,根据题意,得 $$100=\pi x^2+2\pi xh,$$ 则 $$h=\frac{100-\pi x^2}{2\pi x},$$ 于是 $$V=\pi x^2 h=\pi x^2\cdot\frac{100-\pi x^2}{2\pi x}=50x-\frac{\pi x^3}{2}$$ 根据实际意义,必须 $x>0$,且 $\pi x^2<100$,即 $$0<x<\frac{10\sqrt{\pi}}{\pi}.$$ 所以所求函数是 $V=50x-\dfrac{\pi x^3}{2}$,　$x\in\left(0,\dfrac{10\sqrt{\pi}}{\pi}\right)$. 例3　设 α,β 是方程 $x^2-22x+m=0(m\in\mathbf{R})$ 的两实数根,设 $S=|\alpha|+|\beta|$,把 S 表示成 m 的函数. 解:根据题意, $$\Delta=22^2-4m\geqslant 0,$$ 所以 $m\leqslant 121$,其中 $\alpha+\beta=22$,$\alpha\beta=m$. ① 当 $m<0$ 时,α,β 为异号, $$S=|\alpha|+|\beta|=|\alpha-\beta|=\sqrt{(\alpha+\beta)^2-4\alpha\beta}=2\sqrt{121-m}.$$	范例讲解,运用概念

续表

教学环节	教学内容	师生活动	说明
二、范例讲解	2. 例题讲授	② 当 $m>0$ 时，α，β 为同号，则 $$S=|\alpha|+|\beta|=|\alpha+\beta|=22.$$ 综上，$S=\begin{cases}22, & 0\leqslant m\leqslant 121, \\ 2\sqrt{121-m}, & m<0.\end{cases}$ 例4　在直角坐标系的第一象限内，三角形 AOB 是边长为 2 的等边三角形，设直线 $l:x=t(0\leqslant t\leqslant 2)$ 截这个三角形，图中三角形的面积为 S，求函数 $S=f(t)$ 的解析式. 解：根据题意 ① 当 $0\leqslant t\leqslant 1$ 时，因为 $\angle OCD=30°$，所以 $$OD=t,\ CD=\sqrt{3}t$$ 所以 $S_{三角形OCD}=\dfrac{1}{2}OD\cdot CD=\dfrac{\sqrt{3}}{2}t^2(0\leqslant t\leqslant 1)$. ② 当 $1<t\leqslant 2$ 时，因为 $\angle OCD=30°$，所以 $$BD=2-t,\ CD=\sqrt{3}(2-t)$$ 所以 $$S_{三角形BCD}=\dfrac{1}{2}BD\cdot CD=\dfrac{\sqrt{3}}{2}(2-t)^2\quad(1<t\leqslant 2).$$ 综上，$f(t)=\begin{cases}\dfrac{\sqrt{3}}{2}t^2, & 0\leqslant t\leqslant 1, \\[2mm] \dfrac{\sqrt{3}}{2}(2-t)^2, & 1<t\leqslant 2.\end{cases}$	范例讲解，运用概念
	3. 总结建立函数关系步骤	一般步骤： ① 判断实际问题是否是函数问题. ② 选用合适的变量，明确哪个变量作为自变量；哪个变量作为目标函数. ③ 建立变量间的关系(有时根据需要，引入另外的变量). ④ 化归为函数与自变量的直接关系式. ⑤ 考虑变量的取值范围，根据实际问题的要求确定函数的定义域	
三、课堂小结	4. 小结	建立函数关系的步骤； 强调数学在实际生活中的应用	掌握知识要点
四、课后作业	5. 作业	作业：练习册第 26 页，习题 3.1A，B	作业

AE 关于"函数关系的建立"的教学设计

【教学目标】

1. 学习建立实际问题的函数关系,会将变量 y 表示为变量 x 的函数关系.

2. 通过函数关系的建立,培养学生分析问题与解决问题的能力.

【教学重点】

建立变量之间的关系.

【教学难点】

建立准确的函数关系,并求定义域.

【教学过程】

教学环节	教学内容	师生活动	说明
一、复习引入	1. 复习函数的概念	教师提问:函数的概念是什么?函数的三要素包括什么?	复习旧知,讲解问题
二、新授课	2. 自学教材例 1 和例 2,思考建立函数关系的一般步骤	例1 (课本第 57 页例1)一个边长为 $a, b (b < a)$ 的长方形被平行于边的两条直线所分割,其中长方形的左上角是一个边长为 x 的正方形,试用解析式将图中阴影部分的面积 S 表示成 x 的函数. 　　解:因为阴影部分中左上角的面积 $S_1 = x^2$,阴影部分中右下角的面积 $$S_2 = (a-x)(b-x),$$ 所以阴影部分面积 $$S = S_1 + S_2 = x^2 + (a-x)(b-x),$$ 因此,所求函数为 $$S = 2x^2 - (a+b)x + ab, \ x \in (0, \ b].$$ 　　例 2 (课本第 57 页例 2)有一圆柱形的无盖杯子,它的内表面积是 $100 \ \text{cm}^2$,试用解析式将杯子的容积 $V(\text{cm}^3)$ 表示成底面半径 $x(\text{cm})$ 的函数. 　　解:设杯子的高是 $h \ \text{cm}$,根据题意,得 $$100 = \pi x^2 + 2\pi x h,$$ 则	根据学生的回答,简单分析,重点讲解自变量的取值范围

续表

教学环节	教学内容	师生活动	说明
二、新授课	2. 自学教材例 1 和例 2,思考建立函数关系的一般步骤	$h = \dfrac{100 - \pi x^2}{2\pi x}$, 于是 $$V = \pi x^2 h = \pi x^2 \cdot \dfrac{100 - \pi x^2}{2\pi x} = 50x - \dfrac{\pi x^3}{2}.$$ 根据实际意义,必须 $x > 0$,且 $\pi x^2 < 100$,即 $$0 < x < \dfrac{10\sqrt{\pi}}{\pi}$$ 所以所求函数是 $V = 50x - \dfrac{\pi x^3}{2}$, $x \in \left(0, \dfrac{10\sqrt{\pi}}{\pi}\right)$. 建立函数关系的一般步骤: ① 分析题意,确定合适的自变量; ② 找出等量关系,确定函数表达式.	根据学生的回答,简单分析,重点讲解自变量的取值范围 归纳建立函数关系的步骤
	3. 函数关系的建立	首先要把问题中的有关变量及其关系用数学的形式表示出来. 通常,这个过程叫做建模. 注意:根据实际问题的要求确定函数的定义域.	阐释什么是函数关系的建立
	4. 讲解例题	例 3　(课本第 59 页例 4)小明、小强和小红的爸爸每月工资分别为 1500 元、2500 元和 3500 元,问他们每月应交纳多少个人所得税? 解:已知小明的爸爸每月工资 1500 元,在规定的免税收入 1600 元以下,免征个人所得税,所以 $d_1 = 0$(元). 已知小强的爸爸每月工资 2500 元,应该分成免税收入 1600 元、应纳税收入 900 元两部分,而应纳税收入 900 元又需分为按 5% 税率计税的 500 元和按 10% 税率计税的 400 元两部分分别计税. 于是可得小明爸爸应交个人所得税 $$d_2 = 500 \times 5\% + 400 \times 10\% = 65 \text{(元)}.$$ 同样可计算得小红爸爸应交个人所得税为 $$d_3 = 500 \times 5\% + 1400 \times 10\% = 165 \text{(元)}.$$ 所以,小明、小强和小红的爸爸应交的所得税分别是 0、65 元和 165 元. 例 4　在直角坐标系的第一象限内,三角形 AOB 是边长为 2 的等边三角形,设直线 $l: x = t$ $(0 \leqslant t \leqslant 2)$ 截这个三角形. 图中三角形的面积为 S,求函数 $S = f(t)$ 的解析式.	应用建立函数关系的步骤

教学环节	教学内容	师生活动	说明
二、新授课	4. 讲解例题	 解：根据题意，有 ① 当 $0 \leqslant t \leqslant 1$ 时，因为 $\angle OCD = 30°$ ，所以 $$OD = t, CD = \sqrt{3}t,$$ 所以 $$S_{三角形OCD} = \frac{1}{2}OD \cdot CD = \frac{\sqrt{3}}{2}t^2 \quad (0 \leqslant t \leqslant 1).$$ ② 当 $1 < t \leqslant 2$ 时，因为 $\angle OCD = 30°$ ，所以 $$BD = 2-t, CD = \sqrt{3}(2-t),$$ 所以 $$S_{三角形BCD} = \frac{1}{2}BD \cdot CD = \frac{\sqrt{3}}{2}(2-t)^2 \quad (1 < t \leqslant 2).$$ 综上，$f(t) = \begin{cases} \dfrac{\sqrt{3}}{2}t^2, & 0 \leqslant t \leqslant 1, \\ \dfrac{\sqrt{3}}{2}(2-t)^2, & 1 < t \leqslant 2. \end{cases}$ 由上面的例子可以看到，要解决一个实际问题，往往先要从了解问题的背景资料开始，然后选择变量建立函数关系式，最后将结果返回实践中进行检验	应用建立函数关系的步骤
三、课堂小结	5. 小结	建立函数关系的步骤； 根据实际问题的要求，确定函数的定义域	掌握方法步骤
四、课后作业	6. 作业	作业：练习册第 26 页，习题 3.1A，B	作业

BN 关于"函数的奇偶性"的教学设计

【教学目标】

1. 结合具体函数了解奇偶性的含义，能利用函数的图像理解奇、偶函数的概念.

2. 掌握判断一些简单函数的奇偶性的方法，并运用奇偶性解决一些简单问题.

3. 经历奇函数、偶函数概念的形成过程，培养学生的观察判断、抽象概括能力.

4. 渗透由形及数、数形结合的数学思想，并学会由特殊到一般的归纳推理的思维方法.

【教学重点】

奇函数和偶函数的概念，函数奇偶性的判断.

【教学难点】

奇函数和偶函数图像性质的理解.

【教学过程】

教学环节	教学内容	教生活动	说明
一、引入新课	1. 展示生活中有关轴对称与中心对称的图片	教师通过出示 PPT 的形式引入. 学生观察图片感知教学来源于生活	通过生活中的图片，引出课题
二、归纳探索、形成概念	2. 借助图像，直观感知	 (1)　　　　　(2) (3)　　　　　(4) 教师提问: ① 图像(1),(2)与图像(3),(4)分别有何共同特征? ② 它们的函数值又有何关系? 学生回答: 图片中的(1),(2)关于 y 轴对称, 图片中的(3),(4)关于原点对称. 图(1)中: 　$f(1)=1=f(-1)$, $f(2)=4=f(-2)$, 　$f(3)=9=f(-3)$. 图(2)中: 　$f(1)=1=f(-1)$, $f(2)=2=f(-2)$,	通过探索 4 个函数图像的特征，归纳图像之间的共同特征，建立奇函数和偶函数的概念

教学环节	教学内容	教生活动	说明
二、归纳探索、形成概念	2. 借助图像, 直观感知	$f(3) = 3 = f(-3)$. 图(3)中: 　$f(1) = 1 = -f(-1)$,　$f(2) = 2 = -f(-2)$, 　$f(3) = 3 = -f(-3)$. 图(4)中: 　$f(1) = 1 = -f(-1)$,　$f(2) = \dfrac{1}{2} = -f(-2)$, $$f(3) = \dfrac{1}{3} = -f(-3)$$	通过探索 4 个函数图像的特征, 归纳图像之间的共同特征, 建立奇函数和偶函数的概念
三、新授课	3. 探索规律, 形成概念	偶函数的定义: $$\forall x \in D, \ f(-x) = f(x)$$ 奇函数的定义: $$\forall x \in D, \ f(-x) = -f(x)$$ 教师提问: ① 定义中有 $f(x)$ 与 $f(-x)$ 说明 x 与 $-x$ 都有意义, 则 D 有何特点? ② 如何理解"任意……都"? 学生回答: ① D 关于原点对称; ② 对每一个 D 中 x 都成立. 教师追问: 一个函数若 $f(-1) = f(1)$, $f(-2) = f(2)$, 则该函数为偶函数吗? 学生回答: 错, 只有两个特殊值满足不足以说明其他值也成立. 例 1　判断函数 $y = x^2$ 的奇偶性. ① $x \in \mathbf{R}$;　　　　② $x \in [-1,1]$; ③ $x \in (0,1)$;　　　　④ $x \in (-\infty, 0) \bigcup (1, +\infty)$; ⑤ $x \in (-\infty, -1] \bigcup (1, +\infty)$;　⑥ $x \in (-\infty, 1) \bigcup (1, +\infty)$. 教师组织学生回答, 并要求学生解答, 并说明原因: ① 偶函数;　② 偶函数;　③ 非奇非偶; ④ 非奇非偶;　⑤ 偶函数;　⑥ 非奇非偶. 教师总结: 这些函数它们的解式是一样的, 但是奇偶性却完全不一样, 说明首先要看什么? 学生回答: 首先要看定义域, 定义域一定要关于原点对称.	理解偶函数、奇函数的定义
	4. 掌握证法, 适当延展	例 2　证明函数 $y = x^3 + x$ 是奇函数. 教师引导学生分析证明方法和步骤, 学生根据定义进行口答, 教师板书过程. 教师要求学生总结证明的一般步骤: ① 求 D, 并判断; ② $\forall x \in D$, $f(-x)$ 与 $f(x)$ 的关系.	掌握证明函数奇偶性的方法

续表

教学环节	教学内容	教生活动	说明
三、新授课	4. 掌握证法，适当延展	例3　证明：函数 $f(x)=2x^4-3x^2$ 是偶函数. 教师引导学生按照证明的步骤，在黑板上板书证明过程.	掌握证明函数奇偶性的方法
	5. 奇函数、偶函数的图像特征	教师提问：奇函数、偶函数的图像特征是什么？ 学生回答：偶函数关于 y 轴对称；奇函数关于原点对称. 教师追问： ① 偶函数图像一定与 y 轴相交吗？ ② 奇函数图像一定过原点吗？ 学生回答： ① 不一定，$y=x^2+1(x\neq 0)$. ② 不一定，$y=\dfrac{1}{x}$. 教师提问：函数 $y=0$ 的奇偶性是怎样的？ 教师追问：若奇函数在原点有定义，它一定过原点吗？ 学生回答：不知道 $-f(-x)=f(x)$，即 $f(0)=-f(0)$，所以 $f(0)=0$	思考奇函数、偶函数的图像特征
		举出你所熟悉的偶函数、奇函数的例子并简单证明. 教师组织学生抢答，并做口头证明. 学生回答： ① $y=x+\dfrac{1}{x}$ 奇；　② $y=2x^2$ 偶；　③ $y=\dfrac{2}{x}$ 奇	练习偶函数、奇函数的简单证明
四、课堂小结	6. 小结	教师回顾学习目标，学生一同小结	掌握知识要点
五、课后作业	7. 作业	课后练习. 作业订正	作业

BE 关于"函数的奇偶性"的教学设计

【教学目标】

1. 理解偶函数与奇函数的概念；掌握判断函数的奇偶性的一般方法；明确定义域关于原点对称是函数具有奇偶性的必要非充分条件，知道奇函数与偶函数的图像特征.

2. 通过对偶函数的学习，促进对奇函数的自我观察、比较、分析、概括等能力. 发展用数学语言进行表达、交流的能力，从"数"和"形"两个角度来验证函数的奇偶性.

【教学重点】

奇函数和偶函数的概念，函数奇偶性的判断.

【教学难点】
奇函数和偶函数图像性质的理解，函数奇偶性的判断.

【教学过程】

教学环节	教学内容	教生活动	说明
一、引入新课	1. 直观感知生活中有关轴对称与中心对称的图片	教师借助 PPT 出示图片的形式引入，学生观察图片，感知教学来源于生活.	通过生活中的图片，引出课题
二、独立阅读学习	2. 预习函数的奇偶性	教师精心设计，并要求学生在规定的时间内独立完成预习单. 学生根据教师的要求在规定的时间完成预习单	培养学生自主学习能力
三、新授课	3. 借助图像，探索规律	教师展示函数 $f(x)=x^2$ 和 $g(x)=\|x\|$ 的图像 教师提问：请找出这两个函数的几何特征和代数特征. 学生观察两个函数的图像，学生代表回答： 几何特征：图像关于 y 轴对称. 代数特征： $$f(-1)=f(1)=1,\ f(-2)=f(2)=4,\cdots$$ $$f(-x)=f(x)=x^2.$$ $$g(-1)=g(1)=1,\ g(-2)=g(2)=2,\cdots$$ $$g(-x)=g(x)=\|x\|.$$	展示偶函数图像，寻找几何、代数特征
	4. 偶函数定义	一般地，如果对于函数 $y=f(x)$ 的定义域 D 内的任意实数 x，都有 $f(-x)=f(x)$，那么就把函数 $y=f(x)$ 叫做偶函数.	建立偶函数的定义，理解偶函数的定义要点
	5. 偶函数图像特征	如果函数 $y=f(x)$ $(x\in D)$ 是偶函数，那么它的图像是关于 y 轴对称图形；反过来，如果一个函数图像关于 y 轴对称图形，那么这个函数是偶函数. 教师讲授偶函数图像的特征，学生认真听讲. $A(x,f(x))$ 关于 y 轴对称 $A'(-x,f(x))$. 又因为 $A'(-x,f(x))$ 也在图像上，所以 $f(-x)=f(x)$. 反之亦成立.	探索偶函数的图像特征
	6. 奇函数定义	一般地，如果对于函数 $y=f(x)$ 的定义域 D 内的任意实数 x，都有 $f(-x)=-f(x)$，那么就把函数 $y=f(x)$ 叫做奇函数.	建立奇函数的定义，理解奇函数的定义要点

续表

教学环节	教学内容	教生活动	说明
三、新授课	7. 奇函数图像特征	如果函数 $y = f(x)$ $(x \in D)$ 是奇函数，那么它的图像关于原点对称图形；反过来，如果一个函数图像关于原点对称图形，那么这个函数是奇函数. 　　教师提问：分析奇函数的图像特征？ 　　学生类比偶函数的图像特征，得到奇函数特征： 　　$A(x, f(x))$ 关于原点对称的点为 $A'(-x, f(-x))$，又因为 $A'(-x, f(-x))$ 也在图像上，所以 $f(-x) = -f(x)$. 反之亦成立.	探究奇函数的图像特征
	8. 范例讲解	例 1　证明：$f(x) = 2x^4 - 3x^2$ 是偶函数. 　　教师板书： 　　有很多学生的证明过程如下： 　　$f(-1) = 2(-1)^4 - 3(-1)^2 = -1$, 　　$f(1) = 2(1)^4 - 3(1)^2 = -1$, 　　$f(-1) = f(1)$. 　　所以 $f(x)$ 是偶函数. 　　教师提问：判断一下，学生认为这个是偶函数，是对还是错？ 　　例 2　证明：$f(x) = x^3$ 是奇函数. 　　教师要求学生根据定义独立证明. 　　学生证明： 　　① D 是 **R**，关于原点对称； 　　② $f(-x) = (-x)^3 = -x^3 = -f(x)$. 　　根据①②，可知 $y = f(x) = x^3$ 是奇函数. 　　例 3　判断下列函数的奇偶性. 　　① $y = f(x) = x^2$, $x \in (-\infty, 1) \bigcup (1, +\infty)$; 　　② $y = (x-1)^2, x \in \mathbf{R}$; 　　③ $y = x + 2, x \in \mathbf{R}$; 　　④ $y = 0, x \in R$. 　　变式 $x \in [-1, 1]$. 　　教师要求学生分小组上黑板展示小组的观点，再引导学生得出既奇又偶与非奇非偶函数的两种类型. 　　学生回答： 　　① $D = (-\infty, 1) \bigcup (1, +\infty)$ 不关于原点对称； 　　② $f(-2) \neq f(2)$, $f(-2) \neq -f(2)$, 所以非奇非偶； 　　③ $f(-2) \neq f(2)$, $f(-1) \neq -f(1)$, 所以非奇非偶. 　　④ $f(-x) = f(x)$, $f(-x) = -f(x)$, 所以既奇又偶. 图像法判断亦很重要	小组讨论简单函数的奇偶性，并进行简单证明
四、课堂小结	9. 小结	定义法、图像法证明. 奇偶性分类	掌握知识要点
五、课后作业	10. 作业	作业订正	作业

BN 关于"函数的单调性"的教学设计

【**教学目标**】

1. 理解单调函数、单调区间的概念，能根据函数的图像指出单调性、单调区间，能运用函数单调性的定义证明简单单调函数的单调性.

2. 通过对函数单调性的学习，让学生体会数形结合的思想.

3. 渗透先观察后归纳，先猜想后论证的数学思想，培养学生发现问题，解决问题的能力.

【**教学重点**】

函数单调性的概念，并判断出单调性、单调区间.

【**教学难点**】

领悟函数单调性的本质，掌握单调性的判断和证明.

【**教学过程**】

教学环节	教学内容	师生活动	说明
一、创设情境，引入课题	1. 复习奇偶性 2. 展示股票走势图，引入课题，学习简单函数的单调性 3. 让学生观察三组函数图像	教师提问：函数的奇偶性主要表现的是函数的哪个性质？ 学生：函数的对称性 教师提问：请大家观察三组图像的走势，指出 A 组、B 组、C 组分别有什么特点？ A 组： 	课件演示，直观感知图像的趋势 学生观察，归纳总结

续表

教学环节	教学内容	师生活动	说明
一、创设情境，引入课题	3. 让学生观察三组函数图像	B组： C组： 学生回答： A组，图像呈上升趋势． B组，图像呈下降趋势． C组，图像有时上升，有时下降． 教师提问：图像上升和下降分别代表什么意思？ 学生回答： 上升，x 越大，y 越大． 下降，x 越大，y 越小	学生观察，归纳总结
二、抽象思维，形成概念	4. 给出定义，剖析概念	教师提问：什么是增函数？什么是减函数？ 增函数： $\forall x_1, x_2 \in I,\ x_1 < x_2,$ 都有 $f(x_1) < f(x_2)$． 减函数： $\forall x_1, x_2 \in I,\ x_1 < x_2,$ 都有 $f(x_1) > f(x_2)$． 教师要求学生填写表格： 概念解读 ① 单调区间 I 一定是定义域 D 的子集，即 $I \subseteq D$； ② 要说函数的单调性，须先指出在哪个区间； ③ x_1, x_2 的三个特征：任意性、有大小、共区间． 辨析题 1：函数 $y = f(x) = x^2$ 在 $(-\infty, +\infty)$ 是单调函数．	介绍相关概念，使学生进一步理解单调性的概念

表格：

单调性	在区间 I 内 增函数	在区间 I 内 减函数
图像特征	从左到右，图像上升	从左到右，图像下降
文字表述	y 随 x 的增大而增大	y 随 x 的增大而减小
数学语言表达	$\forall x_1 < x_2 \in I,$ $f(x_1) < f(x_2)$	$\forall x_1 < x_2 \in I,$ $f(x_1) > f(x_2)$

续表

教学环节	教学内容	师生活动	说明
二、抽象思维，形成概念	4. 给出定义，剖析概念	学生回答：不是. $$x_1 = -1, \quad x_2 = 1,$$ 这里 $x_1 < x_2$，但是，$f(x_1) = f(x_2)$. 辨析题 2：定义在 **R** 上的函数满足 $f(2) > f(1)$，则 $f(x)$ 为增函数. 学生回答：不是. 教师总结：概念中的注意点. 例 1　证明函数 $f(x) = 3x + 2$ 在 $(-\infty, +\infty)$ 上是增函数.	介绍相关概念，使学生进一步理解单调性的概念
	5. 范例讲解	教师引导学生思考如何用定义法证明. 学生证明： 任意取 $x_1, x_2 \in (-\infty, +\infty)$，$x_1 < x_2$， $$f(x_1) - f(x_2) = 3x_1 + 2 - (3x_2 + 2) = 3(x_1 - x_2).$$ 因为 $x_1 < x_2$，所以 $x_1 - x_2 < 0$，所以 $$f(x_1) - f(x_2) < 0,$$ 即 $$f(x_1) < f(x_2),$$ 所以 $f(x)$ 在 **R** 上是增函数. 教师与学生一起总结证明函数单调性的基本步骤. ① 取值. ② 作差. ③ 变形. ④ 定号. ⑤ 判断下结论. 教师追问：下结论时应注意什么？ 学生回答：要注意指出在哪个区间上具有单调性. 例 2　判断函数 $y = x^2 - 2x$ 的单调性，并加以证明. 教师提问：它是一个在 **R** 上的单调函数吗？ 学生回答：通过看图，得到在区间 $(-\infty, 1]$ 时，函数递减；在区间 $[1, +\infty)$ 时，函数递增. 证明：$\forall x_1 < x_2 \leqslant 1$，有 $$\begin{aligned} f(x_1) - f(x_2) &= (x_1^2 - 2x_1) - (x_2^2 - 2x_2) \\ &= (x_1^2 - x_2^2) - 2(x_1 - x_2) \\ &= (x_1 + x_2)(x_1 - x_2) - 2(x_1 - x_2) \\ &= (x_1 - x_2)(x_1 + x_2 - 2), \end{aligned}$$ 因为 $x_1 < x_2$，所以 $$x_1 - x_2 < 0\ ;$$ 因为 $x_1 \leqslant 1, x_2 \leqslant 1$，所以 $x_1 + x_2 < 2$，即 $$x_1 + x_2 - 2 < 0,$$ 所以 $$f(x_1) - f(x_2) > 0,$$ 所以 $f(x)$ 在 $(-\infty, 1]$ 上是减函数. 同理可证，$f(x)$ 在 $[1, +\infty)$ 上是增函数. 教师提问：可以通过图像给出一般结论并证明吗	使学生进一步熟悉函数的单调性与函数的图像间的关系，会从函数图像上初步判断函数的单调性；并培养学生运用数学语言进行正确表达的能力

续表

教学环节	教学内容	师生活动	说明
三、课堂练习,知识巩固	6. 通过练习,巩固函数单调性的概念及证明函数单调性的方法	课堂练习:常见函数的单调性. ① 常值函数, $y=a$. ② 正比例函数, $$y=kx(k\neq 0).$$ ③ 一次函数, $$y=kx+b(k\neq 0).$$ ④ 二次函数, $$y=x^2.$$ ⑤ 反比例函数, $$y=\frac{1}{x}.$$ 教师应要求学生以小组为单位进行讨论. 学生小组讨论,并派代表在黑板展示. 教师提问,关于反比例函数 $y=\frac{1}{x}$ 的单调区间能否写成 $(-\infty,0)\cup(0,+\infty)$. 教师强调,反比例函数 $y=\frac{1}{x}$ 的单调减区间是 $(-\infty,0),(0,+\infty)$	及时反馈,检查知识的落实情况
四、复习小结	7. 小结	函数单调性的概念. 掌握证明函数单调性的方法. 判断函数的单调区间	掌握知识要点
五、课后作业	8. 作业	课后练习. 作业订正	作业

BE 关于"函数的单调性"的教学设计

【教学目标】

1. 从数与形两方面理解函数单调性的概念,学会利用函数图像理解和研究函数的性质,初步掌握利用函数图像和单调性的定义判断、证明函数单调性的方法.

2. 通过对函数单调性定义的探究,渗透数形结合数学思想,培养学生观察、归纳、抽象的能力和语言表达能力;通过对函数单调性的证明,提高学生的推理论证能力.

3. 通过知识的探究过程培养学生细心观察、认真分析、研究论证的良好思维习惯,让学生经历从具体到抽象,从特殊到一般,从感性到理性的认知过程.

【教学重点】

函数单调性的概念,并判断出单调性、单调区间.

【教学难点】

领悟函数单调性的本质，掌握单调性的判断和证明.

【教学过程】

教学环节	教学内容	师生活动	说明
	1. 预习回顾 函数单调性	教师提问：预习了函数的单调性，接下来我想请同学回忆一下，通过预习你学到了什么？	预习回顾，检测学生预习效果
一、引入课题	2. 请学生观察如下三组图像的走势	教师展示三组函数图像. 教师提问：请大家观察三组图像，分别有什么特点？ A 组： B 组： C 组： 学生观察，小组内交流观点： A 组：x 增大，y 也增大. B 组：x 增大，y 减少. C 组：有 y 随 x 增大而增大，亦有 y 随 x 增大而减少的. 教师追问：图像上升下降的趋势，能否用数字语言进行表述	借助图像，直观感知函数的变化趋势
二、抽象思维，形成概念	3. 形成概念	① 增函数： 在 $I \subseteq D$ 上任取 x_1, x_2，且 $x_1 < x_2$，若 $f(x_1) < f(x_2)$ 则称 $f(x)$ 在 I 上单调递增.	培养学生运用数学语言进行正确表达的能力

续表

教学环节	教学内容	师生活动	说明
二、抽象思维,形成概念	3. 形成概念	② 减函数: 在 $I \subseteq D$ 上任取 x_1, x_2,且 $x_1 < x_2$,若 $f(x_1) > f(x_2)$ 则称 $f(x)$ 在 I 上单调递减. 教师要求学生在预习的基础上讨论表格的填写. 学生小组讨论,表格的填写	培养学生运用数学语言进行正确表达的能力

	在区间 I 内	在区间 I 内
单调性	增函数	减函数
图像特征	从左到右,图像上升	从左到右,图像下降
文字表述	y 随 x 的增大而增大	y 随 x 的增大而减小
数学语言表达	$\forall x_1 < x_2 \in I$, $f(x_1) < f(x_2)$	$\forall x_1 < x_2 \in I$, $f(x_1) > f(x_2)$

教学环节	教学内容	师生活动	说明
	4. 概念解读,概念辨析	教师组织学生对概念进行解读. ① 单调区间 I 一定是定义域 D 的子集,即 $I \subseteq D$. ② 要说函数的单调性,须先指出在哪个区间. ③ x_1, x_2 的三个特征:任意性、有大小、共区间. ④ 比较 $f(x_1)$ 与 $f(x_2)$ 常用作差比较. 辨析题1: $y = f(x) = x^2$ 在 $(-\infty, +\infty)$ 上单调函数; 学生小组讨论,回答:不是. $y = f(x) = x^2$ 在 $(-\infty, 0]$ 上单调递减,在 $[0, +\infty)$ 上单调递增. 辨析题2: 证明函数 $y = \dfrac{2}{x+1}$ 在 $x \in (-\infty, -1)$ 的单调性. 学生的解答如下: 因为 $-2 > -3$, $f(-2) = -2$,$f(-3) = -1$, $f(-3) > f(-2)$, 所以函数在 $(-\infty, -1)$ 是减函数. 教师提问:学生的解答正确吗? 为什么?	以函数 $y = x^2$ 图像为例,理解单调性的代数特征 规范证明函数单调性的方法
	5. 范例讲解	例 1　证明函数 $f(x) = 3x + 2$ 在 $(-\infty, +\infty)$ 上是增函数. 证明: 在 **R** 任意取 x_1, x_2,并令 $x_1 < x_2$, $f(x_1) = 3x_1 + 2$,$f(x_2) = 3x_2 + 2$, $f(x_1) - f(x_2) = 3(x_1 - x_2)$. 因为 $x_1 < x_2$ 所以 $$x_1 - x_2 < 0.$$ 所以 $$f(x_1) - f(x_2) < 0,$$	

教学环节	教学内容	师生活动	说明
二、抽象思维，形成概念	5. 范例讲解	即 $$f(x_1) < f(x_2),$$ 所以 $f(x)$ 在 **R** 上是增函数. 教师追问：若判断函数的单调性也可以用什么法？ 教师与学生共同总结证明函数单调性的基本步骤. 小组讨论、归纳证明函数单调性的基本步骤. 证明单调性的基本步骤： ① 取值； ② 作差； ③ 变形； ④ 定号； ⑤ 判断结论. 教师追问： (1) 比较大小的常用方法？ (2) 下结论时应注意什么？ 学生回答： (1) 比较大小常用方法：作差法与零比较；不等式性质. (2) 下结论时应注意，在左右哪个区间上单调递增(递减). 教师建议：先用图像进行判断，再用定义进行证明. 例2　判断函数 $f(x) = x^2 - 2x$ 的单调性，并加以证明. 教师建议：先用图像进行判断，再用数学语言证明. 学生独立完成，学生代表上黑板展示	规范证明函数单调性的方法 渗透用图像法来判断函数的单调性思想方法
三、课堂练习	6. 课堂练习	练习：判断常见函数的单调性 ① 常值函 $y = a$. ② 正比例函数， $$y = kx \quad (k \neq 0).$$ ③ 一次函数， $$y = kx + b \quad (k \neq 0).$$ ④ 二次函数， $$y = ax^2 + bx + c .$$ ⑤ 反比例函数， $$y = \frac{k}{x}$$	及时反馈，检查知识的落实情况
四、复习小结	7. 小结	函数单调性的概念. 掌握证明函数单调性的方法. 判断函数的单调区间	使学生知识结构得到提炼，帮助掌握重点内容
五、课后作业	8. 作业	课后练习	作业

BN 关于"函数的最值"的教学设计

【教学目标】
1. 理解和掌握函数的最大值与最小值的定义，掌握几种类型的函数最值的求法.
2. 学会"转化"与"数形结合"的思想方法.
3. 领悟数学既是从现实原型中抽象出来的，又是随着数学本身的发展而逐步得到完善的.

【教学重点】
理解函数最大值、最小值的概念，求基本函数的最值.

【教学难点】
通过转化思想，把复杂函数转化为熟悉的基本函数，再求最值.

【教学过程】

教学环节	教学内容	师生活动	说明
一、直接引入课题	1. 直接引入最值	教师提问： ① 最大值、最小值的概念是什么？ ② 概念中要注意哪些？ 学生在预习的基础上回答： ① 最大值：y 能取到的最大值. 最小值：y 能取到的最小值. ② 何时能取到最大值和最小值	开门见山，引出最大值、最小值的概念
二、研探新知	2. 给出函数最值的定义	最大值： 　　$\exists x_0$，使得 $y = f(x_0)$. 　　$\forall x \in D$，有 $f(x) \leqslant f(x_0)$. 最小值： 　　$\exists x_0$，使得 $y = f(x_0)$. 　　$\forall x \in D$，有 $f(x) \geqslant f(x_0)$. 教师给出最值的一般数学符号语言的定义. 教师组织学生读图，从图中找出最大值、最小值.	解读最值的概念，练习从图像中找出最大值、最小值
	3. 范例讲解	例 1　求下列两个函数的最值. ① $y = f(x) = -x^2 + 2x + 3$. ② $y = f(x) = 2x^2 - 3x + 1$. 学生在初中学习的基础上，通过配方法得到最大值与最小值. 解：① $y = -x^2 + 2x + 3$ 　　　　　$= -(x^2 - 2x + 1) + 4$ 　　　　　$= -(x-1)^2 + 4$.	回顾二次函数在整个区间上的最值

教学环节	教学内容	师生活动	说明
二、研探新知	3. 范例讲解	当 $x=1$ 时，$f(x)_{\max}=4$. ② $y=2\left(x^2-\dfrac{3}{2}x+\dfrac{9}{16}\right)-\dfrac{1}{8}$ 　　$=2\left(x-\dfrac{3}{4}\right)^2-\dfrac{1}{8}$. 当 $x=\dfrac{3}{4}$ 时，$f(x)_{\min}=-\dfrac{1}{8}$. 教师提问：二次函数在 **R** 上求最值的基本情况是什么？ 学生回答： 开口向上，有最小值. 开口向下，有最大值. 总结二次函数的最值： 一般地， $$y=ax^2+bx+c\ (a\neq 0)，$$ $$y=a\left(x+\dfrac{b}{2a}\right)^2+\dfrac{4ac-b^2}{4a} .$$ 若 $a>0$ ，则当 $x=-\dfrac{b}{2a}$ 时，$y_{\min}=\dfrac{4ac-b^2}{4a}$ ； 若 $a<0$ ，则当 $x=-\dfrac{b}{2a}$ 时，$y_{\max}=\dfrac{4ac-b^2}{4a}$. 例 2　求 $y=x^2-2x$ 在下列定义域中的最值. ① $x\in[-2,1]$ ； ② $x\in[2,3]$ ； ③ $x\in[-1,2]$ ； ④ $x\in[0,3]$ ； ⑤ $x\in[-1,3]$. 教师讲清做题步骤，请 5 名同学上黑板做题. 解题步骤： ① 画图； ② 截图； ③ 看图； ④ 写结果. 学生通过图形得到： 	回顾二次函数在整个区间上的最值 变式练习，求二次函数在给定闭区间上的最值 小组讨论：归纳二次函数动轴定区间上求最值的分类

续表

教学环节	教学内容	师生活动	说明
二、研探新知	3. 范例讲解	① $x \in [-2,1]$. 如图得到， $y_{max} = f(-2) = 8$, $y_{min} = f(1) = -1$. ② 如图，$f(x)$ 在 $[2,3]$ 上是单调增函数，所以 $y_{max} = f(3) = 3$, $y_{min} = f(2) = 0$. ③ 如图，$f(x)$ 在 $[-1,2]$ 上是先减函数后增函数，所以 $y_{max} = f(-1) = 3$, $y_{min} = f(1) = -1$. ④ 如图，$f(x)$ 在 $[0,3]$ 上是先单调减，再单调增函数，所以 $y_{max} = f(3) = 3$, $y_{min} = f(1) = -1$. ⑤ 如图，$f(x)$ 在 $[-1,3]$ 上是先单调减，再单调增，所以 $y_{max} = f(-1) = f(3) = 3$, $y_{min} = f(1) = -1$.	小组讨论：归纳二次函数动轴定区间上求最值的分类
	4. 二次函数动轴定区间上求最值	例 3 $f(x) = x^2 - 2bx + 1$, $x \in [0,3]$，求 $f(x)$ 的最大值和最小值. 例 4 $f(x) = ax^2 - 2ax$, $x \in [1,3]$，求 $f(x)$ 的最大值和最小值	
三、课堂小结	5. 小结	课堂小结： 二次函数的最值问题: ① $\mathbf{R}$ 上；② 闭区间上	课堂要点回顾
四、课后作业	6. 作业	完成课后练习	作业

BE 关于"函数的最值"的教学设计

【教学目标】

1. 理解函数最值的概念，会用函数的单调性找出二次函数在给定区间上的最值过程与方法.

2. 经历求二次函数最值的求法，归纳求二次函数在给定区间上最值的一般方法.

3. 感知函数单调性在函数最值当中求法，提高观察、分析、归纳、概括的能力，体验函数思想、数形结合与分类讨论的数学思想方法.

【教学重点】

理解函数最大值、最小值的概念，求基本函数的最值.

【教学难点】

通过转化思想，把复杂函数转化为熟悉的基本函数，再求最值.

【教学过程】

教学环节	教学内容	师生活动	说明
一、复习引入	1. 复习初中关于二次函数的知识	教师提问：大家回忆一下，初中学习有关二次函数的知识有哪些？ 一般地，二次函数 $$y = ax^2 + bx + c \quad (a \neq 0)$$ $$= a\left(x + \frac{b}{2a}\right)^2 + \frac{4ac - b^2}{4a}.$$ 若 $a > 0$，则 $x = -\dfrac{b}{2a}$ 时， $$f(x)_{\min} = \frac{4ac - b^2}{4a}.$$ 二次函数图像开口向上，在 **R** 上必有最小值，是顶点的纵坐标，但无最大值. 若 $a < 0$，则 $x = -\dfrac{b}{2a}$ 时， $$f(x)_{\max} = \frac{4ac - b^2}{4a}$$ 二次函数图像开口向下，在 **R** 上必有最大值，是为顶点的纵坐标，但无最小值	开门见山，引出最大值、最小值的概念
二、探索新知	2. 理解最值概念	设函数 $y = f(x)$ 在 x_0 处的函数值是 $f(x_0)$，如果对于定义域内任意 x，不等式 $f(x) \geqslant f(x_0)$ 恒成立，那么 $f(x_0)$ 称作函数 $f(x)$ 在定义域内的最小值. 记作 $f(x)_{\min} = f(x_0)$. 　　如果对于定义域内任意 x，不等式 $f(x) \leqslant f(x_0)$ 恒成立，那么 $f(x_0)$ 称作函数 $f(x)$ 在定义域内的最大值. 记作 $f(x)_{\max} = f(x_0)$. 　　解读概念： 　　(1) 定义域内任意 x，存在 x_0，$f(x) \geqslant f(x_0)$ 恒成立，则称 $f(x)_{\min} = f(x_0)$，反映在图像上却是函数最低点对应的 y 值. 　　(2) 定义域任意 x，存在 x_0，使 $f(x) \leqslant f(x_0)$ 恒成立，则称 $f(x)_{\max} = f(x_0)$，反映在图像上却是函数最高点对应的 y 值. 　　师生共同解读概念：代数特征、图像特征.	介绍相关概念，使学生进一步理解单调性的概念
	3. 概念应用	例1　求下列两个函数的最值. 　　$f(x) = -x^2 + 2x + 3$； 　　$f(x) = 2x^2 - 3x + 1$. 教师要求学生独立完成，代表上黑板展示. 解：① $y = -x^2 + 2x + 3$ 　　　　$= -(x^2 - 2x + 1) + 4$ 　　　　$= -(x - 1)^2 + 4$. 当 $x = 1$ 时，$f(x)_{\max} = 4$.	渗透用图像法来判断函数的最值思想方法

教学环节	教学内容	师生活动	说明
二、探索新知	3. 概念应用	② $y = 2\left(x^2 - \dfrac{3}{2}x + \dfrac{9}{16}\right) - \dfrac{1}{8}$ $= 2\left(x - \dfrac{3}{4}\right)^2 - \dfrac{1}{8}$. 当 $x = \dfrac{3}{4}$ 时，$f(x)_{\min} = -\dfrac{1}{8}$. 例 1 变式：$f(x) = -x^2 + 2x + 3$，$x \in [-2, 0]$，求 $f(x)$ 的最值. 教师讲解，逐步引导. 解：$f(x) = -x^2 + 2x + 3$ $= -(x-1)^2 + 4$. 当 $x = 0$ 时，$f(x)_{\max} = 3$； 当 $x = -2$ 时，$f(x)_{\min} = -5$. 值域是 $[-5, 3]$. 教师提问：求二次函数在闭区间上最值的基本步骤？ 学生回答：配方找对称轴；顶点坐标；画出图像；根据图像或单调性求闭区间的最值. 练习：$f(x) = -x^2 + 2x + 3$，求 $f(x)$ 最值. ① $x \in [-1, 0]$； ② $x \in [2, 3]$； ③ $x \in [-1, 4]$； ④ $x \in [-2, 2]$； ⑤ $x \in (-2, 2]$. 学生通过图形得到： ① $x \in [-1, 0]$. 如图得到， 　　$y_{\max} = f(0) = 3$，$y_{\min} = f(-1) = 0$. ② 如图，$f(x)$ 在 $[2, 3]$ 上是单调减函数，所以 　　$y_{\max} = f(2) = 3$，$y_{\min} = f(3) = 0$. ③ 如图，$f(x)$ 在 $[-1, 4]$ 上是先增函数后减函数，所以	渗透用图像法来判断函数的最值思想方法 培养学生归纳总结的能力 及时反馈，检查知识的落实情况

续表

教学环节	教学内容	师生活动	说明
二、探索新知	3. 概念应用	$y_{max} = f(1) = 4$, $y_{min} = f(4) = -5$. ④ 如图, $f(x)$ 在 $[-2,2]$ 上是先单调增, 再单调减函数, 所以 　　$y_{max} = f(1) = 4$, $y_{min} = f(-2) = -5$. ⑤ 如图, $f(x)$ 在 $(-2,2]$ 上是先单调增, 再单调减, 所以 $y_{max} = f(1) = 4$, 没有最小值. 例 2　$f(x) = -x^2 + 2ax + 3$, $x \in [-2, 2]$, 求 $f(x)$ 的最大值和最小值. 学生分四类讨论: ① $a = 0$, $f(x) = -x^2 + 3$, $f(0)_{max} = 3$, 　　　　$f(2)_{min} = f(-2)_{min} = -1$. 　$a \neq 0$, 　　　$f(x) = -(x^2 - 2ax - 3)$ 　　　　　$= -(x-a)^2 + 3 + a^2$. ② 当 $a > 2$ 时, 　$f(-2)_{min} = -4a - 1$, $f(2)_{max} = 4a - 1$. ③ 当 $0 < a < 2$ 时, 　$f(a)_{max} = a^2 + 3$, $f(-2)_{min} = -4a - 1$. ④ 当 $-2 < a < 0$ 时, 　$f(a)_{max} = a^2 + 3$, $f(2)_{min} = 4a - 1$. ⑤ 当 $a < -2$ 时, 　$f(-2)_{max} = -4a - 1$, $f(2)_{min} = 4a - 1$	加深学生对函数最值定义的理解, 规范解题格式
三、课堂小结	4. 小结	求最值的方法; 二次函数的简单问题: 在 **R** 上、在给定区间上	帮助掌握重点内容
四、课后作业	5. 作业	课后习题 1.2	作业

CN 关于"幂函数的基本性质与图像"的教学设计

【教学目标】

1. 理解幂函数的概念, 会画幂函数的图像, 并能结合这几个幂函数的图像, 了解幂函数的变化情况和性质. 理解几个常见的幂函数的性质.

2. 通过观察、总结幂函数的性质, 培养学生概括抽象和识图能力, 使学生进一步体会数形结合的思想.

3. 通过生活实例引出幂函数的概念, 使学生体会到生活中处处有数学, 激发学生的学习兴趣.

【教学重点】

幂函数的概念和性质；幂函数的图像的基本特征.

【教学难点】

幂函数的图像的基本特征，单调性.

【教学过程】

教学环节	教学内容	师生活动	说明
一、创设情境，引入概念	1. 实例观察，引入幂函数	写出下列函数关系解析式： (1) 如果回收旧报纸每公斤(1 公斤=1 千克)1 元，某班每年卖旧报纸 x 公斤，所得价钱 y 是关于 x 的函数. (2) 如果正方形的边长为 x，面积 y，这里 y 是关于 x 的函数. (3) 如果正方体的边长为 x，正方体的体积为 y，这里 y 是关于 x 的函数. (4) 如果一个正方形场地的面积为 x，这个正方形的边长为 y，这里 y 是关于 x 的函数. (5) 如果某人 x 秒内骑车行驶了 1 km，他骑车的平均速度是 y，这里 y 是关于 x 的函数. 教师提问：以上各题目的函数关系分别是什么？ 学生回答： ① $y = x$；② $y = x^2$；③ $y = x^3$；④ $y = x^{\frac{1}{2}}$；⑤ $y = x^{-1}$. 教师提问：以上问题中的函数具有什么共同特点？ 学生回答：$y = x^k$	引导学生从实例中进行总结，自然而然引出幂函数
二、互动交流，性质深化	2. 幂函数的定义	定义：一般地，我们把形如 $y = x^k$ 的函数叫做幂函数，其中 x 是自变量，k 是常数. 在高中阶段，我们暂时规定 k 为有理数. 例1 判断下面函数是幂函数的有 ① $y = x^{-2}$；　② $y = 2x^2$；　　③ $y = 2x$； ④ $y = x^0$；　⑤ $y = x^2 + 2$；　⑥ $y = -x^3$. 答：①、④. (回顾第三章的内容——函数的性质，考虑函数的定义域、值域、单调性、奇偶性、最值、图像)	加深学生对幂函数定义和呈现形式的理解
	3. 组织探究幂函数的图像与性质	例2 画出幂函数 $y = x^2$ 的大致图像，并判断其奇偶性、单调性. 练习：画出函数 $y = x^3$ 的图像. 教师提问：影响函数图像特征的主要因素是什么？ 学生回答：与 k 有关 $k > 1$ 时，在第一象限的图像是增函数，图像过 (0,0) 点，且随 x 的增大，函数图像向 y 轴延伸，奇偶性决定其余象限的图像. 例3 讨论函数 $y = x^{\frac{2}{3}}$ 的定义域和奇偶性，并作出它的图像，并根据图像说明函数的单调性.	学生在新知探索的过程中，归纳幂函数图像的特征

教学环节	教学内容	师生活动	说明
二、互 动 交流，性质深化	3. 组织探究幂函数的图像与性质	解：$y = x^{\frac{2}{3}} = \sqrt[3]{x^2}$ 的定义域为 $\mathbf{R}$. 奇偶性：对任意 $x \in \mathbf{R}$ ，满足 $-x \in \mathbf{R}$ ，使得 $$f(-x) = \sqrt[3]{(-x)^2} = \sqrt[3]{x^2} = f(x) .$$ 所以该函数是偶函数. 　　单调性：对任意 $x_1, x_2 \in [0, +\infty)$ ，且 $x_1 < x_2$ ，所以，$0 < x_1^2 < x_2^2$ ，故有 $$0 < \sqrt[3]{x_1^2} < \sqrt[3]{x_2^2} ,$$ 即 $y_1 < y_2$ ，所以 $y = x^{\frac{2}{3}}$ 在 $[0, +\infty)$ 上为增函数. 　　同理可得 $y = x^{\frac{2}{3}}$ 在 $(-\infty, 0]$ 上为增函数. 　　练习：$y = x^{\frac{1}{2}}$ ，$y = x^{\frac{1}{3}}$.$0 < k < 1$ 时，在第一象限的图像是增函数，随 x 的增大，函数图像向 x 轴方向延伸. 　　例 4　画出幂函数 $y = x^{\frac{1}{2}}$ ，$y = x^{-1}$ ，$y = x^{-2}$ 的图像，根据图像写出奇偶性、单调性. 　　解：$y = x^{-\frac{1}{2}} = \sqrt{\dfrac{1}{x}}$.定义域是 $(0, +\infty)$. 　　奇偶性：非奇非偶函数. 　　单调性：在 $(0, +\infty)$ 上是减函数. 　　$k < 0$ 时，第一象限图像是减函数. 随 x 的增大，函数图像与 x 轴、y 轴无限接近，但永不相交	学生在新知探索的过程中，归纳幂函数图像的特征
三、归纳小结	4. 幂函数的性质	思考：幂函数 $y = x^k$ 有哪些性质？(分析幂函数在第一象限内图像的特点) 　　幂函数的定义域、奇偶性、单调性，因函数式中 k 的不同而各异. 　　小结：幂函数图像在第一象限的特点. 　　(1) 所有的幂函数在 $(0, +\infty)$ 都有定义，并且函数图像都经过点 $(1,1)$. 　　(2) $k > 1$ 时，过 $(0,0)$ 点，且随 x 的增大. 函数图像向 y 轴延伸. 在第一象限是增函数. 　　(3) $k = 1$ 时，图像是直线 $y = x$. 在第一象限内是增函数(在整个定义域内都是增函数). 　　(4) $0 < k < 1$ 时，随 x 的增大，函数图像向 x 轴方向延伸.在第一象限是增函数. 　　(5) $k < 0$ 时，随 x 的增大，函数图像与 x 轴、y 轴无限接近，但永不相交. 在第一象限是减函数. 　　小结：画图先看 k ，画出第一象限，根据奇偶性画出其余图像	学生归纳总结

教学环节	教学内容	师生活动	说明
四、知识运用，练习巩固	5. 巩固练习	练习：请将以下 10 个函数与 10 个图像一一对应起来. ① $y=x^{\frac{1}{4}}$；　　② $y=x^{-\frac{2}{5}}$；　　③ $y=x^{\frac{4}{3}}$； ④ $y=x^{-3}$；　　⑤ $y=x^{-2}$；　　⑥ $y=x^{\frac{5}{3}}$； ⑦ $y=x^{\frac{3}{2}}$；　　⑧ $y=x$；　　⑨ $y=x^{\frac{1}{3}}$； ⑩ $y=x^{\frac{1}{2}}$	巩固幂函数的性质

续表

教学环节	教学内容	师生活动	说明
四、知识运用，练习巩固	5. 巩固练习		巩固幂函数的性质
五、复习小结	6. 小结	幂函数的概念. 如何通过对函数性质的研究做出函数的图像. 掌握函数的图像性质	总结要点
六、课后作业	7. 作业	课后练习	作业

CE 关于"幂函数的基本性质与图像"的教学设计

【教学目标】

1. 了解幂函数解析式的特征，通过描点法和函数的性质画出几个典型的幂函数图像.

2. 对幂函数图像和性质进行归纳与概括，体验数学概念的形成过程，培养学生的抽象概括能力.

3. 理解并掌握幂函数的图像与性质，并能初步运用所学知识解决有关问题，培养学生的灵活思维能力.

【教学重点】

从具体函数归纳认识幂函数的一些性质并简单应用.

【教学难点】

引导学生概括出幂函数的性质.

【教学过程】

教学环节	教学内容	师生活动	说明
一、创设情景，引入新课	1. 具体问题，引入幂函数	问题1：如果正方形的边长为 a，那么正方形的面积 $S = a^2$，这里 S 是 a 的函数.	创设情境，通过具体例子，引入幂函数概念

续表

教学环节	教学内容	师生活动	说明
一、创设情景，引入新课	1. 具体问题，引入幂函数	问题 2：如果正方形的边长为 a, 那么正方形的体积 $V = a^3$, 这里 V 是 a 的函数. 问题 3：如果正方形场地面积为 S, 那么正方形的边长 $a = S^{\frac{1}{2}}$, 这里 a 是 S 的函数. 问题 4：如果某人 t 秒内骑车行进了 1 km，那么他骑车的速度 $v = t^{-1}$km/s，这里 v 是 t 的函数. 教师提问：以上是我们生活中经常遇到的几个数学模型，你能发现以上几个函数解析式有什么共同点吗？ 学生回答：右边指数式，且底数都是变量. 教师提问：这只是我们生活中常用到的一类函数的几个具体代表，如果让你给他们起一个名字的话，你将会给他们起个什么名字呢	创设情境，通过具体例子，引入幂函数概念
二、新课讲解	2. 幂函数的定义	由学生讨论，教师总结，即可得 $S = a^2$, $V = a^3$, $a = S^{\frac{1}{2}}$, $v = t^{-1}$ 都是自变量的若干次幂的形式. 教师指出：我们把这样的都是自变量的若干次幂的形式的函数称为幂函数. 幂函数的定义：一般地，我们把形如 $y = x^\alpha$ 的函数称为幂函数，其中 x 是自变量，α 是常数. 教师提问：幂函数与指数函数有什么区别？ (组织学生回顾指数函数的概念.) 教师提问：我们还学过以下 4 个特殊的幂函数(如：$y = x^0$, $y = x$, $y = x^2$, $y = x^{-1}$)，请大家在练习本上写出它们的定义域，并画出图像. 对幂函数来说，底数是自变量，指数式常数. 对指数函数来说，指数是自变量，底数是常数. 例 1　判断下面函数是幂函数的有 ① $y = x^{-2}$；　② $y = 2x^2$；　③ $y = 2x$； ④ $y = x^0$；　⑤ $y = x^2 + 2$；　⑥ $y = -x^3$. 答：①,④. (由学生独立思考、回答)	举例讲解，深化幂函数的概念.
	3. 交流互动，探索幂函数的性质	例 2　你能在同一坐标系中画出函数 $y = x^2$, $y = x^3$ 的图像，根据图像写出奇偶性，单调性. 例 3　你能在同一坐标系内画出函数 $y = x^{\frac{1}{2}}$, $y = x^3$ 的图像，根据图像写出奇偶性，单调性. 例 4　你能在同一坐标系内画出函数 $y = x^{-2}$, $y = x^{\frac{1}{2}}$ 的图像，根据图像写出奇偶性，单调性. 教师总结幂函数的性质： (1) 所有的幂函数在 $(0, +\infty)$ 上都有定义，并且图像都过点 $(1,1)$.	探索幂函数的一般性质和图像变化规律

教学环节	教学内容	师生活动	说明
二、新课讲解	3. 交流互动，探索幂函数的性质	(2) 如果 $\alpha > 0$，则函数的图像通过原点，并在区间 $[0, +\infty)$ 上是增函数. (3) 如果 $\alpha < 0$，则幂函数在 $(0, +\infty)$ 上是减函数，在第一区间内，当 x 从右边趋向于原点时，图像在 y 轴右方无限地趋近于 y 轴；当 x 趋向于 $+\infty$，图像在 x 轴上方无限的趋近于 x 轴.	探索幂函数的一般性质和图像变化规律
	4. 幂函数的应用	例5　写出下列函数的定义域，并指出它们的奇偶性和单调性. ① $y = x^4$；② $y = x^{\frac{1}{4}}$；③ $y = x^{-3}$. (板书一题，其他学生回答并小结) 例6　比较下列各组中两个值的大小，并说明理由. ① $0.75^{\frac{1}{2}}$，$0.76^{\frac{1}{2}}$； ② $(-0.95)^{\frac{1}{3}}$，$(-0.96)^{\frac{1}{3}}$； ③ $0.31^{2.3}$，$0.31^{2.4}$. 分析：利用考察其相对应的幂函数和指函数单调性来比较大小	巩固所学知识
三、课堂小结	5. 小结	幂函数的概念及其指数函数表达式的区别. 常见幂函数的图像和幂函数的性质	夯实基础，提炼要点
四、课后作业	6. 作业	练习册	作业

CN 关于"对数概念及其运算"的教学设计

【教学目标】

1. 理解对数的意义，掌握底数、真数、对数的允许值范围.

2. 掌握对数式与指数式的互化，理解对数式中的底数、真数、对数与指数式中底数、幂、指数之间的对应关系.

3. 知道特殊对数的表示方法，会利用计算器计算常用对数值.

4. 经历由指数式提出对数概念的过程；养成类比、转化的思维习惯.

【教学重点】

对数式与指数式的互化.

【教学难点】

对数式与指数式的互化.

【教学过程】

教学环节	教学内容	师生活动	说明
一、创设情境,引入新课	1. 引入对数概念	假设 2002 年我国国民生产总值为 a 亿元,如果每年平均增长 8%,那么经过多少年国民生产总值是 2002 年时的 2 倍? 解:设经过 x 年国民生产总值为 2002 年时的 2 倍,根据题意有 $2a = a(1+8\%)^x$,化简有 $2 = 1.08^x$. 教师提问:这个问题应该怎么做?该如何描述? 学生回答:$x = \log_{1.08} 2$	由增长率问题,给出解答,自然而然引出对数概念
二、讲授新课	2. 理解对数概念	一般地,如果 a ($a > 0$,$a \neq 1$)的 b 次幂等于 N,就是 $a^b = N$,那么数 b 叫做以 a 为底 N 的对数,记作 $\log_a N = b$,其中 a 叫做底数,N 叫做真数. 对数的性质特点: (1) 对数的底数必须大于 0 且不等于 1. (2) 对数的真数必须大于 0,也即负数与 0 没有对数. (3) 对数的值可以为一切实数,也即对数值可正、可负、可为零. (4) 通常以 10 为底的对数,叫做常用对数. 为了简便,N 的常用对数 $\log_{10} N$,简记作 $\lg N$. (5) 将以无理数 e = 2.7182... 为底的对数叫做自然对数. 为了简便,N 的自然对数 $\log_e N$,简记作 $\ln N$	理解对数的概念与性质特点
三、例题讲解	3. 指数式与对数式的互化	例 1 将下列指数式化为对数式. ① $5^4 = 625$; ② $2^{-5} = \dfrac{1}{32}$; ③ $3^a = 81$; ④ $\left(\dfrac{1}{3}\right)^m = 5.73$. 例 2 将下列对数式化为指数式. ① $\log_{\frac{1}{2}} 16 = -4$; ② $\log_2 \dfrac{1}{128} = -7$; ③ $\log_{10} 0.01 = -2$; ④ $\ln 10 = 2.303$. 例 3 求下列各式的值. ① $\log_7 49$; ② $\log_8 \dfrac{1}{2}$; ③ $\log_a 1 (a > 0, a \neq 1)$; ④ $\log_{\frac{1}{27}} 243$; ⑤ $\log_a a (a > 0, a \neq 1)$	深化对数概念的理解,指数与对数的互化有感性认识
四、拓展例题	4. 计算器求解对数	例 4 用计算器计算下列各数的值(结果精确到 0.01). $\lg 5.24$ $\lg 348$ $\lg 0.02$ $\lg 82$ $\lg 2.83$ $\lg 0.3$ 例 5 猜想真数为何值时,对数为正或者为负. 例 6 证明:$a^{\log_a N} = N (a > 0, a \neq 1, N > 0)$,并利用结论求出下列各式的值. ① $10^{\log_{10} 2}$; ② $3^{1+\log_3 4}$; ③ $2^{3\log_2 5 - 1}$; ④ $27^{\frac{2}{3} + \log_3 2}$; ⑤ $a^{\log_a b \cdot \log_b N} (a > 0, a \neq 1, b > 0, b \neq 1, N > 0)$	互化体现了等价转化的数学思想

续表

教学环节	教学内容	师生活动	说明
五、巩固练习	5. 巩固提升	练习1　把下列指数式写成对数式. ① $2^5 = 3$；② $4^{-x} = \dfrac{1}{64}$；③ $\left(\dfrac{3}{2}\right)^{-3} = x$；④ $\pi^0 = 1$. 练习2　把下列对数式写成指数式. ① $\log_2 4 = 2$；　　　　② $\lg 0.001 = -3$； ③ $\log_{\frac{1}{e}} e = -1$；　　　④ $\ln e^3 = x$. ⑤ $\log_a x = \dfrac{1}{3}(a > 0, a \neq 1)$. 练习3　利用计算器求值探索规律，并用指数函数性质解释你的结论. ① $\lg 1.2$；　　② $\lg 23.8$；　　③ $\lg 0.54$； ④ $\lg 10$；　　⑤ $\lg 108$	通过练习，深化对数概念的理解
六、课堂小结	6. 小结	对数的基本概念、自然对数、常用对数. 指数式与对数式的互相转化	掌握重点内容
七、课后作业	7. 作业	练习册	作业

CE 关于"对数概念及其运算"的教学设计

【教学目标】

1. 理解对数的意义，掌握底数、真数、对数的允许值范围.

2. 掌握对数式与指数式的互化，理解对数式中的底数、真数、对数与指数式中底数、幂、指数之间的对应关系.

3. 知道特殊对数的表示方法，会利用计算器计算常用对数值.

4. 经历由指数式提出对数概念的过程；养成类比、转化的思维习惯.

【教学重点】

对数式与指数式的互化.

【教学难点】

1 的对数为零，底的对数等于 1.

【教学过程】

教学环节	教学内容	师生活动	说明
一、创设情境,引入新课	1. 引入对数	假设 2002 年我国国民生产总值为 a 亿元，如果每年平均增长 8%，那么经过一年，到 2003 年的时候，国民生产总值是多少？ 学生回答：根据题意有 $a + a \times 8\% = a(1 + 8\%)$.	通过让学生思考如何表示 x,激发学生对对数的兴趣

续表

教学环节	教学内容	师生活动	说明
一、创设情境,引入新课	1. 引入对数	教师提问:到 2003 年的时候,国民生产总值是多少? 学生回答: $a(1+8\%)^2$. 教师提问:到 x 年后,国民生产总值是多少? 学生回答: $a(1+8\%)^x$. 教师提问:经过多少年后,国民生产总值是 2002 年时的 2 倍? 学生回答: $a(1+8\%)^x = 2a$. 教师提问:这个式子的特点,已知它的底,还有幂,现在求它的指数.比如 $8^x = \dfrac{1}{2}$,如何求解? 教师提问: $1.08^x = 2$ 这个式子不能化成同底的形式,那么我们如何来求 x 呢? 如何来表达呢? 所以我们今天就是来学习已知底,已知幂,如何表示这个指数	通过让学生思考如何表示 x ,激发学生对对数的兴趣
二、讲授新课	2. 对数的定义	一般地,如果 a ($a>0$, $a \ne 1$)的 b 次幂等于 N ,就是 $a^b = N$,那么数 b 叫做以 a 为底 N 的对数,记作 $\log_a N = b$,其中 a 叫做底数, N 叫做真数. 对数的性质特点: (1) 对数的底数必须大于 0 且不等于 1. (2) 对数的真数必须大于 0,也即负数与 0 没有对数. (3) 对数的值可以为一切实数,也即对数值可正、可负、可为零. (4) 通常以 10 为底的对数,叫做常用对数. 为了简便, N 的常用对数 $\log_{10} N$,简记作 $\lg N$. (5) 将以无理数 e = 2.7182… 为底的对数叫做自然对数. 为了简便, N 的自然对数 $\log_e N$,简记作 $\ln N$	正确理解对数定义中底数的限制
三、范例讲授	3. 指数式与对数式的互化	例 1　将下列指数式化为对数式. ① $5^4 = 625$;　　　② $2^{-5} = \dfrac{1}{32}$; ③ $3^a = 81$;　　　④ $\left(\dfrac{1}{3}\right)^m = 5.73$. 例 2　将下列对数式化为指数式. ① $\log_{\frac{1}{2}} 16 = -4$;　② $\log_2 \dfrac{1}{128} = -7$; ③ $\log_{10} 0.01 = -2$;　④ $\ln 10 = 2.303$. 例 3　求下列各式的值. ① $\log_7 49$;　　　② $\log_8 \dfrac{1}{2}$; ③ $\log_a 1 (a>0, a \ne 1)$;　④ $\log_{\frac{1}{27}} 243$; ⑤ $\log_a a (a>0, a \ne 1)$.	熟悉对数式与指数式的互相转化,加深对对数概念的理解

续表

教学环节	教学内容	师生活动	说明
三、范例讲授	4. 计算器求解对数	例4　用计算器计算下列各数的值(结果精确到0.01). lg 5.24　　lg 348　　lg 0.02　　lg 82　　lg 2.83　　lg 0.3 例5　证明 $a^{\log_a N}=N(a>0,a\neq 1,N>0)$，并利用结论求出下列各式的值. ① $10^{\log_{10}2}$；　　　　② $3^{1+\log_3 4}$； ③ $2^{3\log_2 5-1}$；　　　　④ $27^{\frac{2}{3}+\log_3 2}$； ⑤ $a^{\log_a b\cdot\log_b N}(a>0,a\neq 1,b>0,b\neq 1,N>0)$	熟悉对数式与指数式的互相转化,加深对对数概念的理解
四、巩固练习	5. 巩固练习	练习1　把下列指数式写成对数式. ① $2^5=3$；　　　　② $4^{-x}=\dfrac{1}{64}$； ③ $\left(\dfrac{3}{2}\right)^{-3}=x$；　　④ $\pi^0=1$. 练习2　把下列对数式写成指数式. ① $\log_2 4=2$；　　　　　② $\lg 0.001=-3$； ③ $\log_{\frac{1}{e}}e=-1$；　　　　④ $\ln e^3=x$； ⑤ $\log_a x=\dfrac{1}{3}(a>0,a\neq 1)$. 练习3　利用计算器求值探索规律,并用指数函数性质解释你的结论. ① $\lg 1.2$；　② $\lg 23.8$；　③ $\lg 0.54$； ④ $\lg 10$；　⑤ $\lg 108$	通过思考,学生独立完成,深化对概念的理解
五、课堂小结	6. 小结	对数的基本概念、自然对数、常用对数. 指数式与对数式的互相转化	掌握重点内容
六、课后作业	7. 作业	练习册	作业

CN 关于"反函数的概念"的教学设计

【教学目标】

1. 理解反函数的概念，了解原函数与反函数的联系与区别.
2. 会求简单函数的反函数.
3. 初步掌握函数与方程的思想方法，培养学生分析、归纳、抽象概括的能力.
4. 利用反函数的对应互逆性，培养学生的逆向思维能力.

【教学重点】

反函数的概念及求法；反函数定义域的确定.

【教学难点】

反函数的图像特征.

【教学过程】

教学环节	教学内容	师生活动	说明
一、设置情景，引出概念	1. 引出反函数	教师提问:在两种温度度量制摄氏度($℃$)和华氏度($℉$)相互转化时发现,有时两人选用相同的数据,如下表,所建立的函数关系和作出的图像完全不同,这是为什么呢	抛出问题,引起学生兴趣
二、师生互动，归纳定义，灵活运用	2. 实例分析,组织探究	引例:某人从甲地开往乙地,已经走了 32km,速度是 1.8km/h,问他走了多少路程? 假设:时间为 x,那么路程是 $$y = 1.8x + 32 .$$ 教师提问:可否表示为路程表示时间的函数? 从函数式来 $y = 1.8x + 32$,x 是自变量,若 y 是 x 的函数,从函数 $y = 1.8x + 32$ 中解出 x,就可以得到式子 $$x = \frac{y-32}{1.8},$$ 这个式子可以把 y 作为自变量,x 作为 y 的函数,我们就说 $x = \frac{y-32}{1.8}$ 是 $y = 1.8x + 32$ 的反函数. (复习函数定义,自变量与因变量位置互换)	通过实例对反函数有一个直观的粗略印象,为进一步抽象反函数的概念奠定基础
	3. 反函数的定义	一般地对于函数 $y = f(x)$,设它的定义域为 D,值域为 A,如果对 A 中任意一个值 y,在 D 中总有一个确定的 x 值与它对应,使得 $y = f(x)$ 这样得到的 x 关于 y 的函数叫做 $y = f(x)$ 的反函数,记作 $$x = f^{-1}(y).$$ 习惯上,自变量常用 x 表示,而函数用 y 表示,所以把它改写成为 $y = f^{-1}(x), x \in A$.	揭示反函数的定义,让学生体会定义的特点,进而对定义有更深刻的认识,体会函数与方程、一般到特殊的数学思想
		<table><tr><td></td><td>$y = f(x)$</td><td>$y = f^{-1}(x)$</td></tr><tr><td>定义域</td><td>D</td><td>A</td></tr><tr><td>值域</td><td>A</td><td>D</td></tr></table> 原函数的定义域是反函数的值域;原函数的值域是反函数的定义域. 教师提问:自变量、因变量互换,得到的函数应满足什么条件? 学生回答:每个 y 只能有唯一确定的 x 与之对应. 教师提问:$y = f(x)$ ($x \in D, y \in A$) 存在反函数的条件是什么? 学生回答:x 与 y 一一对应.	

续表

教学环节	教学内容	师生活动	说明
二、师生互动，归纳定义，灵活运用	3. 反函数的定义	例1　判断下列函数是否具备反函数. ① $y = 2x + 1(x \in \mathbf{R})$; ② $y = x^2(x > 0)$; ③ 变式 $y = x^2(x \in \mathbf{R})$; ④ $y = x^3 - 1(x \in \mathbf{R})$. 除了用一一对应判断外，还可以从图像上判断： 原函数图像特征：经过函数定义域中任意一点 $(x, 0)$，作垂直于 x 轴的直线，与函数恰有一个交点. 反函数图像特征：垂直于 y 轴的任何直线，观察该直线与图像是否有且只有一个交点. 例2　求下列函数的反函数. ① $y = 4x + 2(x \in \mathbf{R})$; ② $y = x^3 + 1(x \in \mathbf{R})$; ③ $y = x^2 + 1(x \geqslant 0)$. 强调步骤： ① 变形：由 $y = f(x)$ 变到 $x = f^{-1}(y)$. ② 互换 x, y, $y = f^{-1}(x)$. ③ 定义域：是原函数的值域 练习：$y = x^2 + 1(x < 0)$. 变式练习：$y = x^2 + 1(3 \leqslant x \leqslant 6)$. 思考题：求 $y = \begin{cases} x^2 - 1, & 0 \leqslant x \leqslant 1, \\ x^2, & -1 \leqslant x \leqslant 0 \end{cases}$ 的反函数. 教师提问：单调函数是否一定有反函数? (是) 有反函数是否一定是单调? $\left(否，例 y = \dfrac{1}{x}\right)$ 例3　已知 $f(x) = x^2 - 1(x \leqslant -2)$，求 $f^{-1}(4)$ 的值. 方法一：$y = x^2 - 1$, $\qquad x^2 = y + 1$, $\qquad x = -\sqrt{y+1} \quad (y \geqslant 3)$. 所以 $$f^{-1}(x) = -\sqrt{x+1}(x \geqslant 3),$$ $$f^{-1}(4) = -\sqrt{5}.$$ 方法二：$x^2 - 1 = 4$, $\qquad x = -\sqrt{5}$	法上为学生起示范作用并及时归纳总结，培养学生分析、思考的习惯，以及归纳总结的能力
三、课堂小结	4. 小结	反函数的概念. 反函数与原函数之间的关系. 反函数的求解方法、步骤	掌握重点内容
四、课后作业	5. 作业	练习册	作业

CE 关于"反函数的概念"的教学设计

【教学目标】

1. 理解反函数的概念，并能判定一个函数是否存在反函数.

2. 掌握求反函数的基本步骤，并能理解反函数和反函数之间的内在联系.

3. 通过反函数概念的引入，函数及其反函数图形特征的主动探索，初步学习自主地学习、独立的探究问题.

【教学重点】

反函数的概念及求法；反函数定义域的确定.

【教学难点】

反函数的图像特征.

【教学过程】

教学环节	教学内容	师生活动	说明
一、设置情境，引出概念	1. 引入反函数	引例：已知圆的半径 r，求圆的周长，那么 $l = 2\pi r$. 教师提问：如果已知圆的周长，求圆的半径？ $$r = \frac{l}{2\pi}$$ 指导学生观察上面两个函数的异同，引出反函数的定义，介绍反函数的记号 $y = f^{-1}(x)$；了解 $f^{-1}(x)$ 表示反函数的符号，f^{-1} 表示对应法则	用圆周长公式来引出反函数的概念，直接给学生以感性认识
二、探索研究，深化概念	2. 探索反函数成立的条件	例1　$y = x^2 (x \in \mathbf{R})$ 的反函数是什么？何时存在反函数？ 学生讨论函数反函数成立的条件(理论根据为函数的定义)：对值域 A 中任意一个 y 值，在定义域 D 中总有唯一确定的 x 值与它对应，即 x 与 y 必须一一对应.	学生带着问题思考，具有针对性，从而归纳出反函数成立的条件
	3. 求反函数的方法	例2　求下列函数的反函数. ① $y = 4x + 2(x \in \mathbf{R})$; ② $y = x^3 + 1(x \in \mathbf{R})$; ③ $y = x^2 + 1(x \geqslant 0)$. 学生探索求反函数的方法： ① 变形：解方程 $y = f(x)$，得 $x = f^{-1}(y)$. ② 互换：互换 x, y 的位置，得 $y = f^{-1}(x)$. ③ 写出定义域：注明反函数的定义域.	强化方法步骤，再次深化概念

教学环节	教学内容	师生活动	说明
二、探索研究，深化概念	4. 观察反函数的图像，探讨互为反函数的两个函数的关系	例3　在同一坐标下，画出函数 $y=x^2+1(x<0)$，$y=x^2+1(x<-2)$ 及其反函数的图像.(在几何画板中显示) 学生探讨互为反函数的两个函数的关系. ① 从函数角度看：若函数 $y=f(x)$ 有反函数 $y=f^{-1}(x)$，则 $y=f^{-1}(x)$ 的反函数是 $y=f(x)$，即 $y=f(x)$ 和 $y=f^{-1}(x)$ 互为反函数. 反函数的定义域与值域恰好是原函数的值域与定义域. ② 从函数图像看：原函数和反函数图像关于 $y=x$ 对称. ③ 从单调性来看：原函数和反函数均为单调函数，他们具有相同的单调性	问题设置有梯度，有利于突破难点，让学生自己探寻答案，激发学生探索问题的积极性
三、课堂练习，巩固方法	5. 课堂练习	练习1　给出下列几个函数中不存在反函数的是_____. ① $y=x^2-1\left(x>\dfrac{1}{2}\right)$;　② $y=\begin{cases}4, & (x=1),\\ 2x, & (x\geqslant 2);\end{cases}$ ③ $y=x^3+2(x\in\mathbf{R})$;　④ $y=x(2-x)(x\geqslant 0)$. 练习2　若 $y=ax+b(a\neq 0)$ 有反函数且它的反函数就是 $y=ax+b$ 本身，求 a,b 应满足的条件. 解：由 $y=ax+b$，得 $ax=y-b$，由 $a\neq 0$，知 $$x=\dfrac{1}{a}y-\dfrac{b}{a}.$$ 所以函数 $y=ax+b$ 的反函数为 $x=\dfrac{1}{a}y-\dfrac{b}{a}$. 由于函数 $y=ax+b$ 的反函数为 $x=\dfrac{1}{a}y-\dfrac{b}{a}$ 就是函数 $y=ax+b$ 本身，即有 $\dfrac{1}{a}=a$，且 $-\dfrac{b}{a}=b$，于是，解得 $a=1$，$b=0$ 或者 $a=-1$，b 为任意实数. 教师提问： ① 什么样的一次函数，它的反函数正好是它本身？ ② 除了一次函数外，是否还存在其他函数，满足反函数就是它本身？$\left(y=\dfrac{k}{x}(k\neq 0),y=\dfrac{x+1}{x-1}\text{等}\right)$	练习具有针对性，体会原函数与反函数之间的关系，掌握求反函数的步骤，目的是巩固所学的新知识
四、课堂小结	6. 小结	反函数的概念及求法. 函数及其反函数的关系	掌握重点内容
五、布置作业	7. 作业	练习册 4.5A 组	作业